MARKUS PETRUCH | DOMINIK WALCHER

DER STOFF AUS DEM DIE ZUKUNFT IST

Bibliografische Information der Deutschen Nationalbibliothek
Die Deutsche Nationalbibliothek verzeichnet diese Publikation in der Deutschen Nationalbibliografie; detaillierte bibliografische Daten sind im Internet über http://d-nb.de abrufbar.

Für Fragen und Anregungen
info@finanzbuchverlag.de
markus@markuspetruch.de

1. Auflage 2022

Türkenstraße 89
80799 München
Tel.: 089 651285-0
Fax: 089 652096

Bei jedem der im Buch vorgestellten Produkte sind Internetadressen zu den Homepages der Hersteller bzw. Designer angegeben. Trotz sorgfältiger inhaltlicher Kontrolle übernehmen wir keine Haftung für die Inhalte externer Links. Für den Inhalt der verlinkten Seiten sind ausschließlich deren Betreiber verantwortlich. Die Links wurden kurz vor dem Druck Ende August 2022 geprüft.

Ausschließlich zum Zweck der besseren Lesbarkeit wurde auf eine genderspezifische Schreibweise sowie eine Mehrfachbezeichnung verzichtet. Alle personenbezogenen Bezeichnungen sind somit geschlechtsneutral zu verstehen.

Redaktion: Desirée Šimeg
Korrektorat: Anke Schenker
Umschlaggestaltung: Maria Verdorfer
Umschlagabbildung: Bakterien: Shutterstock/Kateryna Kon, Proteine aus Einzellern: Solar Foods, Wiese: Shutterstock/Photoagriculture, Pavillon: ICD ITKE IntCDC University of Stuttgart, Bäume: Shutterstock/Alex Stemmers, Sitzschalen: Ebner, Verpackung aus Seetang: Notpla, Algen: Shutterstock/Chokniti-Studio, Tasche: Petrick, Orangenschalen: Shutterstock/kisa2014, Tiere: Shutterstock/Imageman, Kacheln: Georgina Fairhurst – Vim Studios Ltd, Pilz: Shutterstock/Protasov AN, Kappe: ZVNDER, Linienstrang: Shutterstock/korkeng
Satz: Daniel Förster
Druck: Florjancic Tisk d.o.o., Slowenien
Printed in the EU

ISBN Print 978-3-95972-625-2
ISBN E-Book (PDF) 978-3-98609-183-5
ISBN E-Book (EPUB, Mobi) 978-3-98609-184-2

FSC
www.fsc.org
MIX
Papier | Fördert gute Waldnutzung
FSC® C106954

Wir produzieren nachhaltig
www.m-vg.de

Weitere Informationen zum Verlag finden Sie unter

www.finanzbuchverlag.de

Beachten Sie auch unsere weiteren Verlage unter: www.m-vg.de

Unseren Eltern

INHALT

Ein paar Wunschträume vorweg ... 9

Teil 1
Menschen und Material ... 17

Willkommen im Anthropozän ... 18
Der globale Kohlenstoffkreislauf ... 20
Ein gestörtes Gleichgewicht ... 22
Die Kehrseite des fossilen Wegs ... 25
Bioökonomie: Die biobasierte Wirtschaft ... 27
Biomasse: Der Stoff, aus dem die Zukunft ist ... 31
Energie aus Biomasse ... 34
Biobasierte Kunststoffe ... 36
Kreislaufwirtschaft: Zeit, dass sich was dreht ... 39
Schöne grüne Welt? ... 42
Wie dieses Buch zu lesen ist ... 48

Teil 2
101 Produkte ... 51

Algen ... 52
1 Windeln aus Knotentang ... 56
2 Dämmung aus Seegras ... 58
3 Verpackung aus Seetang ... 60
4 Briefmarken aus Algenpapier ... 62
5 Asphalt aus Algenresten ... 64
6 Luftfilter aus Mikroalgen ... 66
7 Farben aus lebenden Algen ... 68
8 Carbonfasern aus Algenöl ... 70
9 Skipiste aus Algen ... 72

Pflanzen 74
10 Fahrradreifen aus Löwenzahn 78
11 Sessel aus Nessel 80
12 Verpackung aus Kokosfasern 82
13 Haushaltsreiniger aus Rote Bete 84
14 Mulchfolie aus Stärke 86
15 Kleidung aus Hanf, Leinen und Buche 88
16 Gitarre aus Hanf 90
17 Ziegelsteine aus Hanfschäben 92
18 Konfetti aus Saatgut 94
19 Architektur aus Pflanzen 96
20 Oberflächen aus Rattan 98
21 Oberflächen aus Almwiesen 100
22 Geschirr aus Palmblättern 102
23 Hängesystem aus Gras 104
24 Backpack aus Bananenfaser 106
25 Spielsteine aus Mais 108
26 Straßenschilder aus Bambus 110
27 Baumaterial aus Schilf 112
28 Veganer Pelz aus Rohrkolben 114
29 Karosserie aus Flachsfasern 116
30 Segelboot aus Flachs 118
31 Pavillon aus Flachs 120

Holz 122
32 Gips aus Holzfasern 130
33 Möbel aus Birkenrinde 132
34 Kreditkarte aus Holz 134
35 Fahrradhelm aus Zellulose 136
36 Bettwäsche aus Eukalyptus 138
37 Unterwäsche aus Holz 140
38 Sitzbezüge aus Baumrinde 142
39 Windräder aus Holz 144
40 Rucksack aus Papier 146
41 Gewachsene Stühle aus Weide 148
42 Glas aus Holz und Zitrone 150
43 Urnen aus Ästen 152

44 Minimalschuhe aus Papier 154
45 Kaugummi aus Kiefernharz 156
46 Fahrradteile aus Holz 158
47 Energiespeicher aus Lignin 160
48 Dämmstoff aus Rindenextrakt 162
49 Textilien aus Laubholz 164
50 Hocker aus Kastanienspan 166
51 Skateboard aus Kork 168
52 4D-Druck mit Holzfilament 170
53 Tinyhouse aus Pappe 172
54 Städte aus Holz 174

Tiere 176
55 Eierbecher aus Eiern 180
56 Sneaker aus Hundehaar 182
57 Tragenetze aus Haar 184
58 Komposit aus Schafwolle 186
59 Funktionskleidung aus Wolle 188
60 Geschirr aus Rinderblut 190
61 Verpackung aus Krabbenschalen 192
62 Kunststoff aus Fischabfall 194
63 Kacheln aus Fischschuppen 196

Bakterien 198
64 Laufschuh aus Bakterienseide 204
65 Designklassiker aus Biopolymer 206
66 Kugelschreiber aus Biopolymer 208
67 Superkleber aus Darmbakterien 210
68 Textilfarben aus Bakterien 212
69 Taschen aus bakterieller Nanozellulose 214
70 Proteine aus Einzellern 216

Biogene Reststoffe 218
71 Lampenschirm aus Trester 222
72 Schalenstuhl aus Artischocke 224
73 Kaffeebecher aus Kaffee 226
74 Kosmetik aus Kaffeesatz 228
75 Weinkühler aus Lärchenrinde 230

76 Geschirr aus Kleie 232
77 Jausenbox aus Kakaoschalen 234
78 Abschminktuch aus Grünabfällen 236
79 Lampenschirm aus Weihnachtsbaum 238
80 Teppich aus Zellulose 240
81 Papier aus Kiwischalen, Kirschkernen und Lavendelstängeln 242
82 Möbel aus Popcorn 244
83 Sitzschalen aus Rinde 246
84 Oberflächen aus Maishülsen 248
85 Löffel aus Haferfasern 250
86 Socken aus CO_2 252
87 Pflanztöpfe aus Sonnenblumenschalen 254
88 Halfter aus Traubenschalen 256
89 Papier aus Elefantendung 258
90 Schreibtisch aus Altholz 260
91 Versandbox aus Stroh 262
92 Tasche aus Orangenschalen 264
93 Lampe aus Avocadokernen 266
94 Jacke aus Ananasresten 268
95 Strumpfhosen aus Chicorée 270

Pilze 272

96 Sarg aus Pilzmyzel 278
97 Verpackung aus Pilzen 280
98 Laminat aus Pilz und Reststoff 282
99 Kappen aus Zunderschwamm 284
100 Ziegelsteine aus Zunderschwamm 286
101 Architektur aus Pilz 288

Gemeinsam in eine neue Zeit 291
Danksagung 292
Weiterführende Links, Bücher und Materialien 294
Bildnachweis 297
Anmerkungen 300

EIN PAAR WUNSCHTRÄUME VORWEG

Die schlechte Nachricht: Wir stehen vor gewaltigen Problemen, die wir selbst geschaffen haben. Die gute Nachricht: Alles, was ist, ist einmal geworden. Das heißt, es kann auch wieder anders werden. Die Zukunft entsteht also nicht einfach so, sondern aus den Entscheidungen, die wir heute treffen.

Werfen wir einen Blick in eine mögliche Zukunft:

> Wir schreiben das Jahr 2052. Knapp eine Generation ist es her, da stand die Welt an einem gefährlichen Kipppunkt. Riesige Mengen an Müll verschmutzten die Ozeane, Mikroplastik fand sich in unseren Lebensmitteln, eine rasch abnehmende Artenvielfalt und eine unaufhaltbar scheinende Klimakatastrophe bedrohten jeden unserer Lebensbereiche. Denkt man an die alten Geschichten aus den 2020er-Jahren zurück, so wird einem bewusst, wie viel sich in den letzten drei Jahrzehnten geändert hat. Europa ist gemäß dem Green Deal klimaneutral geworden. Die Erderwärmung wurde zwar nicht aufgehalten, aber ihre Auswirkungen zumindest stark eingedämmt. Fossile Energieträger werden nicht mehr verbrannt und fossile Materialien nicht mehr hergestellt. Die Materialien, die es noch gibt, zirkulieren auf lange Sicht im Kreislauf der Wiederverwertung. Wir haben das, was längst vergessen schien, wiederentdeckt und neu interpretiert: ein Leben mit dem erneuerbaren Kohlenstoff, den die Natur uns bietet. Statt Erdöl, Gas und Kohle nutzen wir das Holz der Bäume, das Gras der Felder, die Kraft von Mikroorganismen, Pilzen und Enzymen sowie die Energie von Sonne, Wasser und Wind. Das Wort »Müll« ist fast aus dem Sprachgebrauch verschwunden, weil wir erkannt haben, dass Reststoffe wertvolle Grundstoffe und Bestandteil eines Kreislaufs sind – wie in der Natur eben auch.

Vieles von dem, was uns heute so selbstverständlich erscheint, war damals noch unvorstellbar oder eine träumerische Zukunftsvision. Doch vielleicht haben wir auch einfach nicht wahrgenommen, woran damals geforscht wurde, welche Lösungen es bereits gab oder welche Vordenker schon seit Jahren an einer besseren Welt arbeiteten: Wissenschaftler, die neues biologisches Wissen lieferten, Start-ups, die lang vergessene Naturstoffe nutzten, um fossilen Kohlenstoff zu ersetzen, globale Initiativen, die positive Zukunftsentwürfe entwickelten, und auch eine immer größer werdende Gruppe von Menschen, die sich auf die neuen Lebenswelten einließen und sich bewusst wurden, dass sie eine entscheidende Rolle in dem großen Wandlungsprozess spielten. Schritt für Schritt haben wir uns besser in das Gesamtsystem der Natur integriert und dadurch die Welt verändert.

Noch ist dies eine wünschenswerte Vorstellung, nicht die Wirklichkeit – und unsere Einleitung muss daher anders ausfallen. Noch befinden wir uns am Anfang der 2020er-Jahre und die Menschheit hat den epochalen Wandel noch vor sich, der darüber entscheiden wird, wie die nachfolgenden Generationen leben werden. Aber klar ist: Die Zukunft wird im Hier und Jetzt gestaltet, und zwar von uns allen gemeinsam. Was wir heute tun oder lassen, wird darüber entscheiden, wie wir morgen leben werden.

Ein Baustein für eine nachhaltige Zukunft

Bei der Bioökonomie geht es um die Abkehr von fossilen Rohstoffen zugunsten einer Wirtschaftsweise, die nachwachsende Rohstoffe und biologische Prozesse einsetzt. Sie ist ein wichtiger Baustein für eine nachhaltige Zukunft, aber kein völlig neues Konzept. Im Prinzip hat die Menschheit schon immer die biologischen Ressourcen und erneuerbaren Energien genutzt, die regional verfügbar waren: Holz war Baumaterial, mit Stroh wurden Wände gedämmt, Schafe lieferten Wolle für Kleidung, Weidenruten wurden zu Körben geflochten, Hefepilze fermentierten die Gerstenmaische zu Bier, Wind und Wasser trieben Mühlen an und die Energie der Sonne sorgte für Wärme.

Jedoch haben wir vor rund 150 Jahren genau diese Lebensweise immer mehr aufgegeben und einen gefährlichen Weg eingeschlagen: Statt weiterhin den erneuerbaren Kohlenstoff an der Erdoberfläche aus nachwachsenden Quellen zu nutzen, fingen wir an, den fossilen Kohlenstoff, der in den Tiefen der Erde schlummerte, zutage zu fördern und zu verbrauchen. Diese heiße Affäre mit dem schwarzen Gold war unglaublich verführerisch, denn Kohle, Öl und Gas lieferten einerseits hochenergiereiche Brennstoffe und andererseits vielseitige Ausgangsstoffe für den von uns so ersehnten Fortschritt. Erdölbasierte Kunststoffe haben unsere Welt wasserdicht, beständig und leicht gemacht. Kraftstoffe wie Benzin, Diesel und Kerosin ermöglichten das Zeitalter der Massenmobilität. Es gab kaum ein Problem, das sich nicht mit dem Kohlenstoff aus der Erde lösen ließ.

Nun sind wir an einem Punkt, an dem sich die heiße Affäre mit den fossilen Rohstoffen in eine toxische Beziehung verwandelt hat. Viele Kunststoffe bauen sich nämlich erst nach Hunderten von Jahren ab. Einige geben giftige Stoffe in die Umwelt ab oder zerfallen zu Mikroplastik, das wiederum in unserer Nahrungskette landet. Die Lebensdauer von Brennstoffen und Produkten aus Erdöl, Gas und Kohle steht in keinem gesunden Verhältnis zu den Millionen von Jahren, die für ihre Entstehung nötig waren. Als kurzlebige Verpackung, die in der Müllverbrennung landet, oder schnell verheiztes Benzin wird fossiler Kohlenstoff innerhalb weniger Monate oder Wochen in Form von CO_2 in die Atmosphäre geblasen. Gemeinsam mit anderen Treibhausgasen hindern diese CO_2-Partikel die auf die Erde treffende Sonnenenergie daran, wieder in den Weltraum zu entweichen, und verstärken so den Treibhauseffekt, der die Erde weiter aufheizt. Kurz gesagt: Das Kohlenstoffgleichgewicht zwischen Wasser, Land und Luft ist massiv gestört.

Es ist also allerhöchste Zeit, dass wir ablassen von der fossilen Liebschaft aus den Tiefen der Erde, die unseren Planeten weiter erhitzt. Der fossile Kohlenstoff muss im Boden verbleiben, wenn wir die Ziele aus dem Pariser Klimaabkommen erreichen wollen. Vielen Menschen ist das bereits klar. Die Botschaft »Our house is on fire« ist zumindest bei den allermeisten angekommen. Auch weil wir die Auswirkungen des Klimawandels mehr und mehr zu spüren bekommen, sei es durch Starkregenereignisse und Flutkatastrophen oder sommerliche Dürren, die Ernteausfälle bedingen, ganze Flüsse austrocken lassen und zahlreiche Hitzetote verursachen. Wir wissen, dass es beim Klimawandel nicht nur um die Eisbären in der Arktis geht, sondern um unsere Existenzgrundlage. Die alles entscheidenden Fragen sind, wie wir mit dieser Erkenntnis umgehen und welche systematischen Veränderungen wir daraus ableiten.

Eine Möglichkeit besteht in einem radikalen Wandel hin zu einer Wirtschaft, die biologische Rohstoffe und Verfahren nutzt. Denn sie basieren auf dem

Kohlenstoff, der an der Erdoberfläche zirkuliert. Pflanzen, als wichtigste Vertreter dieser biologischen Rohstoffe, verursachen kein CO_2 während ihrer Herstellung, sondern filtern es aus der Luft und speichern es in ihrer Struktur ein. Für ihre Entstehung sind weder energiehungrige Fabriken noch Hochöfen nötig. Sie wachsen von selbst und stellen dabei die vielfältigsten organischen Moleküle her, die wir Menschen nutzen können. Die Energie, die sie dafür benötigen stammt letztendlich von der Sonne.

Dieser Wirtschaftswandel führt uns zurück in eine Zeit ohne fossile Energien und Materialien, in der die Natur um uns herum alles bot, was wir zum Leben brauchten. Diese Rückbesinnung wird dabei alles andere als ein Rückschritt sein. Ganz im Gegenteil: Der Weg hin zu einer nachhaltigen Bioökonomie wird Innovationen, Arbeitsplätze und umweltfreundlichere Technologien schaffen. Ein wachsendes naturwissenschaftliches Verständnis hilft uns dabei, die Mechanismen der Natur besser zu verstehen. Wichtig dabei ist, statt dem technischen Tunnelblick, der nur die abgekapselte Innovation sieht, das gesamte Ökosystem wahrzunehmen – auch die Effekte, die unser Handeln darauf hat. Denn zum Wandel gehören einerseits Wissen, Ingenieurskunst und Kreativität und andererseits die Verantwortung für unser Tun. Nur wenn beides zusammenkommt, können wir die neuen alten Bausteine der Welt schonend und nachhaltig einsetzen, sodass die Regenerationsfähigkeit natürlicher Systeme nicht überschritten wird.

Dieses Buch erzählt von diesen neuen alten Bausteinen, die unser Leben verändern werden. Statt grauer Theorie und wissenschaftlichem Diskurs soll hier aber die bunte und vor allem angewandte Vielfalt dieser Bausteine erfahrbar gemacht werden. Anhand von 101 Beispielen stellen wir dar, wie der Weg aussehen kann, der uns – nicht auf energetischer, sondern auf stofflicher Ebene – Schritt für Schritt aus dem fossilen Zeitalter führt. Es ist eine Zusammenstellung von Inspirationen, die zeigt, was entstehen kann, wenn die Genialität der Natur auf die Kreativität des Menschen trifft: innovative Produkte, kühne Prototypen und visionäre Projekte, die alle den Weg in ein regeneratives biologisches Zeitalter, ein »Biozän« ebnen. Manche davon interpretieren alte Traditionen neu oder nutzen bewährte Rohstoffe der Natur. Andere setzen auf hochmoderne biotechnologische Verfahren und neu gewonnenes Wissen.

Nicht alles davon ist zum jetzigen Zeitpunkt bereits voll ausgereift, nicht alles ist komplett frei von fossilen Stoffen oder Energie. Aber alle Beispiele sind Teil einer Entwicklung, die das, was die Natur über Millionen von Jahren dank intelligenter Evolution immer weiter perfektioniert hat, besser einsetzen und in

Kreisläufen halten will: Bäume, Gräser, Algen, Pilze, Insekten, Bakterien und Enzyme – sie alle bestehen aus erneuerbarem Kohlenstoff, den wir nun wieder zu nutzen verstehen.

Wie dieses Buch entstanden ist

Dass unter den Beispielen auch Forschungsprojekte und Designexperimente zu finden sind, ist kein Zufall. Einerseits zeigen diese mutigen Prototypen viel weiter in die Zukunft als voll entwickelte, marktfähige Produkte. Andererseits arbeiten und forschen wir Autoren an einem Hochschulcampus, der zwei Schwerpunkte miteinander verbindet: die biobasierte Materialforschung sowie nachhaltiges Design. Wir stellen zunehmend fest, dass die junge Generation von Studierenden bestens über ökologische Krisen informiert ist. Statt endlosem Problemdiskurs fordern sie inspirierende Lösungsbeispiele und praktikable Werkzeuge, mit denen sie ihren Beitrag zur Bewältigung dieser Krisen leisten können.

Ursprünglich wollten wir deshalb unseren Studierenden ein Skript bereitstellen, das ein Licht auf die »Bioniere« wirft, die mit Materialien aus erneuerbarem Kohlenstoff experimentieren, Neuland erkunden und Alternativen erarbeiten. Eine inspirierende Sammlung von Menschen die sich – ebenso wie wir an unserem kleinen Campus in Österreich – mit dem Stoff der Zukunft auseinandersetzen und ihr Wissen anwenden, sei es im Bereich des Designs oder der nachwachsenden Rohstoffe.

Aus dem Skript ist nun ein Buch geworden, auch weil wir feststellten, dass das Konzept der Bioökonomie bei der Allgemeinheit noch nicht so bekannt ist, wie es sein sollte. Viele Leute wissen mittlerweile, dass nachwachsende Rohstoffe als Energieträger eingesetzt werden können. Doch dass sie unsere Materialwelt revolutionieren oder dass Bakterien und Pilze große Industrieprozesse nachhaltiger gestalten könnten, ist weitgehend unbekannt. Und von »Bioökonomie« haben noch die wenigsten etwas gehört.

Unsere Wunschvorstellung ist, dass die Beschäftigung mit den ausgewählten Beispielen und den zugrunde liegenden Rohstoffen das Bewusstsein dafür schärft, dass Dinge nicht einfach aus dem Nichts entstehen. So wie Strom sich nicht wundersamerweise innerhalb der Steckdose entwickelt oder Wasser sich nicht urplötzlich im Wasserhahn bildet, kommen die Produkte, mit denen wir tagtäglich leben, nicht einfach aus dem Supermarktregal oder vom Onlineversand. Ihrem

Entstehen gehen komplizierte Produktionsprozesse und lange Lieferketten voran, nicht zu vergessen die Förderung, der Anbau oder die Aufbereitung der notwendigen Rohstoffe. Wie fragil diese Wertschöpfungsketten sind, haben wir – wenn auch nur ansatzweise – in der Corona-Pandemie zu spüren bekommen.

Eine erstrebenswerte Zeiten- und Materialwende

Nicht erst mit dem Krieg in der Ukraine ist unsere Welt aus den Fugen geraten, sondern schon seit Jahren befinden wir uns in einer Art Dauerkrise aus Klimawandel, Artensterben, Ressourcenknappheit und ökologischer Zerstörung. Das Wort »Zeitenwende« trifft also nicht nur auf unsere Sicherheitslage zu. Dementsprechend müssen auch die Entscheidungen anders getroffen werden, die alles Menschengemachte betreffen. Dafür braucht es jetzt »Bioniere«, die im Bereich der Materialien und des Designs neue Wege gehen, um unsere Welt zukunftsfähiger zu gestalten. Es braucht aber auch Entscheidungsträger, die dafür die entsprechenden Rahmenbedingungen setzen. Und es braucht Nutzer, die bereit sind, sich auf kreislauffähige, biobasierte Produkte und Konzepte einzulassen.

Diese »Materialwende« muss aber zuerst in unseren Köpfen passieren. In uns muss das Bewusstsein wachsen, dass der Ausstieg aus den fossilen Rohstoffen sich nicht nur auf unsere Energieversorgung bezieht, sondern auch auf die Kleidung, die wir tragen, oder auf das Haus, in dem wir wohnen.

Grünes Wachstum in einer endlichen Welt?

Frei von Herausforderungen ist die Bioökonomie jedoch nicht und sollte daher auch nicht vorbehaltlos bejubelt, sondern durchaus kritisch hinterfragt werden. Fakt ist: Ein Umschwenken auf erneuerbaren Kohlenstoff allein wird den Klimawandel nicht aufhalten und unseren Planeten nicht retten. Für eine gesamtgesellschaftliche und wirtschaftliche Transformation braucht es weitere Teile, die das Puzzle ergänzen, etwa eine radikale Änderung unseres Konsumverhaltens, eine bessere Kreislaufführung unserer Ressourcen, den zügigen Ausbau erneuerbarer Energien, neue Mobilitäts- und Arbeitskonzepte, den Schutz der Biodiversität, eine Hinwendung zum Gemeinwohl als Messgröße von Lebensqualität und ein neues Selbstverständnis vom Menschen als Teil der Natur. Und auch das Konzept des ständigen Wachstums, das noch aus der industriellen Revolution stammt, sollte neu bewertet werden, denn mit Wirtschaftswachstum geht immer auch ein steigender Ressourcenverbrauch einher – und gerade dort sind wir schon weit über das naturverträgliche Limit hinaus. Wenn wir dies nicht beherzigen, verkommt der Naturraum zum biobasierten Rohstoffbuffet für ein nie zu stillendes industrielles Wachstum und unsere Konsumkultur des Überflusses wird weiterhin nicht infrage gestellt.

Die Beispiele, die wir Ihnen in diesem Buch vorstellen, sind ebenfalls keine Allheilmittel. Unsere Sammlung stellt keinen Produktkatalog dar, mit dessen Hilfe ein grünes Gewissen erkauft werden kann – ebenso wenig, wie das allein durch den Tausch von Verbrenner gegen E-Auto möglich wäre. Dennoch sind sie Teil eines erstrebenswerten Wandels und zeigen Möglichkeiten auf. Denn auch wenn wir uns wünschen würden, dass alle bestehenden Dinge perfekt recycelt und unser Einwegkonsum sich von heute auf morgen radikal ändern würde, sieht die Realität anders aus. Auch in Zukunft werden wir unsere Welt mit Materialien ausstatten und gestalten, und mit einer zunehmenden Weltbevölkerung und steigenden Lebensstandards wird auch die Ressourcenfrage jeden Tag dringender.

Auf dem Weg zu einer nachhaltigeren Lebensweise

Don Huberts, ehemaliger CEO der Abteilung Wasserstofftechnologien beim Ölriesen Shell, sagte kurz vor der Jahrtausendwende: »Die Steinzeit ist nicht wegen einem Mangel an Steinen zu Ende gegangen. Ebenso wenig wird das Ölzeitalter wegen einem Mangel an Öl enden.«[1] Das fossile Zeitalter endet, weil wir bessere Alternativen haben. Bei kohlenstoffbasierten Materialien haben wir die Wahl, ob wir den Kohlenstoff aus fossilen oder erneuerbaren Quellen nehmen und ob wir ihn wiederverwenden oder nicht. Die Rückbesinnung auf die Fähigkeiten der Natur und der verantwortungsvolle Umgang mit ihr können zu einer nachhaltigeren Lebensweise beitragen. Die Nutzung von regionalen Ressourcen stärkt die ländlichen Räume und macht uns als Wirtschaft und Gesellschaft zudem resilienter gegenüber Krisen.

Dazu muss aber das Bewusstsein für biobasierte Lösungen und die Diskussion darüber, wie wir unsere Naturräume nutzen wollen, in die Mitte der Gesellschaft rücken. Je bekannter das Thema Bioökonomie ist, je mehr von der erstrebenswerten Materialwende die Rede ist und je präsenter die Alternativen zu erdölbasierten

Produkten sind, umso mehr Menschen wird bewusst, dass sie tatsächlich eine Wahl haben. Je mehr Menschen Teil der Veränderung sind, desto größer und schneller wird die Dynamik der Transformation. Womöglich finden wir auch durch die Achtsamkeit dafür, woher unsere Rohstoffe stammen, ein neues, gesünderes Verhältnis zur Natur, dessen verletzlicher Teil wir letztlich sind.

Neben Erdöl, Gas und Kohle gibt es eine weitere nicht erneuerbare Ressource, die für die kommenden Jahre entscheidend sein wird: die Zeit. Viel davon haben wir nicht, wenn wir bis 2050 klimaneutral sein wollen. Es wäre jedoch der falsche Weg, angesichts der Herausforderungen in Schwermut zu verfallen und die Hände in den Schoß zu legen oder düstere Untergangsszenarien zu propagieren. Wir brauchen stattdessen attraktive und klimaverträgliche Lösungen, die Optimismus entfachen, die Lust machen auf ein gutes Morgen. Denn nur mit einer positiven Vision können wir gemeinsam eine lebenswerte Welt gestalten. Die Beispiele aus diesem Buch sollen begeistern für das, was bereits da ist, und Mut machen, für das, was kommt. Zukunft braucht Zuversicht! Und Optimismus ist – ebenso wie der Kohlenstoff – eine erneuerbare Ressource.

TEIL 1

MENSCHEN UND MATERIAL

WILLKOMMEN IM ANTHROPOZÄN

Wie keine andere Spezies je zuvor hinterlassen wir »Gebrauchsspuren« an unserem Planeten. Die Einflüsse des Menschen auf die Erde sind gewaltig.

Laut einer Studie, die Ende 2020 in der Fachzeitschrift *Nature* erschien,[2] ist die Masse von allem Menschengemachten – also vom Wolkenkratzer über Straßen, Häuser, Möbel bis zum Smartphone – ebenso groß wie die Masse aller Lebewesen. Während die Biomasse, also das Gewicht aller Pflanzen, Tiere und Mikroorganismen, über die letzten Jahrtausende nahezu konstant geblieben ist, hat sich die Masse des künstlich von Menschen geschaffenen Materials im vergangenen Jahrhundert alle 20 Jahre verdoppelt – ein exponentielles Wachstum.

Die Menschheit selbst macht nur 0,01 Prozent der Biomasse aus, treibt aber mittels Technologie rapide den fragwürdigen Wandel des Planeten voran. Für jeden von uns knapp 8 Milliarden Erdenbewohnern wird innerhalb einer Woche neues Material geschaffen, das in etwa unserem Körpergewicht entspricht. Um diese vom Menschen geschaffene Welt aus Häusern, Autos, Möbeln, Verpackungen, Smartphones und vielem mehr zu bauen, müssen enorme Rohstoffmassen auf dem Planeten bewegt, verändert und bearbeitet werden. Der Mensch ist damit vom einfachen Bewohner dieses Planeten zu seinem Gestalter geworden: Wir verändern Ökosysteme, regulieren Flussläufe und prägen ganze Landschaftsbilder. Zum ersten Mal in den 4,6 Milliarden Jahren Erdgeschichte ist nicht mehr die Natur, sondern eine einzige Spezies der zentrale Einflussfaktor auf biologische, geologische und atmosphärische Prozesse geworden.

Dieser Aufstieg des Homo sapiens von einem selbstgenügsamen Jäger und Sammler hin zur dominantesten Spezies der Welt ging rasant vonstatten. Zwar war der Mensch schon seit Beginn der Neolithischen Revolution vor etwa 12.000 Jahren ein Gestalter von Kulturlandschaften, auf denen Ackerbau betrieben wurde, aber die richtig große Transformation von Rohstoffen in nutzbare Materialien und Energie fand erst mit der fortschreitenden Industrialisierung statt, also um 1850 herum. Dabei entstanden weltumspannende Materialströme, die immer mehr Erdbewohner mit immer mehr Gütern versorgten.

Die Welt ist nicht genug

Der Meteorologe und Chemie-Nobelpreisträger Paul J. Crutzen schlug sogar für diese durch den Menschen geprägte Epoche ein eigenes Erdzeitalter vor: das Anthropozän (griech. *ánthropos* = der aufrecht schreitende Mensch). Der Begriff soll in der Geochronologie, also der Lehre der Erdzeitalter, das bisherige Holozän, ablösen. Im Jahr 2016 legte eine Arbeitsgruppe aus Geologen den Beginn des neuen Zeitalters auf das Jahr 1950 fest. »The Great Acceleration« – die große Beschleunigung – nennt sich diese Zeit, in der wir uns immer noch befinden und in der der Wandel von Tag zu Tag schneller zu gehen scheint. Es war der Anfang eines exponentiellen Bevölkerungsanstiegs, verbunden mit einem ebenso beeindruckenden Wirtschaftswachstum, entfesselt durch den steigenden Verbrauch fossiler Energie. Gleichzeitig stiegen der Einsatz von Kunstdünger in der Landwirtschaft, der CO_2-Wert der Atmosphäre, das Ausmaß an Bodenerosion, der Verlust von Artenvielfalt und man begann oberirdische Atombombentests durchzuführen. Zusammen mit der gigantischen gebauten Infrastruktur stellt dies einen unübersehbaren Einschnitt in der Geschichte des Planeten dar, der für lange Zeit in der Geologie des Bodens nachweisbar sein wird.

Es ist nun an der Zeit, sich bewusst zu werden, dass jeder Mensch auch einen großen materiellen Fußabdruck hat, der eng mit dem CO_2-Fußabdruck verknüpft ist und unseren Hunger auf Ressourcen widerspiegelt. Denn seit den 1970er-Jahren hat sich der globale Abbau von Metallen, nichtmetallischen Mineralien, fossilen Rohstoffen und Biomasse vervierfacht,[3] und wenn alle Erdenbürger so verschwenderisch leben würden wie wir Europäer, benötigten wir 2,8 Erden, um unseren Ressourcenverbrauch zu decken.[4] Hier ist es ähnlich wie mit dem CO_2-Ausstoß: Die reichsten Länder haben einen wesentlich größeren Materialfußabdruck als ärmere Staaten.

Angesichts der Milliarden Jahre Erdgeschichte ist der kurze Zeitraum, in dem der Mensch auf globaler Ebene aktiv seine Umwelt gestaltet, kürzer als ein Wimpernschlag. Dennoch sind dies die Schicksalsjahre unserer Spezies, in denen sich entscheidet, ob und wie wir in Zukunft auf dem »Raumschiff Erde« mit seinen fragilen Ökosystemen leben werden. Vor diesem Hintergrund ist es nicht nur entscheidend zu betrachten, zu welchem Maß wir unsere begrenzten Ressourcen nutzen wollen, sondern auch aus welchen Quellen sie stammen sollten: Nachwachsend oder fossil? Erneuerbar oder nicht erneuerbar?

DER GLOBALE KOHLENSTOFFKREISLAUF

Betrachten wir die Erde aus einer chemischen Perspektive, so kommen wir an einem Buchstaben nicht vorbei: dem C.

Gemeint ist nicht das Vitamin oder das hohe C, sondern Carbon, also Kohlenstoff. Aufgrund seiner besonderen Konfiguration kann das Kohlenstoffatom (C) mehr chemische Verbindungen eingehen, also komplexe Moleküle bilden, als irgendein anderes Element. Es kann einerseits in reiner Form vorkommen wie bei einem Diamanten, der zu 100 Prozent aus Kohlenstoff besteht, oder als Mischform zusammen mit anderen Elementen wie bei Erdöl (hauptsächlich Kohlenstoff und Wasserstoff) oder Kohle (hauptsächlich Kohlenstoff, Wasserstoff und Sauerstoff). Alles lebende Gewebe auf der Erde ist eine Verbindung von Kohlenstoff mit anderen Elementen wie Sauerstoff, Wasserstoff oder Stickstoff. Auch der menschliche Körper besteht zu circa 28 Prozent aus Kohlenstoff. Das Element kann sich aber auch mit anderen Mineralien zu riesigen Gesteinsformationen verbinden, wie es beim Carbonatgestein der Südtiroler Dolomiten der Fall ist.

In allen Sphären der Erde ist Kohlenstoff in verschiedenen chemischen Verbindungen zu finden: in Lebewesen (Biosphäre), im Gestein (Lithosphäre), im Boden (Pedosphäre), im Wasser (Hydrosphäre) und in der Luft (Atmosphäre). Zwischen diesen verschiedenen Schichten wird der Kohlenstoff ausgetauscht oder umgewandelt. Dabei gibt es grundsätzlich zwei Arten von Kohlenstoffkreisläufen:

1. Einerseits können diese Umwandlungsprozesse recht schnell passieren, also in Zeiträumen, die für uns Menschen erlebbar sind, wie dem Gedeihen einer Wiese im Frühling oder dem Wachstum eines Baumes über mehrere Jahrzehnte. Der Baum filtert Kohlenstoffdioxid (CO_2) aus der Luft, lagert den Kohlenstoff (C) in seinem Holz ein, um zu wachsen, und gibt dabei den Sauerstoff (O_2) wieder ab. Stirbt der Baum irgendwann ab, wird bei der Zersetzung des Holzes durch Mikroorganismen dieser Kohlenstoff wieder frei. Diese Kohlenstoffatome verbinden sich mit Sauerstoff wieder zu CO_2, das in die Atmosphäre entlassen wird. Als Bestandteil der

Luft dient der Kohlenstoff wiederum anderen Pflanzen als Nahrung – und der Kreislauf von Werden und Vergehen schließt sich. Wir bezeichnen diese Art von »schnelllebigem« Kohlenstoff an der Erdoberfläche als erneuerbar, weil sich diese Quellen innerhalb menschlicher Zeithorizonte regenerieren, indem sie nachwachsen.

2. Andererseits kann die Umwandlung von Kohlenstoff an langfristige geologische Prozesse gekoppelt sein, die sich weit außerhalb des menschlichen Erlebnishorizontes befinden. Bis organische Masse wie ein Moor in Steinkohle umgewandelt wird oder aus Meeresalgen Erdöl entsteht, vergehen mehrere Millionen Jahre. Dieser Kohlenstoff ist nicht erneuerbar und damit endlich, weil wir seine Regenerierung nicht mehr erleben werden. Wir bezeichnen diese Quellen auch als fossil, vom lateinischen Wort *fossilis*, was so viel wie »ausgegraben« heißt, denn wollen wir ihn zutage fördern, so müssen wir ihn tief aus der Erde holen.

Aus menschlicher Perspektive kann man also von einem schnellen und einem langsamen Kohlenstoffkreislauf sprechen.

EIN GESTÖRTES GLEICHGEWICHT

Das System von schnellen und langsamen Umwandlungsprozessen des Kohlenstoffs war über die letzten hunderttausend Jahre in einem relativ stabilen Fließgleichgewicht – und dann kam der moderne Mensch.

Die moderate Konzentration von CO_2-Molekülen, Wasserdampf und anderen Treibhausgasen in der Atmosphäre schuf auf der Erde eine lebensfähige Umgebung mit einer Durchschnittstemperatur von etwa 15 Grad Celsius. Durch das Zutun des Menschen wurde das Kohlenstoffgleichgewicht allerdings stark aus der Balance gebracht. Besonders die Förderung und Nutzung von fossilen Rohstoffen wie Erdöl, Gas und Kohle in großem Stil setzte in kurzer Zeit große Mengen Kohlenstoff aus dem langsamen Kohlenstoffkreislauf frei, der bisher unter der Erdoberfläche gefangen war.

Zwar wird auch bei der Verbrennung von erneuerbarem Kohlenstoff, zum Beispiel dem Holz im Kaminfeuer, CO_2 freigesetzt, allerdings nur so viel, wie der Baum während seines Wachstums der Atmosphäre entzogen hat. Das Kohlenstoffgleichgewicht bleibt damit stabil. Eine fossile Quelle kann aber nicht so einfach nachwachsen und atmosphärischen Kohlenstoff einlagern. Dazu braucht es die richtigen Bedingungen – und Hunderte Millionen Jahre Zeit.

Der fossile Kohlenstoff gelangt nun vor allem durch Verbrennung in die Luft und der CO_2-Gehalt in der Atmosphäre steigt an, etwa durch Kohlekraftwerke, Autos mit Verbrennungsmotor oder Müllverbrennungsanlagen. Zwar ist CO_2 ein leichtes Gas, in der Summe wiegt unser hoher globaler Ausstoß davon aber schwer: 34,8 Milliarden Tonnen waren es 2020. Das sind pro Sekunde 1.100 Tonnen CO_2 zusätzlich in der Atmosphäre, die dort nicht hingehören.[5] Dieses CO_2 wirkt in den oberen Luftschichten als Treibhausgas und hindert Wärme, die vom Erdboden abgestrahlt wird, daran, in das Weltall zu entweichen. Deshalb heizt sich der Planet weiter auf.

Bevor wir anfingen, massenhaft fossilen Kohlenstoff zu verbrennen, lag die weltweite CO_2-Konzentration im Jahr 1850 noch bei 280 parts per million, kurz ppm. Das heißt, auf 1 Million Moleküle trockener Luft kamen 280 Moleküle CO_2. Heutzutage sind es 415 ppm – das ist eine Steigerung von 48 Prozent und ein Rekordwert, der in den letzten 800.000 Jahren (so weit reichen unsere

Klimamodelle zurück) noch nie vorgekommen ist.[6] Das mag nicht allzu schlimm erscheinen, ein paar Moleküle CO_2 mehr, was macht das schon? Als elementares Spurengas, das an fast allen lebenswichtigen Prozessen beteiligt ist und wie kein anderes Gas den Treibhauseffekt beschleunigt, sind 0,04 Prozent CO_2 in der Atmosphäre aber fatal.

We didn't start the fire?

Erdöl, Gas und Kohle lieferten ungeheure Mengen Energie. Sie entfesselten in Motoren und Maschinen unsichtbare Kräfte, für die vorher unsere eigene Muskelkraft oder die unserer Nutztiere nötig war. Oder die, wie im Bereich der Massenmobilität, einfach unvorstellbar waren. Zugleich boten sie ein großes Potenzial, um aus ihnen oder mit ihnen Güter herzustellen. Sie versprachen, die Menschheit in die Moderne zu führen, mit schnellem Wirtschaftswachstum, steigendem Wohlstand und ungebremstem Fortschritt. Das taten sie auch – allerdings mit großen Nebenwirkungen.

Um den enormen Energiebedarf der industriellen Produktion in Europa und Amerika zu decken, begann man ab Mitte des 18. Jahrhunderts, Braun- und Steinkohle zutage zu fördern. Die kohlenstoffreichen Brennstoffe befeuerten als kurzlebige Energieträger die Hochöfen und Dampfturbinen des Industriezeitalters. Später kam die Förderung von Erdöl hinzu, deren Anfänge nicht etwa in den Ölfeldern des Nahen Ostens liegen, sondern in der Lüneburger Heide. Im niedersächsischen Wietze wurde 1858 eine der weltweit ersten erfolgreichen Bohrungen nach Öl durchgeführt.[7] Während diese Quelle zunächst eher unbeachtet blieb, fand der richtige Ölboom zur gleichen Zeit in Nordamerika statt. In Pennsylvania entwickelte sich vor allem dank den Möglichkeiten der Raffinerie und der Destillation von schwerem Erdöl zu leichterem Petroleum eine rasant wachsende Industrie. Das günstige Petroleum als Leuchtmittel für Öllampen machte nicht nur John D. Rockefeller mit seiner Standard Oil Company zum reichsten Mann der Neuzeit,[8] sondern war in einem Aspekt sogar gut für die Umwelt: Es diente als Ersatz für den bis dahin gebräuchlichen Tran aus Wal- und Robbenfett, für den riesige Tierbestände vernichtet wurden.[9] Auch in Europa gewann Erdöl an Bedeutung und Anfang des 20. Jahrhunderts wurde aus der zunächst wenig beachteten ersten Ölbohrung in Wietze die wichtigste deutsche Ölquelle, die zeitweise rund 80 Prozent der gesamten inländischen Förderung lieferte.[10]

Zwar ging der Einsatz von Öllampen mit der steigenden Elektrisierung der Gesellschaft zurück, schon bald aber wurde die in den Kohlenwasserstoffen gebundene Energie des Öls als Treibstoff eingesetzt. Erdöl in Form von Benzin, Kerosin und Diesel ermöglichte im 20. Jahrhundert das Zeitalter der Massenmobilität. In allen Bereichen unseres Wirtschaftssystems wurden mehr und mehr fossile Rohstoffe eingebunden. Weltweit wurden neue Ölvorkommen erschlossen und dank der modernen Chemie konnte eine Vielzahl neuer Produkte aus Erdöl hergestellt werden. Auch das Erdgas aus Erdöllagerstätten wurde nicht mehr einfach abgefackelt, sondern mehr und mehr zu einem wichtigen Energieträger.

Der Verbrauch von Erdöl ging nach dem Zweiten Weltkrieg steil nach oben und es wurde das bis heute wichtigste Handelsgut der Welt. Der vielseitige Alleskönner revolutionierte unseren Alltag und lieferte die Grundlage für Schmierstoffe, Farben, Lacke, Düngemittel, Kleber, aber auch unzählige Arten von Kunststoffen. Mit der Flut aus billigem Öl begann in den 1950er-Jahren somit auch das »Plastikzeitalter«. Für jedes Problem fand sich eine Lösung aus Erdöl. Trinkflaschen, die leicht und fast unkaputtbar sind und sich in Sekundenbruchteilen herstellen lassen? Polyethylen macht's möglich. Ein beschichteter Regenmantel, der vor Wind und Kälte schützt? Geht mit Polyurethan. Verpackungen, die unser Essen warm halten und so gut wie nichts kosten? Dafür gibt's Polystyrol, besser bekannt als Styropor.

Die Vorteile der fossilen Kunststoffe liegen auf der Hand: Man kann sie leicht bearbeiten, sie können gespritzt, gegossen, geformt, geschäumt, gepresst und gewalzt werden. Sie können jede erdenkliche Form annehmen. Im Vergleich zu Glas oder Metallen ist ihre Herstellung relativ energiearm und sie können mit Fasermaterialien, ebenfalls aus Kunststoff, verstärkt werden. Sie sind leicht, dauerhaft und robust und für fast jeden Einsatzzweck findet sich die passende Materialmischung auf Erdölbasis. Und vor allem: Sie sind günstig.

Für unsere Großeltern verhieß dieses Wundermaterial eine für jeden erschwingliche Welt von Industrieprodukten mit hervorragenden Eigenschaften, tausend bunten Farben und endlosen Möglichkeiten. All diese fossilen Problemlöser brachten aber ihre eigenen Probleme mit sich, wie wir schon bald feststellen sollten.

DIE KEHRSEITE DES FOSSILEN WEGS

Heutzutage sind Kunststoffe mehr Fluch als Segen und finden sich nicht nur als CO_2 in der Atmosphäre wieder, sondern auch als Plastikmüll in den tiefsten Ozeangräben und auf den höchsten Gipfeln des Himalaya.

Manche Kunststoffe sind besonders beliebt wegen ihrer langen Haltbarkeit. Das heißt aber auch, dass sie sich nur sehr langsam zersetzen. Wenn diese Kunststoffe nicht mehr genutzt werden, sondern in die Natur gelangen, verbleiben sie dort eine sehr lange Zeit und wirken sich negativ auf das Ökosystem aus: Bis eine dünne Plastiktüte aus Polyethylen vollständig abgebaut ist, dauert es rund 20 Jahre, dabei liegt ihre Nutzungsdauer oftmals nur bei wenigen Stunden. Bis eine PET-Flasche sich zersetzt hat, müssen sogar fast 500 Jahre vergehen.

Zwar sind einige Kunststoffe gut recycelbar, allerdings sind selbst in Ländern mit einer flächendeckenden Abfallentsorgung die Recyclingquoten noch auf einem niedrigen Niveau. In Deutschland hat sich der Verbrauch von Kunststoffverpackungen zwischen 1995 und 2019 mehr als verdoppelt. Die Verpackungen sind aufwendiger, Frischware wird vermehrt vorverpackt und wir nutzen mehr Flaschen, Dosen und Kleinverpackungen aus Plastik. Zwar werden hierzulande 99,4 Prozent aller Kunststoffabfälle verwertet, davon gehen aber rund 53 Prozent in die thermische Verwertung – sie werden also verbrannt, womit der fossile Kohlenstoff, neben anderen gefährlichen Luftschadstoffen, in die Atmosphäre wandert. Als Werkstoff für neue Produkte werden lediglich 46 Prozent wiederverwendet. Damit beträgt der Anteil von sogenanntem Rezyklat an der insgesamt produzierten Menge von Kunststoff nur knapp 14 Prozent.[11] Weltweit sieht die Situation noch wesentlich besorgniserregender aus. Zwischen 1950 und 2021 wurden vor allem in China, Nordamerika und Westeuropa über 8,3 Milliarden Tonnen Plastik produziert – das ist etwas mehr als eine Tonne für jeden Erdenbürger. Der größte Teil davon, nämlich rund 6,4 Milliarden Tonnen, ist nicht mehr in Verwendung, sondern gilt als Abfall. Dieser wurde aber nur zu 9 Prozent recycelt, 12 Prozent wurden verbrannt und ganze 79 Prozent landeten auf Deponien oder unkontrolliert in der Umwelt.[12]

Und das ist erst der Anfang: Wenn wir so weitermachen wie bisher, wird der weltweite Ölverbrauch aufgrund der steigenden Weltbevölkerung und des wachsenden Lebensstandards bis ins Jahr 2050 auf rund 46 Milliarden Barrel pro Jahr ansteigen.[13] Von 1 Barrel, also rund 159 Litern Rohöl, werden derzeit rund 60 Prozent zu Treibstoffen wie Benzin, Diesel oder Kerosin verarbeitet und 20 Prozent zu Heizöl für die Wärmeerzeugung. Beides wird innerhalb kurzer Zeit verbrannt. Die restlichen 20 Prozent wandern in die chemische Industrie, die daraus eine Reihe von erdölbasierten Produkten fertigt wie Plastik, Kunstdünger, Textilfasern, Reinigungsmittel, Bodenbeläge oder pharmazeutische Produkte.

Da fossile Energieträger durch den Einsatz von erneuerbaren Alternativen immer mehr an Bedeutung verlieren, wird seitens der Ölkonzerne versucht, dieses Defizit durch eine erhöhte Kunststoffproduktion auszugleichen. Im Jahr 2050 soll laut Prognosen sogar die Hälfte allen Erdöls für die chemische Industrie eingesetzt werden[14] und sich die Plastikproduktion bis zum Jahr 2040 verdoppeln, was zu einer Vervierfachung der Plastikkonzentration in den Weltmeeren führen würde.[15]

Keep it in the Ground

Ob als Energieträger oder als Grundlage für stoffliche Produkte: Unglaubliche 92 Millionen Barrel Erdöl hat die Weltbevölkerung im wirtschaftlich schwächeren Corona-Jahr 2020 verbraucht – aber nicht im gesamten Jahr, sondern pro Tag. Das sind rund 6.000 randvolle olympische Schwimmbecken, die in unseren Heizungen, Industrieprozessen und Motoren tagtäglich verfeuert wurden oder sich langsam in der Natur zersetzen. Das meiste davon ist jetzt bereits als zusätzlicher Kohlenstoff in der Erdatmosphäre und heizt das Klima weiter auf.

An diesem Punkt sollten wir innehalten und uns ernsthaft fragen, wie man sich in der Zukunft an uns erinnern soll: als diejenigen, die selbst im Angesicht der katastrophalen Folgen nicht vom fossilen Rausch ablassen konnten, oder als diejenigen, die den fossilen Kohlenstoff ab sofort im Boden ließen?

BIOÖKONOMIE: DIE BIOBASIERTE WIRTSCHAFT

Um langfristig das Kohlenstoffbudget der Erdatmosphäre nicht weiter zu belasten und fossile Rohstoffe im Boden zu belassen, müssen andere Energieträger und Materialien her – es ist Zeit für einen Ölwechsel, es ist Zeit für die Bioökonomie.

Derzeit erleben wir, wie das fossile Zeitalter zu Ende geht und eine Transformation unseres Wirtschaftssystems stattfindet. Mittels Wasser, Wind und Sonne wird unsere Energiewirtschaft dekarbonisiert – das heißt, statt der Verbrennung von Kohlenstoff werden Technologien eingesetzt, die kein CO_2 ausstoßen. Auf stofflicher Ebene, also der Herstellung von Gütern, soll der Einsatz von nachwachsenden Rohstoffen und biobasierten Prozessen dazu beitragen, unabhängig von Erdöl, Gas und Kohle zu werden. Zwar kann man hier nicht von einer Dekarbonisierung sprechen, denn das verbindende Element ist auch hier der Kohlenstoff, es wird aber erneuerbarer Kohlenstoff eingesetzt, der aus nachwachsenden Quellen stammt. Deshalb ist hier der Begriff der »Defossilisierung« passender, weil für diese Güter keine fossilen Rohstoffe mehr nötig sind.

Diese Form des Wirtschaftens nennt sich Bioökonomie. Das Wort »Ökonomie« stammt aus dem Altgriechischen und setzt sich zusammen aus *oĩkos* für »Haus« und *nómos* für »Gesetz«. Es beschreibt die Art und Weise, wie mit den vorhandenen Ressourcen gehaushaltet beziehungsweise gewirtschaftet wird. Bei dem Begriff »Bioökonomie« (griech. *bíos* für Leben) soll also zum Ausdruck kommen, dass wir mit Stoffen wirtschaften, die von Lebewesen stammen. Denn wenn wir ihren Kohlenstoff nutzen, der im schnellen Kreislauf an der Erdoberfläche zirkuliert, fügen wir der Atmosphäre keinen zusätzlichen Kohlenstoff aus dem langsamen Kreislauf unter der Erdoberfläche hinzu. Erdöl, Gas und Kohle verbleiben im Boden, weil wir nicht mehr darauf angewiesen sind. So wie wir in Bezug auf unsere Energieversorgung von einer Energiewende reden, kann die Bioökonomie – nicht nur, aber auch – als Materialwende verstanden werden.

Ganzheitlicher Game-Changer

Dieser epochale Wandel, der die Menschheit in ein postfossiles Zeitalter führen soll, ist aber mehr als die reine Substitution von Fossilem durch Nachwachsendes. Die Bioökonomie beschreibt einen Schulterschluss verschiedenster Disziplinen und erstreckt sich über alle Lebensbereiche. So geht es dabei unter anderem um die Innovation neuer Produkte aus Biomasse, die Nutzung von biogenen Abfällen, die Entwicklung von resistenten und klimafitten Pflanzenarten, die Gewinnung von biobasierten Wirkstoffen für die Medizin, die Erschließung von neuen Eiweißquellen für eine klimaverträglichere Ernährung und die Nutzung von biogenen Baustoffen in der Architektur.

Es ist ein gesamtgesellschaftlicher Transformationsprozess, der ökologische, gesellschaftliche und wirtschaftliche Auswirkungen gleichermaßen betrachtet. Wenn der Schritt zum biobasierten Wirtschaftssystem richtig umgesetzt wird, dann ergeben sich Lösungen für eine bessere globale Ernährungssicherheit, umweltfreundlichere Industrieprozesse, lebenswertere Städte, nachhaltigeren Konsum und besseren Klimaschutz. Die Grundlage dafür ist ein umfangreiches naturwissenschaftliches Verständnis von biologischen Stoffen und Prozessen, um natürliche Ressourcen effizient und gezielt zu nutzen.

Ihren Ursprung hat die heutige Form des biobasierten Wirtschaftssystems in den 1970er-Jahren. Die Ölpreiskrisen machten der Öffentlichkeit die Abhängigkeit von importiertem Erdöl aus den OPEC-Staaten schmerzhaft bewusst. Die Folgen waren autofreie Sonntage, ein Tempolimit auf Autobahnen und Landstraßen sowie die Suche nach alternativen Energiequellen wie Sonnen- und Windenergie, aber auch der Ausbau der Atomkraft. Die vermehrte Nutzung von nachwachsenden Rohstoffen, zum Beispiel zur Herstellung von Bioethanol als Kraftstoff, rückte ebenfalls in den Vordergrund. Zwar stellte das Magazin *Der Spiegel* bereits 1973 auf seinem Titelblatt die Frage, ob nun das Ende der Überflussgesellschaft gekommen sei – im Großen und Ganzen ging es jedoch weiter wie gehabt. Der Ölpreis normalisierte sich und der Wachstumskurs setzte sich fort. Die Weltbevölkerung stieg von knapp 4 Milliarden Menschen auf fast 8 Milliarden im Jahr 2022.[16] Die logische Folge: Mehr Menschen brauchen mehr Rohstoffe – und mehr Menschen mit einem so hohen Lebensstandard wie wir benötigen noch wesentlich mehr Rohstoffe.

Derzeit bringen uns Krisen erneut dazu, unsere Lebensweise zu überdenken – diesmal hoffentlich mit mehr Konsequenz. Durch den Angriffskrieg auf die Ukraine wurde offensichtlich, wie abhängig wir von anderen Ländern beim Thema Energie immer noch sind. Auch wenn der Begriff »Freiheitsenergien«[17] für Wind, Sonne und Wasserkraft sehr episch klingt, so verdeutlicht er doch, welche Chancen in einer dezentralen, inländischen Energieversorgung aus erneuerbaren Quellen liegen. Ähnliches gilt in der Bioökonomie für die stoffliche Nutzung von nachwachsenden Rohstoffen, die nicht wie fossile Ressourcen nur in einigen Hotspots auf der Welt verteilt sind: Sie machen unsere Versorgungsketten resilienter, weil ein höchst diverses Angebot von natürlichen Stoffen genutzt werden kann, das vor allem aus regionalen Quellen stammt.

Weil sich die Bioökonomie aber über verschiedenste Lebensbereiche erstreckt, wird sie auch ganz verschieden interpretiert. Der Apple-Gründer Steve Jobs sah in der Schnittstelle von Biologie und Technologie die größte Innovationsquelle des 21. Jahrhunderts.[18] Andere sehen darin eine Ergänzung zur Kreislaufwirtschaft oder fokussieren sich rein auf die Landwirtschaft oder Medizin. Natürlich prägen aber auch die lokalen Gegebenheiten wie Klimazone, Rohstoffverfügbarkeit und Infrastruktur stark, wie die Bioökonomie umgesetzt werden kann: In einem waldreichen, gebirgigen Land wie Österreich wird dies anders geschehen als in einem tropischen Inselstaat.

Da knapper werdende Ressourcen, eine wachsende Erdbevölkerung, der Rückgang von Biodiversität und der Klimawandel globale Herausforderungen sind, haben mittlerweile mehr als 60 Staaten eine nationale Strategie auf den Weg gebracht, die festlegt, auf welche Weise der Umbau auf biobasierte Produkte und Prozesse geschehen soll.[19]

Ötzi und die Bioökonomie

Was so neu und nachhaltig klingt, war die meiste Zeit der Menschheitsgeschichte alltäglich. Die Bedürfnisse nach Nahrung, Kleidung und Baumaterial wurden aus nachwachsenden Quellen gedeckt. Oft wird dabei von »traditioneller« Bioökonomie gesprochen, um darauf hinzuweisen, dass Pflanzen, Tiere und Mikroorganismen schon seit jeher unser Überleben sicherten.

Ein uraltes Beispiel dafür ist die Ausrüstung des Steinzeitmenschen Ötzi, dessen gut erhaltene Mumie 1992 im Eis eines Südtiroler Gletschers gefunden wurde. Der Jäger und Sammler war schon vor mehr als 5.000 Jahren sehr gut auf die Herausforderungen seiner alpinen Umgebung vorbereitet. Sein Wissen um die

Verfügbarkeit, Materialeigenschaften und Verarbeitungsmöglichkeiten von biogenen Rohstoffen spiegelt sich in seiner Kleidung und seiner Ausrüstung wider, die sehr durchdacht und funktional war. Sein Jagdbogen bestand aus Eibenholz, ein Material, das aufgrund seiner außergewöhnlichen Zähigkeit und Flexibilität für diesen Einsatz geradezu prädestiniert ist. Seine Jagdpfeile waren aus den gerade gewachsenen Ruten des Wolligen Schneeballs gefertigt, deren steinerne Spitzen mit Birkenpech befestigt wurden, einem selbst hergestellten natürlichen Kunststoff. Der Köcher, in dem er die Pfeile trug, war ein Behälter aus biegsamem Haselholz, verkleidet mit leichtem Rehfell. Seine Schuhe – eine Netzkonstruktion aus geflochtenem Lindenbast, Wärmedämmung aus Gras und einer wasserabweisenden Hirschlederhülle – erlaubten lange Märsche auf schwierigem Untergrund. Keine Spur also von synthetischer Funktionskleidung, Plastikmembranen oder Kunststoffutensilien. Das raue und herausfordernde Leben in den Bergen meisterte der Gletschermann ausschließlich mit der Ausstattung, die seine natürliche Umgebung ihm bot.

Eigentlich müssen wir gar nicht mehrere Jahrtausende zurückschauen, um zu sehen, wie eine traditionelle Form der Bioökonomie ausgesehen hat. Es reicht vollkommen, auf das Leben unserer Urgroßeltern zu blicken: Vor etwa 100 Jahren waren so gut wie keine synthetischen Materialien aus fossilen Rohstoffen in unseren Haushalten zu finden. Ebenso wie unsere Urgroßeltern könnten auch wir wieder vermehrt ein- und mehrjährige Pflanzen, Holz, Pilze und tierische Materialien nutzen, um uns zu kleiden und unsere Wohnungen einzurichten. In diesem Buch stellen wir auch einige Produkte aus der traditionellen Bioökonomie vor, die einen altbekannten Rohstoff in einem neuen Erscheinungsbild präsentiert, zum Beispiel Outdoorkleidung aus Schafwolle. Andere Produkte entstammen der »neuen« Bioökonomie, die ohne hoch entwickelte technologische Verfahren sowie ein umfassendes naturwissenschaftliches Verständnis der Biologie, Chemie und Physik nicht möglich wäre. Dank dem Wissen über die Eigenschaften von biogenen Materialien und Prozessen, können völlig neue Produkte entstehen wie etwa Laufschuhe aus Bakterienseide. Wiederbelebte Traditionen und hochtechnologische Innovationen – beide Wege sind nötig, um vom fossilen Kohlenstoff unabhängig zu werden.

BIOMASSE: DER STOFF, AUS DEM DIE ZUKUNFT IST

Der Grundstoff, mit dem fossile Materialien ersetzt werden sollen, ist Biomasse. Aber was ist das eigentlich genau?

Der Begriff »Biomasse« ist etwas irreführend, er klingt nach einem leicht formbaren Einheitsbrei biologischen Ursprungs, der wie Knetmasse zu Produkten geformt werden kann. Doch anders als Erdöl liegt Biomasse in unzähligen Formen vor. Allein im heimischen Garten gibt es Bäume, Sträucher, Gras, Regenwürmer und Insekten am und im Boden und den Bioabfall im Kompost. All das ist Biomasse, also die Grundsubstanz von Lebewesen wie Pflanzen, Tieren, Pilzen, Bakterien oder anderen Mikroorganismen. Sie kann bereits abgestorben sein wie das Holz im Inneren des Baumes, das keine lebenden Zellen mehr besitzt, oder sich im Aufbau befinden wie bei einem Pilz, der im Wachstum begriffen ist.

Die drei Hauptbestandteile von Biomasse kennen wir alle, denn auch wir ernähren uns von Biomasse: Kohlenhydrate, Fette und Eiweiße. Diese wiederum bestehen zu über 90 Prozent aus Verbindungen der chemischen Elemente Kohlenstoff, Wasserstoff, Sauerstoff, Stickstoff, Schwefel und Phosphor. Zu wesentlich geringen Anteilen kommen darin Calcium, Kalium, Natrium, Chlor, Magnesium, Eisen sowie andere Spurenelemente vor. Der wichtigste Faktor dafür, dass sich diese Elemente zu komplexen Molekülen zusammenschließen und Biomasse bilden, ist die Sonne. In ihr werden pro Sekunde fast 600 Millionen Tonnen Wasserstoff mittels Kernfusion zu Helium umgewandelt und die dabei entstehende Wärme und das Licht entweicht ins Weltall.

Unter dem Strich ist Biomasse nichts anderes als gespeicherte und umgewandelte Sonnenenergie: Auf der Erde können sogenannte Primärproduzenten wie Pflanzen, Algen, aber auch einige Bakterienarten das Licht der Sonne nutzen, um Photosynthese zu betreiben – der wichtigste biochemische Vorgang überhaupt, bei dem Biomasse aufgebaut und der für uns lebenswichtige Sauerstoff abgegeben wird. Dabei wird aus dem Kohlenstoffdioxid der Luft und dem Wasser aus dem Boden die Zuckerart Glucose hergestellt. Aus diesem Kohlenhydrat und anderen Elementen aus dem Boden kann der Organismus alle Stoffe herstellen, die er zum Leben braucht. Sie dienen dem Aufbau der eigenen Struktur, also dem Wachstum, sind Reserven für schlechte Zeiten, wehren Feinde ab oder können Informationen weiterleiten. Andere Lebewesen, sogenannte Sekundärproduzenten, ernähren sich von dieser pflanzlichen Biomasse. Menschen, Tiere und Pilze können sie verwerten und bauen mit der organischen Masse ihre eigene Zellstruktur auf. Jede Sekunde passieren diese Umwandlungsprozesse von Kohlenstoff unzählige Male in jedem Ökosystem der Welt.

Woher kommt die Biomasse?

Für die Biomassenutzung sind dabei Quellen interessant, die sowieso schon seit langer Zeit genutzt werden. Dazu zählt die sogenannte Urproduktion, also die Wirtschaftsbereiche, die Produkte aus der Natur erzeugen, wie die Forstwirtschaft, Landwirtschaft, Tierhaltung und Fischerei. Alle Abfallströme von organischem Material aus der Lebensmittelindustrie oder der Bauwirtschaft können ebenfalls in Betracht gezogen werden. Auch Hausmüll, Gartenabfall und selbst Klärschlamm liefern noch wertvolle Biomasse. Wiederentdeckte regionale Ressourcen, die zu Zeiten unserer Großeltern noch eine große Rolle spielten, könnten in Zukunft wieder einen höheren Stellenwert als Biomasselieferant bekommen. Dazu zählen Faserpflanzen wie Nessel, Leinen oder Hanf, deren Verwendung als Rohstoff aufgrund von importierter Baumwolle oder synthetischen Fasern aus Erdöl aus unserem Bewusstsein verdrängt wurden. Oder wir nutzen andere Formen von Biomasse wie Algen, Pilze, Insekten oder Kleinstlebewesen.

In der Landwirtschaft eröffnet sich so die Chance, die Palette der angebauten Pflanzen wieder breiter zu machen und regionale Wertschöpfungsketten zu stärken. Gesamtgesellschaftlich können wir durch eine Diversifizierung unserer Rohstoffe unabhängiger von einzelnen Ländern und deren fossilen Ressourcen werden.

Raffinierte Biochemie

Ein wichtiges Konzept, um aus einfacher Biomasse möglichst hochwertige Produkte zu erzeugen, ist das der Bioraffinerie. Der Prozess des Raffinierens ist vielen von der Erdölverarbeitung bekannt: In riesigen industriellen Anlagen wird

Rohöl gesäubert, destilliert und in verschiedene Kohlenwasserstoffgemische wie Schmierstoffe, Kerosin, Benzin oder Basischemikalien umgewandelt. Ähnlich funktioniert das mit nachwachsenden Rohstoffen in der Bioraffinerie. Auch die Biomasse ist eine komplexe Mischung aus Kohlenstoff, Wasserstoff und Sauerstoff, die in ihre chemischen Grundbausteine aufgeschlüsselt und neu zusammengesetzt werden kann. Weil Biomasse aber in so vielen verschiedenen Formen vorliegen kann, erfordert dies unterschiedliche Verfahren. Hackschnitzel aus Holz haben beispielsweise eine andere Beschaffenheit und Zusammensetzung als die Samen von Ölpflanzen wie Raps oder landwirtschaftliche Abfälle. Das Prinzip ist aber immer gleich: Man versucht bestimmte Substanzen wie Lignin, Zellulose oder Fette aus der Biomasse zu isolieren. Diese werden dann zu Basischemikalien weiterverarbeitet, aus denen wiederum biobasierte Kunststoffe, Kraftstoffe, Textilien, Baustoffe, Kosmetika oder Medizinprodukte hergestellt werden. Diese Art der »modernen Alchemie« ist eine der Schlüsseltechnologien für das biobasierte Zeitalter.

Neben der Nutzung der Biomasse als Rohstoff für Materialien gehört zur Bioökonomie auch, dass wir die Fähigkeiten der Natur nutzen, um Verfahren umweltfreundlicher zu machen. Das kann auf vielfältige Weise passieren, denn Bakterien, Pilze und Enzyme können verschiedene Stoffe auf- oder abbauen. Bei Nahrungsmitteln wie Joghurt und Bier machen wir uns das schon lange zunutze und setzen die Mikroorganismen in Fermentations- und Gärungsprozessen ein. Neuerdings helfen aber auch Enzyme dabei, dass unsere Wäsche sauberer wird, Bakterien reichern den Boden mit Pflanzennährstoffen für ertragreichere Ernten an und Pilze helfen in der Bioraffinerie bestimmte Holzinhaltsstoffe abzubauen – auf natürlichem Wege, ohne den Einsatz von Chemikalien oder viel Energie.

ENERGIE AUS BIOMASSE

Biomasse kann auch zur Energieerzeugung genutzt werden. Schauen wir uns mal genauer an, was die Materialwende mit der Energiewende zu tun hat.

Pflanzen liefern Heizenergie, wenn man sie verbrennt, das kennen wir vom Kaminfeuer. Sie können aber auch zu anderen Energieträgern wie Biogas oder Biokraftstoffen umgewandelt werden und neben der Wärmeerzeugung auch der Stromproduktion dienen. Der Allrounder Biomasse ist zurzeit sogar mit einem Anteil von 55 Prozent noch weit vor der Windenergie mit 24 Prozent der wichtigste erneuerbare Energieträger.[20] Die Vorteile: Bei ihrer Verbrennung wird nur so viel CO_2 freigesetzt, wie die Pflanze im Laufe ihres Lebens eingespeichert hat. Im Gegensatz zur Verbrennung von Stein- oder Braunkohle bleibt somit der fossile Kohlenstoff im Boden. Zudem kann in Zeiten, in denen die Sonne nicht scheint oder der Wind nicht weht, Strom erzeugt und somit unsere Versorgungssicherheit erhöht werden.

Allerdings ist das Thema Bioenergie sehr komplex und die Sinnhaftigkeit ihrer Nutzung muss differenziert betrachtet werden. Unabhängig davon, aus welcher Quelle die Energie stammt: Ähnlich wie bei den Rohstoffen ist unser Verbrauch zu hoch. Statt panisch nach neuen Energiequellen zu suchen, sollten wir daher als Erstes Einsparpotenziale ausschöpfen.

Grundsätzlich gilt, dass die biogenen Stoffe, die wir aus der Natur holen, so lange wie möglich in Form eines Produkts genutzt werden sollten, statt sie sofort zu verbrennen. Nur dann bleibt der Kohlenstoff in ihnen dauerhaft gespeichert und wird nicht in die Atmosphäre entlassen. Denn auch wenn das CO_2 aus ihnen »neutral« und somit besser für das Klima ist – es ist immer noch CO_2, das bei der Verbrennung entsteht und unsere Atmosphäre belastet. Technologien wie Wind- und Wasserkraft sowie Solarenergie basieren hingegen nicht auf Verbrennungsprozessen. Wenn ein Produkt aus nachwachsenden Rohstoffen wirklich an seinem Lebensende angekommen und keine weitere Nutzung mehr möglich ist, kann es immer noch verbrannt werden und der Energieerzeugung dienen.

Kritisch zu sehen ist insbesondere der Anbau von Nahrungspflanzen, um aus der Stärke, dem Zucker oder dem Öl aus ihren Früchten Kraftstoffe zu gewinnen.

Denn die Energiedichte der Pflanzen ist so niedrig, dass man enorme Flächen für den Anbau von Raps, Mais, Zuckerrüben, Weizen oder Soja bereitstellen müsste, die aber vorrangig der Nahrungsversorgung dienen sollten. Die Flächenkonkurrenz und eine erhöhte Nachfrage nach Energie aus Mais oder Weizen kann die Getreidepreise in die Höhe treiben und dazu führen, dass in ärmeren Weltregionen Hungerkrisen weiter verstärkt werden.

Anders zu betrachten ist es, wenn wir Reststoffe aus der Industrie oder der Landwirtschaft einsetzen, um Energie zu gewinnen. Aus Stroh, Grünschnitt, Zwischenfrüchten, Bioabfall, Klärschlamm und Gülle kann durch Vergärung Biogas erzeugt werden. Mikroorganismen bauen diese Abfälle in einem sauerstofffreien Milieu in verschiedenen Stufen ab und wandeln sie um. Große Bestandteile wie Lignin oder Zellulose im Holz werden in kleinere Einheiten zerlegt und dann zu Zwischenprodukten wie Alkohol, Säuren, Wasserstoff und CO_2 umgewandelt. Andere Bakterien fermentieren diese Stoffe wiederum zu Methangas für die Stromerzeugung. Bei einigen Verfahren hat man sogar einen doppelten Nutzen: Neben dem Gas entsteht aus der verbleibenden Biomasse ein biologischer Dünger, den man wieder dem Boden zuführen kann. Bei der Erzeugung von Biokohle aus Holzresten verbleibt ein schwarzer Kohlerest, der wesentlich langsamer durch chemische und biologische Prozesse abgebaut wird. Wenn man diese Pflanzenkohle dem Boden unterpflügt, verbessert sie nicht nur die Bodenqualität, sondern der Boden kann den Kohlenstoff auf lange Zeit speichern und als biologische und relativ einfach umzusetzende Technologie (»Carbon Farming«) zur CO_2-Rückgewinnung eingesetzt werden.

Eine vielversprechende Alternative sind sogenannte Kraftstoffe der dritten Generation, die zum Beispiel aus Algen gewonnen werden können. Wegen ihres hohen Fettgehalts, der bei einigen Arten bis zu 50 Prozent ihrer Trockenmasse ausmacht, eignen sich Algen gut für die Produktion von Biogas oder Biodiesel. Ihr Ertrag von gewonnener Energie pro Fläche ist um ein Vielfaches höher als bei Raps oder Mais, der verstärkte Algenanbau in Aquafarmen im Meer könnte also zu einem Ersatz der an Land angebauten Energiepflanzen führen. Dadurch würden Landflächen für die Nahrungsmittelproduktion frei. Besonders Energieunternehmen erhoffen sich Fortschritte bei diesen Kraftstoffen, die in den Bereichen der Mobilität, wo nicht so einfach auf Elektroantriebe umgestellt werden kann, etwa dem Schiffs- oder Flugverkehr, eine CO_2-neutrale Fortbewegung ermöglichen. Zwar können Biokraftstoffe heute schon in hoher Qualität hergestellt werden, allerdings wird es wohl noch einige Jahre dauern, bis Biokerosin aus Algen preislich konkurrenzfähig ist und den Traum vom »grünen Fliegen« wahr werden lässt.

BIOBASIERTE KUNSTSTOFFE

Die Geschichte der Kunststoffe fängt nicht erst mit der industriellen Nutzung fossiler Rohstoffe an. Biobasierte künstliche Stoffe nutzt die Menschheit schon lange, wenn auch nicht in den gigantischen Plastikmengen, wie sie durch die Erdölnutzung möglich wurden.

Ob fossil oder biobasiert, die Grundbausteine von Kunststoffen können verschiedenste Arten von Molekülen sein, die immer den Kohlenstoff als zentrales Element in ihrer Struktur haben. Beim PE, dem weltweit am häufigsten verwendeten Kunststoff, ist es das Molekül Ethen. Wenn sich dieses mit anderen Ethenmolekülen zu langen Ketten verbindet, entsteht Polyethylen, also ein sogenanntes Polymer (griechisch von *polý* = viele, *méros* = Teile). Auch Lebewesen können diese langkettigen Polymere in ihren Zellen herstellen, dann nennt man sie Biopolymere. Die häufigsten Biopolymere, die in der Natur vorkommen, sind Lignin und Zellulose als Grundbestandteile in der pflanzlichen Zellstruktur und Chitin, das sich im Panzer von Insekten sowie in Pilzen findet.

Eine komplexe Mischung aus verschiedenen Biopolymeren, die die Menschheit als eine Art Kunststoff nutzte, sind Baumharze. Sie dienen uns in getrockneter oder versteinerter Form, wie zum Beispiel der Bernstein, schon seit Urzeiten als beliebtes Material für die Herstellung von Schmuck oder Verzierungen. Gummi Arabicum, ein Harz aus dem Norden Afrikas, war der Ausgangsstoff für Farben und Tinte. Auch tierisches Gewebe enthält Biopolymere, aus denen wir erste »künstliche Stoffe« hergestellt haben: Die alten Ägypter verleimten ihre Möbelstücke mit Knochenleim auf Basis von tierischem Eiweiß, und aus dem Milcheiweiß Kasein entwickelte der deutsche Benediktinermönch Wolfgang Seidel im Jahr 1531 das transparente »Kunsthorn« für die einflussreiche Augsburger Handelsfamilie Fugger.[21]

In Mittel- und Südamerika hat die Nutzung von Kautschuk eine lange Geschichte. Eines der bekanntesten Beispiele ist das mesoamerikanische Ballspiel, bei dem ein Ball aus Vollkautschuk zum Einsatz kam. Im Zuge der Kolonialisierung fand der milchige Saft des Kautschukbaums (»blutender« oder »weinender Baum« in der indigenen Sprache Quechua) seinen Weg nach Europa. Im Jahr 1770 erfand der Brite John Priestley den Radiergummi aus Naturkautschuk – und bald darauf folgte der Einsatz als wasserfeste Schicht bei Regenmänteln. Das von Charles Goodyear im Jahr 1839 entwickelte Verfahren der Vulkanisation, bei dem aus dem plastisch verformbaren Kautschuk das elastische Gummi wird, ermöglichte die Produktion von widerstandsfähigen und federnden Reifen für eine komfortablere Fortbewegung.

Unterbrochene Entwicklung

Wahrscheinlich wäre die Geschichte der biobasierten Kunststoffe so innovativ weitergegangen, wenn nicht das Erdöl dazwischengekommen wäre. Es ist ähnlich wie mit elektrisch betriebenen Fahrzeugen: Für beides gab es schon Ende des 19. Jahrhunderts nicht nur erste Prototypen, sondern auch massentaugliche Produkte.

Ein biobasiertes Material für Fußböden, Schreibtische oder Wandverkleidungen aus dieser Zeit ist das Linoleum. Das strapazierfähige und baubiologisch unbedenkliche Belagsmaterial wurde aus dem Öl der Leinenpflanze, Naturharzen, Kork- und Steinmehl sowie einem Gewebe aus Jutefasern hergestellt. Nicht zuletzt wegen seiner hohen Strapazierfähigkeit wird es heutzutage nach wie vor in öffentlichen Gebäuden und Sportstätten als Bodenbelag verwendet.

Ein anderer Klassiker ist das Cellophan, auch bekannt als Zellglas. Es war bis in die 1950er-Jahre das einzige transparente Verpackungsmaterial und wurde aus Holzzellulose hergestellt. Die Tatsache, dass man die Speisen sehen konnte, die damit verpackt waren, verhalf ihm zum Erfolg. Es ist zwar teurer als erdölbasierte Verpackungsfolien, wird aber heute noch gerne bei Lebensmittelverpackungen eingesetzt, weil es Wasserdampf passieren lässt. In unbeschichteter Form kann es problemlos kompostiert oder zum Altpapier gegeben werden, weil es auf Holzfasern basiert.

Henry Ford entwickelte bereits Anfang der 1940er-Jahre ein Konzeptauto aus Kunststoffen statt aus Metall. Das Fahrzeug, das mit einem Kraftstoff aus Hanf betrieben werden sollte und rund 25 Prozent leichter war als vergleichbare Automobile, bestand angeblich aus verschiedenen harzgebundenen Pflanzenfasern aus Soja, Flachs, Hanf und Weizen. Ford sah vor allem im Biosprit eine zukunftsfähige Energiequelle.

Doch letzten Endes war Erdöl als Treibstoff und als Grundlage für Kunststoffe günstiger und bot bessere Verarbeitungsmöglichkeiten. Es verdrängte demzufolge die Alternativen und verbannte die biobasierte Forschung in ein Nischendasein. Erdölbasierte Kunststoffe wurden so schnell so allgegenwärtig, dass es abwegig schien, nach umweltertäglicheren Alternativen Ausschau zu halten.

Biokunststoff for Future?

Heutzutage wird mit Hochdruck an Alternativen zum fossilen Plastik gearbeitet. Zellulose, Stärke, Zucker, Eiweiße, Fette und weitere Stoffe aus Pflanzen, Tieren oder Mikroorganismen bilden die Basis für die Herstellung von Kunststoffen. Mittlerweile verfügen wir über die Technologie und das Wissen, um daraus Materialien herzustellen, die dem fossilen Plastik ebenbürtig oder gar überlegen sind. Dabei ist es ähnlich wie mit der Bioenergie: Die Nutzung von Nahrungspflanzen für die Kunststoffherstellung sowie die Verwendung nachwachsender Rohstoffe aus pestizidintensiven Monokulturen oder gar Importe aus dem globalen Süden machen die niedrigeren CO_2-Emissionen auf andere Weise wieder zunichte. Letztlich müssen wir unseren Verbrauch an kurzlebigem Verpackungsmaterial insgesamt reduzieren, indem wir es öfter wiederverwenden oder bei gewissen Anwendungen komplett darauf verzichten.

Dennoch sollte man den Einsatz von Kunststoffen auf biologischer Basis nicht kategorisch ausschließen. In seiner Entwicklung stehen wir noch am Anfang und insbesondere die Nutzung von biologischen Reststoffen und Abfällen bieten vielversprechende Möglichkeiten. In vielen Bereichen sind Kunststoffe alternativlos und wenn sie auf nachwachsenden Rohstoffen basieren, tragen sie wenigstens zur Schonung fossiler Ressourcen bei. Bereits jetzt gibt es biobasierte Kunststoffe, die wirklich sinnvoll sind – sei es eine Verpackung, die aus Algen besteht und rückstandslos kompostierbar ist, oder die leistungsfähige Carbonfaser aus Algenöl, die in einem langlebigen Produkt verbaut ist.

KREISLAUFWIRTSCHAFT: ZEIT, DASS SICH WAS DREHT

Bioökonomie und Kreislaufwirtschaft gehören zusammen: Statt einem ressourcenintensiven linearen System können dadurch Rohstoffe langfristig in unseren Stoffströmen erhalten bleiben.

Immer wenn wir »frische« Biomasse aus dem Wald, dem Feld, der Wiese oder dem Meer nutzen, greifen wir damit in das bestehende Ökosystem ein. Unser Ziel sollte jedoch sein, nicht so verschwenderisch mit der Biomasse umzugehen, wie wir es mit fossilen Rohstoffen getan haben beziehungsweise immer noch tun. Stattdessen sollte der maximale Nutzen mit minimalem Rohstoffeinsatz erzielt werden. Wenn wir diesen Grundsatz beherzigen, müssen wir unseren Blick verstärkt auf die Biomasse richten, die bereits in unseren Stoffkreisläufen in Verwendung ist. Um sie zu gewinnen, muss kein neuer Baum gefällt und kein neues Feld bestellt werden.

Ein Konzept, das im Zusammenhang mit der Bioökonomie immer wieder auftaucht, ist die Kreislaufwirtschaft (oder Circular Economy), manchmal auch kombiniert als biobasierte Kreislaufwirtschaft oder kreislaufbasierte Bioökonomie. Sie beschreibt eine Möglichkeit, um in vielen Bereichen nachhaltiger zu wirtschaften und unseren Wohlstand vom Materialverbrauch zu entkoppeln. Einfach gesagt geht es darum, Materialien und Produkte möglichst lange in Verwendung zu halten – sei es durch langlebiges Design, Instandhaltung, Reparatur, Wiederverwendung, Aufarbeitung oder Recycling. Das Recycling sollte dabei stets das letzte Mittel sein, denn dazu muss der Stoff mit viel Energieeinsatz auf molekularer Ebene neu zusammengesetzt werden, etwa wenn Altglas eingeschmolzen und zu neuen Getränkeflaschen verarbeitet wird.

Damit Produkte lange genutzt werden, muss ein Umdenken in der Gestaltung und Planung stattfinden. Nur wenn von Anfang an das Nutzungsende eines Produktes mitgedacht wird, kann eine Wiederverwertung möglich werden. Durch intelligentes Design werden die Dinge unseres täglichen Lebens haltbarer, reparierfähiger oder einfacher wiederzuverwenden, und dadurch idealerweise Teil eines langen Nutzungskreislaufs, in den möglichst wenig frische Rohstoffe eingespeist werden müssen.

Diese Vorstellung ist konträr zu dem Modell, das wir seit der industriellen Revolution nutzen: der linearen Wirtschaft. Hierbei werden Primärrohstoffe aus der Natur entnommen, daraus Produkte hergestellt und nach einer kurzen Nutzung wieder weggeworfen, also »take-make-waste«. Die Nutzungsdauer wird dabei immer kürzer und die Zyklen von neuen Trends immer schneller – sei es durch mangelnde Verarbeitungsqualität, eine rapide Veralterung von technischen Geräten oder gar durch geplante Obsoleszenz, also eine vom Hersteller eingebaute maximale Nutzungsdauer, nach der ein Produkt unbrauchbar wird. Schlussendlich landet das Produkt auf der Deponie und hat keine Chance auf eine weitere Nutzung. Dieses Modell des Massenkonsums, gepaart mit einer Wegwerfmentalität, ist aber auf Dauer nicht mit unseren planetaren Grenzen vereinbar.

From Trash to Treasure

Im Prinzip ist es mit Müll so wie mit Energie: Er kann höchstens umgewandelt werden, aber nie wirklich verschwinden. Die Erde ist ein geschlossenes System. Wenn wir etwas »wegwerfen«, dann ist es nicht weg – es landet auf der Mülldeponie, in der Natur oder wird bei der Verbrennung in Asche, Abgase wie CO_2 und Wärme umgewandelt. Stattdessen könnten wir die Materialien weiter im Nutzungskreislauf halten. Abfall ist nämlich nur dann wertlos, wenn uns die Fantasie oder die technischen Möglichkeiten fehlen, aus den Resten noch etwas Nützliches zu machen.

Viele Beispiele in diesem Buch zeigen, dass das, was bei einer Sache »abfällt«, für einen anderen Zweck durchaus noch verwertet werden kann. Vieles, was wir bisher als unbrauchbare Überreste angesehen haben, ist die Ausgangsbasis für neue Produkte: mit Fruchtschalen, Nusskernen, Fischschuppen, Kaffeesatz oder Holzspänen erhalten wir natürliche Rohstoffe, die bei der Herstellung von anderen Produkten genutzt werden können. Mit dem Wissen um ihre Stoffeigenschaften und technologischen Möglichkeiten der Verarbeitung können wir diesen vermeintlichen Abfall in einen neuen Nutzungskontext stellen. Statt Müll sehen wir dann ein kohlenstoffbasiertes Rohmaterial für ein neues Produkt.

Durch die zirkuläre Nutzung von Rohstoffen in der Kreislaufwirtschaft sinkt der Bedarf nach neuen Produkten und somit verringern sich auch Abfall und Emissionen. Dazu gehören mineralische Stoffe, Metalle, Kunststoffe, aber eben auch biobasierte Materialien. An diesem Punkt überschneiden sich Bioökonomie und Kreislaufwirtschaft: Die Bioökonomie beschäftigt sich mit der Erzeugung von biologischen Ressourcen und deren Nutzung, die Kreislaufwirtschaft will diese biologischen Ressourcen ebenso wie metallische und mineralische Stoffe möglichst lange in Verwendung halten. Auch der fossile Kohlenstoff, der in Form von Kunststoffen bereits in unseren Stoffströmen zirkuliert, stellt eine wichtige Materialquelle dar, denn viele Kunststoffe eignen sich für das Recycling und können über lange Zeit weiter eingesetzt werden. Der Physiker Michael Carus vom nova institut sieht noch eine weitere Quelle für erneuerbaren Kohlenstoff, um das fossile System zu ersetzen: das CO_2 aus der Luft.[22] Wie die ersten Versuche zur Produktentwicklung daraus aussehen, zeigt das Beispiel der Socken aus CO_2 auf Seite 252.

Wenn ein Produkt nach vielen Zyklen der Nutzung wirklich sein Lebensende erreicht hat und keinerlei Möglichkeit der Wiederverwendung hat, kann es im besten Fall kompostiert und damit dem biologischen Kreislauf zurückgegeben werden, wie es zum Beispiel bei Kleidung aus Hanf, Leinen und Buche der Fall ist. Wenn es nicht kompostierbar ist, kann mit vielen biologischen Reststoffen Gas zur Stromerzeugung oder für eine CO_2-neutrale Wärmeenergie gewonnen werden, was fossile Energieträger schont.

Eine Abkehr vom billigen Einwegkonsum muss dabei nicht zwangsläufig der Wirtschaft schaden, im Gegenteil: Gerade in der produktiven Aufbereitung und dem Upcycling von vermeintlich wertlosen Reststoffen finden sich neue lukrative Geschäftsmodelle und die Wertschöpfung, aber auch Werterhaltung der Zukunft. Eine Auswirkung auf unser Selbstverständnis als Wirtschaftsteilnehmer könnte diese Entwicklung ebenfalls haben: Wir werden keine reinen Verbraucher mehr sein, also Dinge und damit Rohstoffe unbedacht »ver-brauchen«. Stattdessen wandeln wir uns zu Nutzern, die sich als Bestandteil eines Kreislaufs sehen und ein Produkt behutsam verwenden, sodass es wieder und wieder genutzt werden kann. So lange und nachhaltig wie möglich.

SCHÖNE GRÜNE WELT?

Der Begriff »nachwachsend« klingt nach einer nie versiegenden Rohstoffquelle, aus der wir uns nach Lust und Laune bedienen dürfen. Dabei sind heute schon Konflikte in der Landnutzung offensichtlich, planetare Belastungsgrenzen erreicht und auch unser Verhältnis zur oder besser mit der Natur sollte neu gedacht werden.

Die Bioökonomie verspricht Wirtschaftswachstum, umweltverträgliche Innovationen und die Unabhängigkeit von fossilen Rohstoffen. Gleich mehrere der Sustainable Development Goals (Ziele zur nachhaltigen Entwicklung) der Vereinten Nationen sollen mit ihr in Angriff genommen werden und eine nachhaltige Zukunft gestalten. Das klingt fast zu schön, um wahr zu sein – und eine kritische Betrachtung des Themas zeigt: Das ist es auch. Denn wie alles hat auch das Wirtschaften mit nachwachsenden Rohstoffen seine Schwachstellen und muss differenziert betrachtet werden. Die planetaren Belastungsgrenzen dürfen dadurch nicht noch weiter überschritten werden. Schauen wir auf die drei großen Bereiche, in denen noch viele offene Fragen herrschen.

1. Intensive Landnutzung
   Betrachten wir die Erde mal aus dem Weltall: Etwa 70 Prozent des blauen Planeten sind von Wasser bedeckt. Zieht man die Antarktis sowie Flüsse und Seen ab, bleiben rund 25 Prozent Landfläche. Wenn man zudem Wüsten, Ödland, Tundra, vereiste Gebiete und menschliche Siedlungsflächen herausrechnet, verbleibt nur knapp ein Drittel Landfläche – also gerade einmal rund 8 Prozent der Weltoberfläche –, auf der Landwirtschaft überhaupt möglich ist. Auf dieser vergleichsweise winzigen Fläche muss also die gesamte Biomasseproduktion stattfinden und aus den dort erzeugten Rohstoffen sollen Nahrung, Futtermittel, Medikamente, Brennstoffe, Textilien und Baustoffe hergestellt werden. Aufgrund menschlicher Aktivitäten verlieren die Böden jedoch zusehends an Humus und Nährstoffen oder werden von der Erosion abgetragen. Rund 10 Millionen Hektar Ackerland verlieren pro Jahr deutlich an Produktivität oder gehen ganz verloren – eine Fläche so groß wie Bayern und Baden-Württemberg zusammen. Allein in Deutschland werden pro Tag

rund 70 Hektar Landfläche (das entspricht rund 100 Fußballfeldern) zu Siedlungs- oder Verkehrsflächen umgewandelt und die Hälfte davon versiegelt, also mit unserer menschlichen Infrastruktur überbaut.[23]
Durch die Bewirtschaftung dieser begrenzten land- und forstwirtschaftlichen Nutzfläche sollen im Jahr 2050 fast 10 Milliarden Erdenbürger mit Nahrung, Energie und Produkten aus nachwachsenden Rohstoffen versorgt werden. Konflikte um diese Nutzflächen sind also vorprogrammiert und finden heute schon statt. Die Frage »Trog, Teller oder Tank?« verdeutlicht die Schwierigkeit, alle unterschiedlichen Bedürfnisse mit Biomasse zu befriedigen: Soll der Mais als Viehfutter im Trog landen oder als Belag auf unserer Pizza? Was ist mit der Biokraftstoffproduktion aus Mais und Maisresten, geschweige denn mit dem biobasierten Kunststoff, der aus Maiszucker besteht?
Zwar sollte die Ernährungssicherheit der Menschen immer an erster Stelle stehen, aber auf globalen Märkten, in denen der Höchstbietende entscheidet, was mit dem Rohstoff passiert, ist dies nicht immer der Fall. Diese »Flächenkonkurrenz« führt nicht nur zu wirtschaftlichen, sondern auch zu sozialen Konflikten. Internationale Auseinandersetzungen und Kriege haben meist ihren Ursprung in der Frage, wer welche Ressourcen nutzen darf.
Technologische Innovationen und Effizienzsteigerungen in der Landwirtschaft können die Produktionsmenge erhöhen, aber auch das hat seine Grenzen. Die Natur braucht Pausen für Regeneration und Stabilisierung. Schon jetzt sind wir in einigen Bereichen am ökologischen Limit, was die Auswirkungen von intensiver Land- und Forstwirtschaft betrifft, und die Übernutzung der Natur hat bereits in der Vergangenheit zu irreparablen Schäden geführt. So gingen riesige Waldflächen unwiederbringlich verloren, um der Produktion von »Cash Crops«, also gewinnbringenden Pflanzen wie Soja, Mais oder Palmöl in Monokulturen, Platz zu machen. Durch Unwetter und Erosion verkamen diese Gebiete nach wenigen Jahren zu einem unbrauchbaren Ödland. Besonders in tropischen Waldgebieten passiert dies derzeit in einer besorgniserregenden Geschwindigkeit.[24]
In unserem Ressourcenhunger vergessen wir oftmals, dass nicht nur die Atmosphäre eine hauchdünne Schicht ist, die unser Leben auf der Erde überhaupt erst ermöglicht, sondern auch der Boden. Betrachtet man den Planeten im Querschnitt, so sind von den 6.300 Kilometern von der Oberfläche bis zum Erdmittelpunkt nur die ersten 30 bis 50 Zentimeter fruchtbarer Boden. Ist diese zarte Schicht erst einmal kaputtgewirtschaftet, etwa durch zu intensive

Landwirtschaft oder Erosion, ist sie weg. Bis sich ein Zentimeter Erde wieder aus dem rohen Gestein gebildet hat, dauert es mehrere Hundert Jahre.
Die starke Nutzung dieser Schicht führt dazu, dass sie immer mehr ausgelaugt wird und Nährstoffe verliert. Düngemittel können diese Nährstoffe zwar wieder auf die Flächen bringen, aber so, wie es heutzutage geschieht, entstehen einerseits bei der Düngemittelproduktion große Mengen an Treibhausgasen und andererseits trägt ein Überangebot der Düngemittel zum Verlust der Artenvielfalt in Gewässern bei. Zudem ist diese Art von Hochleistungslandwirtschaft in großen Monokulturen nur mit hohem Pestizideinsatz möglich, der nicht nur die Biodiversität gefährdet, sondern auch uns Menschen schädigt.
Ein wichtiger und einfacher Schritt, der diese Konflikte um die Landnutzung entschärfen würde, wäre eine Reduktion unseres Fleischkonsums. Denn mehr und mehr Natur, besonders im globalen Süden, wird zur Produktionsfläche für Tierfutter oder zu Weideland umgewandelt. Wenn Waldgebiete dafür gerodet werden, setzt dies nicht nur große Mengen an CO_2 frei, das vorher in den natürlichen Ökosystemen gespeichert war, sondern bringt oftmals auch die Lebensmittelproduktion vor Ort in Schwierigkeiten.
Ein anderer wichtiger Schritt wäre, das Problem der Verschwendung anzugehen. Zum Beispiel beim Essen: Rund 1,3 Milliarden Tonnen essbare Lebensmittel werden weltweit jährlich unnötigerweise weggeworfen. In Deutschland landet rund ein Drittel unseres Nahrungsmittelkonsums im Müll.[25] Dass wir in diesem Buch der Verwendung von biogenen Reststoffen ein eigenes Kapitel gewidmet haben, soll zeigen, dass gerade sie eine Antwort auf die Fragen der Landnutzung bieten. Denn diese Stoffe fallen als Reste oder Nebenprodukte in verschiedenen Industrien an oder befinden sich bereits im Nutzungskreislauf. Für sie sind keine Anbauflächen nötig und es muss kein frisches Material aus der Natur entnommen werden.

2. Unser Verhältnis zur Natur
Es gibt eine weitere Gefahr, wenn wir die gesamte Natur durch die Brille der Bioökonomie betrachten: Wir sehen das Ökosystem Wald vor lauter verwendbarem Holz nicht mehr. Will heißen: Wir sollten uns davor hüten, die Natur nur noch aus einer Perspektive der Nutzbarkeit zu betrachten. Denn dann wird im Kapitalismus die Welt zum Warenlager und das Wunderwerk der Schöpfung zur plumpen Biomasse, die unseren dekadenten Lebensstil ermöglichen soll.

Natürlich sieht ein Unternehmer in nachwachsenden Rohstoffen eine Quelle neuer Materialien oder Prozesse, aus denen wiederum neue Produkte entstehen können. Eine Ingenieurin sieht darin ein Gestaltungsfeld, um neue technologische Verfahren anzuwenden und die Natur künstlich zu optimieren. Spätestens hier tun sich aber auch ethische Fragen auf, wenn einzelne Teilelemente aus gesamten Ökosystemen isoliert und mit Verfahren wie beispielsweise der Editierung der genetischen Informationen auf Zellebene manipuliert werden. Zwar können dadurch resistentere Pflanzenarten erzeugt werden, die mehr Ertrag liefern, aber die Langzeitauswirkungen auf die Ökosysteme sind bisher wenig erforscht. Wir laufen Gefahr, damit ein altes und nicht nachhaltiges Weltbild zu stärken, bei dem der Mensch als Krone der Schöpfung unangefochten im Zentrum steht und ihm alles andere Untertan ist.

3. Unser Lebensstil
Wahrscheinlich ist dieses Narrativ so alt wie die Menschheit – Eltern, die ihren Kindern sagen: »Ihr sollt es einmal besser haben.« Was aber in Zukunft mit »besser« gemeint ist, muss immer wieder neu bewertet werden. Materiell gesehen sind wir in Europa an einem Punkt angelangt, an dem es fraglich ist, ob weitere materielle Güter tatsächlich unsere Lebensqualität steigern. Braucht man einen weiteren überdimensionierten SUV, nur weil seine Karosserie jetzt aus Hanffasern besteht und er mit Strom aus Biogas läuft?
Produkte sind nicht automatisch nachhaltig, nur weil sie biobasiert sind. Das nachhaltigste Produkt – das dürfte wohl niemanden überraschen – ist immer jenes, das gar nicht erst produziert werden muss. Weil wir es vielleicht nicht brauchen, weil es ausgeliehen werden kann oder weil das alte nur repariert werden müsste. Wir Menschen sind aber »neophil«, das heißt, wir lieben das Neue, nur weil es neu ist. Was so banal klingt, ist stark mit der Kernfrage verbunden, die mit der Gestaltung einer nachhaltigen Zukunft einhergeht: Was braucht es wirklich für ein gutes Leben? Die Antwort darauf muss wohl jeder für sich selbst finden. Klar ist allerdings: Gesellschaftlich betrachtet gibt es keine Alternative dazu, den Ressourcenverbrauch in all unseren Lebensbereichen stark zu senken. Denn unser Lebensstil übersteigt die Regenerationsfähigkeit natürlicher Systeme. Im Jahr 2022 fiel der Earth Overshoot Day, also der Tag, an dem unser jährliches globales Ressourcenkontingent aufgebraucht ist, auf den 28. Juli.[26] Das heißt, bis zu diesem Datum haben wir alle natürlichen Ressourcen, die uns für dieses Jahr zustehen würden, bereits

aufgebraucht. Den Rest des Jahres leben wir »auf Pump«, also auf Kosten von Natur und Nachwelt und nutzen mehr, als die Natur regenerieren kann. Wenn man Industrienationen wie Deutschland betrachtet, liegt dieser Tag schon am 4. Mai, in Österreich bereits Anfang April.[27] Er hat sich in den letzten Jahren (abgesehen vom Corona-Jahr 2020) immer weiter nach vorne im Kalender verschoben. Vor 20 Jahren lag er für die gesamte Welt noch im September.[28] Das bedeutet konkret: Trotz unseres Strebens nach Effizienz, weniger Materialeinsatz und naturverträglicheren Technologien wird unser Ressourcenhunger von Jahr zu Jahr größer. Das hat auch mit den sogenannten Rebound-Effekten zu tun, bei denen eine höhere Energie- oder Ressourceneffizienz eines Produktes durch ein verändertes Nutzungsverhalten oder eine geänderte Marktdynamik zunichte gemacht wird. Die neuen LED-Lampen benötigen weniger Strom, also lässt man das Licht länger brennen oder installiert sogar neue Leuchten, wo vorher keine waren.

Dies gilt für Privathaushalte wie Unternehmen und für die Nutzung von Energie wie für den Verbrauch von Rohstoffen: Weil Güter mit weniger Rohstoffeinsatz hergestellt werden können, werden sie günstiger. Das erhöht die Nachfrage, was wiederum die Produktion steigert und somit den Ressourcenverbrauch erhöht. Dabei müssten viele Produkte eigentlich teurer sein, um die Kosten an Mensch und Natur widerzuspiegeln, die mit ihrer Herstellung oder Nutzung einhergehen. Der Preis für günstige Akkus aus seltenen Erden beispielsweise spiegelt nicht die Kosten wider, die durch deren umwelt- und gesundheitsschädigende Gewinnung und Herstellung verursacht wurden. Nur weil diese sozialen und ökologischen Kosten gar nicht oder nur unzureichend ihren Verursachern angelastet werden, können viele Unternehmen so günstig produzieren. Stattdessen werden sie externalisiert, also auf andere Weltregionen, die Allgemeinheit oder nachfolgende Generationen abgewälzt.

Probier's mal mit Genügsamkeit

Die »Ölschwemme« und die Euphorie über die grenzenlose Plastikvielfalt in den 1950er-Jahren veranlasste das *Time Magazine* dazu, das Zeitalter des »Throwaway Living« zu proklamieren – den »Wegwerf-Lebensstil« mit billigen Produkten, die gekauft, kurz genutzt und dann weggeworfen werden. Ein Gedanke, der sich parallel dazu auch in der Wirtschaftswunderzeit Deutschlands immer mehr ausgebreitet hat. 70 Jahre später ist unsere Mentalität immer noch davon geprägt. Doch was die Bioökonomie nicht hervorbringen darf, ist eine neue, biobasierte Wegwerfgesellschaft des unbegrenzten Einwegkonsums. Letztlich ist Biomasse ebenfalls ein begrenztes Gut, so nachwachsend die biogenen Rohstoffe auch sind. Eine reine Substitution von erdölbasierten Rohstoffen durch nachwachsende Rohstoffe ist weder sinnvoll noch innerhalb der planetaren Belastungsgrenzen möglich.

Deshalb muss nicht nur die Art des Kohlenstoffs, auf dem unsere Wirtschaft basiert – fossil oder erneuerbar – neu gedacht werden. Auch Wachstum, Wohlstand und Fortschritt, die Leitmotive unserer Wirtschaftsordnung, die zu der fast rauschhaften Nutzung fossiler Rohstoffe und der Zerstörung ganzer Ökosysteme geführt haben, müssen kritisch hinterfragt werden. Denn selbst wenn wir durch Produktionssteigerungen noch mehr Masse produzieren könnten, müssen wir endlich erkennen und verstehen, dass die Natur kein Supermarkt ist, aus dem wir uns das nehmen können, was wir brauchen, und schon gar kein All-You-Can-Eat-Buffet der biologischen Ressourcen, an dem wir uns ohne Reue vollstopfen können, bis nichts mehr da ist. Die Natur ist die mächtige, aber auch fragile Grundlage unseres Lebens, mit der wir partnerschaftlich und verantwortungsvoll umgehen lernen müssen – gerade wenn wir ihre Ressourcen nutzen wollen.

Neben der Konsistenz, das bedeutet in diesem Kontext die Umweltverträglichkeit von Materialien und Prozessen, und der Effizienz, also der sparsameren Nutzung von Rohstoffen und Energien, ist auch die Suffizienz eine Strategie zur Nachhaltigkeit. Suffizienz fragt nach dem, was »genug« ist. Vielleicht schaffen wir es so von der Quantität zur Qualität: lieber etwas weniger, dafür aber besser. Statt massenhaft kurzlebige Einwegprodukte lieber wenige langlebige Alternativen. Ebenso könnten wir uns auf die Nutzung statt den Besitz von Dingen fokussieren, das heißt, statt ein Gerät zu kaufen, das die meiste Zeit ungenutzt herumsteht, könnten wir es zeitweise mieten. Oder aber wir entkoppeln unsere Zufriedenheit ein Stück weit vom Materiellen und bringen stattdessen ein Mehr an Sinn, Gemeinschaft, Freiheit oder Selbstverwirklichung in unser Leben.

Noch stehen wir am Anfang eines neuen Zeitalters. Wir entscheiden, wo die Reise hingeht und definieren hier und heute, was das Wort »besser« heißt, wenn wir unseren Kindern sagen, dass sie es einmal besser haben sollen als wir. Wir haben die Chance, uns wieder als Teil eines natürlichen Kreislaufs zu begreifen, wieder Teil unserer »Mitwelt« zu werden und schlussendlich mit der Natur so umzugehen, dass auch nachfolgende Generationen eine intakte Lebensgrundlage vorfinden.

WIE DIESES BUCH ZU LESEN IST

Die Zukunft interessiert mich – Ich gedenke den Rest meines Lebens dort zu verbringen.

Mark Twain

Auf den folgenden Seiten wollen wir zeigen, wie der Umstieg von fossilem Kohlenstoff auf erneuerbaren in stofflicher Form konkret aussehen kann. Alle 101 Beispiele setzen nachwachsende Rohstoffe auf innovative Weise ein. Geordnet ist das Ganze nach den Ausgangsstoffen, die für die Produkte verwendet werden: Algen, Pflanzen, Holz, Tiere, Bakterien, biogene Reststoffe und Pilze. Dies ist allerdings keine biologische Aufteilung, denn auch Algen oder Bäume sind biologisch gesehen Pflanzen. Die Verarbeitung von Holz ist jedoch an eine ganz eigene Wertschöpfungskette geknüpft, daher ergibt diese Aufteilung in unseren Augen Sinn. Ebenso finden wir, dass Algen als bedeutende Rohstoffquelle der Zukunft ein eigenes Kapitel verdient haben und dass Bakterien und Pilze nicht einfach zusammengefasst als »Mikroorganismen« dargestellt werden sollten.

Eine weitere Unterteilung wird am Ende eines jeden Produktes farblich vorgenommen: Entweder gibt es das Produkt schon am Markt (grün) oder es ist ein Projekt aus Forschung und Entwicklung (blau) oder es ist ein aussichtsreicher Designentwurf und es existiert bislang nur ein Prototyp (orange).

Bei der Auswahl der Beispiele sind wir ebenfalls nicht dogmatisch vorgegangen. Sie sollen exemplarisch das Potenzial aufzeigen, das in der Nutzung von erneuerbaren Rohstoffen liegt, und die Vielfalt der daraus entstehenden Endprodukte verdeutlichen. Zumeist haben sie ökologische Vorteile, manchmal aber auch soziale oder wirtschaftliche. Manchmal faszinierte uns eine unorthodoxe Entstehungsgeschichte, ein ausgefallenes Material oder die großen Implikationen, die eine kleine Idee haben kann.

Wir haben uns zudem auf Europa als Wirtschaftsraum beschränkt, der Ihnen vermutlich am ehesten vertraut ist und in dem der Wandel zur Bioökonomie auf vielfältige Weise passiert. Einige der verwendeten Rohstoffe stammen zwar aus Übersee, sind aber Beispiele für gelungene Kooperationen mit Verarbeitern in Europa, die auf beiden Seiten profitabel sind oder einen besonders genialen Ausgangsstoff hervorheben, der sonst nicht viel Beachtung findet.

Sie müssen das Buch nicht linear durchlesen – stöbern Sie gerne in den Beispielen. Wenn Sie an weiteren Informationen zu einem Produkt interessiert sind, können Sie über den angegebenen Link auf die jeweilige Internetseite des Projekts oder Unternehmens gehen.

Wir hätten Ihnen locker noch mindestens 101 weitere Beispiele vorstellen können – aber dafür reichte der Platz einfach nicht. Dafür finden Sie am Ende des Buchs eine Auflistung mit weiteren, in unseren Augen sehr interessanten Produkten und wo sie zu finden sind.

Vielleicht schärft die Beschäftigung mit den nachfolgenden Beispielen, ihrer Entstehung und den ihnen zugrunde liegenden Rohstoffen das Bewusstsein dafür, das alle Dinge, die wir für unser Leben nutzen, irgendwo herkommen. Nicht einfach aus dem Supermarkt oder dem Onlinehandel, sondern letztendlich als Rohstoff aus der Natur. Vielleicht schärft es ebenso das Bewusstsein für die Vielseitigkeit nachwachsender Rohstoffe, die mehr liefern können als nur Bioenergie und die für unsere materielle Welt von entscheidender Bedeutung sind. Nur wenn das Konzept der Bioökonomie in die Mitte der Gesellschaft findet, können wir im gemeinschaftlichen Dialog darüber abstimmen, welche Rohstoffe wir einsetzen, wie wir unsere Flächen nutzen und letztendlich auch wie wir leben wollen.

Die Vielfalt und Kreativität, die mittlerweile in diesem Bereich vorhanden ist, hat auch uns überrascht: ein Pelzmaterial aus Rohrkolben, ein reißfestes lederartiges Textil, welches von Bakterien produziert wird, oder eine Windel aus Algen. Vielleicht inspirieren diese Beispiele für den »Stoff-Wechsel« ja auch Verarbeiter, Forscher und Designer, sich vermehrt Gedanken zu machen, welche Rohstoffe sie zukünftig einsetzen können. Vielleicht zeigt es Entscheidungsträgern, dass es positive Entwicklungen gibt, die es wert sind, gefördert zu werden. Vielleicht wird dem einen oder anderen einfach bewusst, wie interessant, vielfältig und innovativ die Welt der Naturmaterialien sein kann. In jedem Fall aber, wünschen wir viel Spaß bei der Reise zum Stoff, aus dem die Zukunft ist.

TEIL 2

101 PRODUKTE

ALGEN

Sie machen nicht nur das Wasser grün und halten unser Sushi zusammen, sondern haben eine ganz besondere Eigenschaft, die sie mit Pflanzen an Land teilen: Algen können die Kraft der Sonne nutzen und Photosynthese betreiben. Dadurch zählen sie zu den Primärproduzenten von Biomasse und dienen anderen Lebewesen als Nahrung. Die glibberigen Wasserpflanzen sind aber auch vielseitige Alleskönner der Bioökonomie und in der Lage, erdölbasierte Rohstoffe in vielen Bereichen zu ersetzen, denn: Erdöl ist nichts anderes als vor Urzeiten konservierte Algenmasse.

Unsere Reise durch die nachwachsenden Rohstoffe ausgerechnet bei den Algen zu starten, ergibt durchaus Sinn, schließlich gehören einige Algenarten zu den ältesten Lebensformen auf der Erde und haben durch ihre Sauerstoffproduktion dazu beigetragen, eine lebensfreundliche Erdatmosphäre zu schaffen. Wir haben ihnen also viel zu verdanken – und sie können uns auch in Zukunft wichtige Dienste leisten, selbst wenn die meisten sie bislang eher als Algensalat vom Japaner kennen.

Algen können nach ihrer Größe in Mikro- und Makroalgen unterschieden werden. Zu den Makroalgen zählt zum Beispiel Seetang, der bis zu 50 Meter lang werden und in großen Verbünden oder ganzen Unterwasserwäldern vorkommen kann. Winzig klein hingegen und mit dem bloßen Auge kaum zu erkennen sind die Mikroalgen, die mit anderen Kleinstlebewesen im Wasser treiben und anderen Wasserbewohnern als Nahrung dienen.

Algen finden sich aber nicht nur im kühlen Nass, wenn auch in weitaus geringerem Umfang: So gibt es Luftalgen, die auf Bäumen oder Felsen wachsen, Bodenalgen sowie Schneealgen, die man vom Phänomen des rot gefärbten »Blutschnees« kennt. Sogar im Fell von Faultieren kommen fettreiche Algen vor, die dem Tier einerseits als Zusatznahrung dienen und ihm besonders zur Regenzeit eine grünliche Tarnfarbe verpassen, sodass es für Feinde schwerer zu sehen ist.[29]

Klimahelden aus dem Ozean

Atmen wir doch einfach mal ein: Etwa die Hälfte des Sauerstoffs in unseren Lungen wurde von Algen produziert. Ohne Mikroalgen würde uns also die Luft ausgehen. Sie schweben in Gewässern an der Oberfläche und wandeln mittels Photosynthese CO_2 aus der Atmosphäre in Sauerstoff um. Die Kohlenstoffatome aus den CO_2-Molekülen werden in ihrer Masse eingebaut. Als globaler Sauerstoffproduzent sind die winzigen Klimahelden aus dem Meer damit mindestens so wichtig wie unsere Wälder. Schätzungen gehen davon aus, dass etwa 50 bis 80 Prozent unseres Sauerstoffs in den Meeren produziert werden.[30] Die Menge macht's, denn 71 Prozent unseres blauen Planeten sind von Wasser bedeckt,[31] und von den tropischen Meeren bis zu den arktischen und antarktischen Eisschilden finden sich Mikroalgen, die zusammen mit anderem Phytoplankton (griech. *phyto* für Pflanze, und *planktón* für »das Umherirrende«) an der Meeresoberfläche treiben und Photosynthese betreiben. Ein Teil des produzierten Sauerstoffs gelangt wieder in die Atmosphäre, der Rest reichert das Wasser an und wird dort von anderen Meeresbewohnern, zum Beispiel Fischen, gefressen.

Ähnlich wie die Wälder sind auch die Algen in ihrer Rolle als Kohlenstoffspeicher von globaler Bedeutung: Man schätzt, dass sie der Erdatmosphäre pro Jahr 45 bis 50 Milliarden Tonnen Kohlenstoff entziehen und in ihrer Biomasse speichern – das ist in etwa so viel, wie alle Landpflanzen zusammen jährlich an CO_2 binden.[32] Ein winziger Organismus sticht dabei besonders heraus: Der einzellige Prochlorococcus, der zwar als Blaualge bezeichnet wird, streng genommen aber zu den Bakterien gehört.

Gemeinsam mit anderen (Ur-)Algenarten waren diese winzigen Meeresbewohner vor etwa 2,3 Milliarden Jahren dafür verantwortlich, dass eine sauerstoffhaltige Atmosphäre entstand, die unseren Planeten erst bewohnbar machte.[33] Während dieser sogenannten Großen Sauerstoffkatastrophe stieg die Sauerstoffkonzentration der Luft stark an und löschte damit die Mehrzahl der Organismen aus, für die Sauerstoff giftig war. Dies war ein entscheidender Schritt in der Evolutionsgeschichte: Er ermöglichte die Bildung komplexerer Lebensformen, die einen leistungsfähigen Energiestoffwechsel basierend auf Sauerstoff nutzten. Als

»Klimawandler« haben die Algen also schon einmal unsere Erde transformiert – und sie könnten heute wieder dazu beitragen.

Wenn die Mikroalgen nicht von anderen Meeresbewohnern gefressen oder von Bakterien zersetzt werden, sinkt dieses Phytoplankton als »Meeresschnee« nach dem Absterben auf den Meeresboden ab. Sauerstoffarm abgeschlossen, bilden sich daraus über den Lauf der Zeit Sedimentschichten, die sich überlagern und tiefer in die Erde wandern, wo sie großem Druck und hohen Temperaturen ausgesetzt sind. Die Biomasse der Algen wird über Hunderttausende und Millionen von Jahren umgewandelt und in verschiedene Kohlenwasserstoffverbindungen zersetzt, die wir heute vor allem als Erdöl oder Erdgas nutzen. Jedes Jahr befördert diese »biologische Meerespumpe« etwa 10 Milliarden Tonnen Kohlenstoff in die Tiefen des Ozeans.[34]

Schnell wachsende Biomasse

Ein riesiger Vorteil von Algen ist ihr schnelles und effizientes Wachstum. Ihre Photosyntheseleistung ist zudem höher als die der effizientesten Pflanzen und sie können auf gleicher Fläche etwa fünfmal mehr Biomasse liefern.[35] Hinzu kommt, dass statt Blättern, Blüten, Stängeln und Wurzeln wie bei Landpflanzen die Biomasse der Algen weitaus weniger komplex und somit besser für die Weiterverarbeitung geeignet ist. Dabei sind Algen eher anspruchslos, was ihre Lebensbedingungen angeht. Sie brauchen zum Wachsen nicht mehr als Wasser, Sonnenlicht, Zugang zu CO_2 und einige grundlegende Mineralien wie Phosphor, Stickstoff und Eisen. Sie können zudem direkt in natürlichen Gewässern angebaut werden. Dies bringt weitere Vorzüge mit sich: Zum einen können Landnutzungskonflikte in Bezug auf die Produktion von Nahrung, Tierfutter, Materialien oder Kraftstoffen entschärft werden, da die Anbauflächen von Algen nicht mit denen von Landpflanzen konkurrieren. Zum anderen trägt der Algenanbau in Küstenregionen zu einer alternativen Einkommensquelle der Küstenbewohner bei und kann damit der Überfischung entgegenwirken.

Vielversprechend ist der Anbau von Algen in speziellen Zuchtanlagen an Land auf Flächen, die nicht für die Lebensmittelproduktion infrage kommen: Entweder in offenen Becken oder geschlossenen Bioreaktoren können auf wenig Raum und mit geringem Wasserverbrauch verschiedene Algenarten kultiviert werden. Als »Algenfutter« kann auch CO_2 aus industriellen Abgasen genutzt werden, was diese Emissionen in der Biomasse bindet. Ebenso kann industrielles Abwasser den Algen als Medium dienen, das aufgrund seiner Verschmutzung nicht für die Bewässerung von Pflanzen geeignet ist. Für Algen sind Nitrate, Ammoniak- oder Phosphorverbindungen aus dem Abwasser sogar perfekte Nährstoffquellen.

Global betrachtet schreitet die industrielle Produktion von Algen immer weiter voran: Von 1990 bis 2020 hat sich ihre weltweite Produktion von 4,2 Millionen auf über 35 Millionen Tonnen mehr als versiebenfacht.[36]

Grüne Revolution aus dem Wasser

Die Anwendungsbereiche, für die wir heute oder in naher Zukunft Algen einsetzen können, sind vielfältig. Mit ihrem komplexen Nährstoffprofil und einem hohen Anteil an Omega-3-Fettsäuren könnten die Meerespflanzen in Zukunft dazu beitragen, die Nahrungsmittelversorgung zu unterstützen, und nährstoffreiche Nebenprodukte aus der Algenproduktion könnten als tierisches Futtermittel verwendet werden. Doch auch abseits des Lebensmittelbereichs gibt es Verwendungsmöglichkeiten: In der Medizintechnik werden die meist aus Braunalgen gewonnene Alginsäure und deren Salze (Alginate) als Wundauflage eingesetzt, da sie die Haut feucht halten und den Heilungsprozess unterstützen. Auch als biobasierte »Verpackung« von implantierten Zellen wird Alginat eingesetzt, da es nicht vom menschlichen Körper abgebaut wird. Als Farbstofflieferanten waren Algen schon in der Antike begehrt und könnten es bald wieder werden. Zwar enthalten sie grundsätzlich durch das Chlorophyll einen grünen Farbstoff, oftmals wird dieser aber durch andere Pigmente überlagert. So gibt es Rot-, Braun- sowie Blaualgen und sogar Arten, die durch bestimmte Enzymreaktionen, ausgelöst zum Beispiel durch einen starken Wellengang, leuchten können.

In der Phykologie, der Wissenschaft der Algen, wird es in Zukunft viel zu tun geben. Nicht nur weil erst circa 44.000 der geschätzten 400.000 Algenarten wissenschaftlich beschrieben worden sind,[37] sondern auch weil sie zunehmend als Kohlenstofflieferanten für die stoffliche Verwendung in Betracht gezogen werden. Da Erdöl nichts anderes ist als vor Urzeiten konservierte und umgewandelte Biomasse von Mikroalgen, sind Algen prädestiniert für die industrielle Herstellung von Biokunststoffen und anderen Produkten, die wir bisher nur aus der Erdölchemie kannten. Ihr Potenzial ist riesig und wir stehen erst am Anfang der Entwicklung. Die folgenden Beispiele lassen erahnen, wohin diese Reise gehen kann.

1 WINDELN AUS KNOTENTANG

Diese wiederverwendbaren Windeln aus Zellulose und Algen vereinen grüne und blaue Bioökonomie miteinander.

Wer Kinder hat, weiß, dass bei der Verwendung von Einwegwindeln ganz schöne Müllberge entstehen können. Bis ein Kind »trocken« ist, verbraucht es rund 6.000 Windeln – dadurch entsteht etwa eine Tonne Restmüll.[38] Ein einziger Geburtenjahrgang in Deutschland benötigt rund 1,3 Milliarden Winden,[39] die entsorgt werden müssen und ihr Recycling ist wegen dem mehrlagigen Aufbau aus Zellulosefasern und Plastik sowie der Verschmutzung nicht gerade einfach. Mehrwegwindeln bieten hier also ein enormes Potenzial zur Schonung von Ressourcen.

Die Designerin Luisa Kahlfeldt hat in Zusammenarbeit mit dem Deutschen Institut für Textil- und Faserforschung und dem Unternehmen Schoeller Textil eine Alternative zur Wegwerfwindel entwickelt. Grundstoff dafür ist SeaCell, eine saugfähige und antibakterielle Zellulosefaser aus Rotbuche und getrockneten und gemahlenen Algen. Somit kann der Stoff als Mischung aus blauer (aus Meeresressourcen gewonnen) und grüner (aus Landressourcen gewonnen) Bioökonomie gelten. Die Algenart, die für den Stoff verwendet wird, ist Knotentang. Diese Braunalge aus den Fjorden Islands ist reich an Vitalstoffen, die durch die natürliche Hautfeuchtigkeit aktiviert werden und Juckreiz mildern.

Dank der besonderen Stricktechnik sind die Windeln auch ohne zusätzliche Kunstfasern sehr elastisch. Statt mit Klettverschlüssen, die das Recycling komplizierter machen würden, werden sie mit einem Stoffband verschlossen. Wie andere Mehrwegwindeln kann die SumoDiaper nach dem Gebrauch gewaschen und wiederverwendet werden.

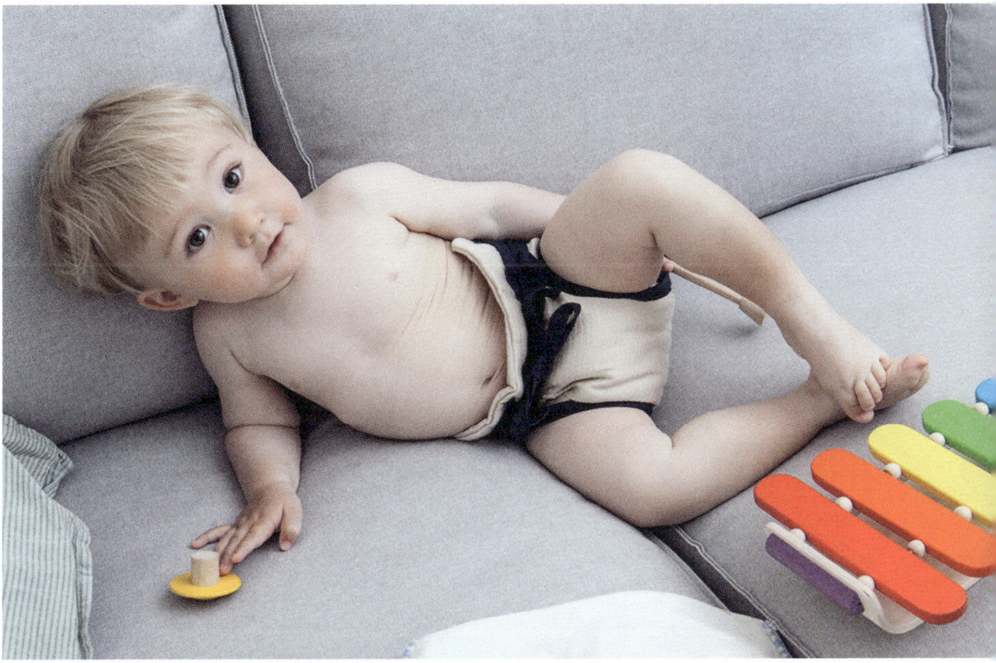

sumodiaper.com

2 DÄMMUNG AUS SEEGRAS

Seegraswiesen sind Meister der CO_2-Speicherung, sie sind dabei bis zu 15-mal so effektiv wie die gleiche Fläche tropischer Regenwald. Als abgestorbene Seegrasbälle ist Seegras zudem ein perfektes Dämmmaterial.

Als Professor Richard Meier und seine Frau am Strand der spanischen Costa Blanca saßen und auf besseren Wind zum Kitesurfen warteten, bewarfen sie sich aus Spaß mit den Bällen, die in der Nacht an Land gespült worden waren. Als sie zufällig feststellten, dass das Material nicht brennbar war, kam Prof. Maier auf eine Idee: Könnten die Seegrasbälle womöglich als neuartiges Dämmmaterial beim Hausbau eingesetzt werden?

Nach Tests mit dem Fraunhofer Institut stellte sich heraus, dass die Überreste des Neptungrases (Posidonia oceanica) sich in der Tat perfekt für diesen Zweck eignen. Dank der schlechten Brennbarkeit, der guten Wärmeisolation und dem von Natur aus vorhandenen Schimmelschutz kann das Material sogar komplett unbehandelt als Dämmung in die Gebäudehülle geschüttet oder gestopft werden. Da die Fasern sehr stabil sind, kann die Dämmung sogar wiederverwendet oder nach der Nutzung im Gebäude zur Auflockerung des Bodens unter die Erde gepflügt werden.

Bevor sie eingesetzt werden können, müssen die Seegrasbälle zwar noch von Sandresten gereinigt werden, aber alles in allem sind sie der mit Abstand am wenigsten energie- und CO_2-intensive Dämmstoff: Für die Beschaffung und Herstellung wird bis zu 30-mal weniger Energie benötigt als für Glas- oder Steinwolle oder erdölbasierte Schäume. Die Bälle werden von Hand an den Mittelmeerküsten aufgesammelt, was vor Ort Arbeitsplätze schafft, und per Schiff oder Zug nach Deutschland transportiert.

Dieses und andere nachwachsende Naturmaterialien wie Hanf, Stroh, Holzfasern, Zellulose, Schilf oder Schafwolle können dazu beitragen, den Markt der Dämmstoffe im Baugewerbe nachhaltiger zu machen. Denn derzeit sind am deutschen Markt über 90 Prozent aller verwendeten Dämmstoffe auf mineralischer Basis (Glas- und Steinwolle) oder erdölbasiert (Polyurethan und Polystyrol).[40]

neptugmbh.de

3 VERPACKUNG AUS SEETANG

Innovation entsteht oftmals einfach nur durch einen Kontextwechsel: In diesem Fall wurde eine Idee aus der modernen Küche auf die Verpackungstechnologie übertragen.

Das britische Start-up Notpla ließ sich bei der Entwicklung von Lebensmittelverpackungen von der Molekularküche inspirieren. In dieser vom katalanischen Starkoch Ferran Adriá mitbegründeten Kochkunst werden Erkenntnisse aus der Biochemie, Physik und Lebensmitteltechnologie kombiniert. So werden beispielsweise essbare Membranen mit flüssigen Köstlichkeiten gefüllt, die im Mund schmelzen und den Geschmack freigeben – ein vollkommen neues kulinarisches Erlebnis.

Notpla hat nach ähnlichem Prinzip transparente, gelartige Hüllen aus Alginat und anderen Pflanzenstoffen entwickelt. Alginat ist ein Polysaccharid, also ein Mehrfachzucker, der in den Zellwänden der Alge zu finden ist und durch Auskochen der Blätter gewonnen werden kann. Als gelartige Masse mit guten Klebeeigenschaften kommt es in der Lebensmittelindustrie als Verdickungsmittel zum Einsatz, aber auch als Masse zum Abformen von Körperteilen bei der Herstellung von Kunstplastiken oder in der Kieferchirurgie. Die Hüllen von Notpla werden als Portionsbeutel für Saucen, Dressings und andere flüssige Lebensmittel von 15 bis 100 Millilitern verwendet, ebenso wie für selbstauflösende Teebeutel oder Waschmittelsachets. Sie zersetzen sich auf dem heimischen Kompost innerhalb von vier bis sechs Wochen komplett – oder können einfach mitgegessen werden. Gerade auch bei Laufveranstaltungen wie dem London Marathon, wo üblicherweise durch weggeworfene Einmalplastikbecher viel Müll entsteht, haben sich die Beutel bewährt.

notpla.com

4 BRIEFMARKEN AUS ALGENPAPIER

Nicht »From Paris with Love«, sondern mit Liebe (und Algen) aus Venedig: die Briefmarkenkollektion des Designers Pablo Dorigo.

Venedig ist weltweit nicht nur wegen seiner einzigartigen Lage, Geschichte und Architektur bekannt, sondern zunehmend wegen der Folgen von Massentourismus, Umweltverschmutzung und Klimawandel. Als Reaktion auf die übermäßige Ausbreitung von Algen reagierte das in der Region ansässige Unternehmen Favini bereits in den 1990er-Jahren mit dem Upcycling von Algen zu Papierwaren – nicht zuletzt um dadurch die Öffentlichkeit auf die besorgniserregende Situation aufmerksam zu machen.

Favini nutzt dazu getrocknete und pulverisierte Algen aus der Lagunenstadt und mischt diese in den Zellstoffbrei aus Altpapier. Aufgrund seiner guten Verarbeitungs- und Bedruckungsqualität, der besonderen Haptik und der sichtbaren Algenpartikel wird das Papier besonders gern im Gestaltungsbereich eingesetzt.

Weil ihn das Material faszinierte und er die dahinter liegende Geschichte weiterverbreiten wollte, entwickelte der spanisch-italienische Designer Pablo Dorigo in Kooperation mit Favini 2018 die Briefmarkenserie »From Venice with Algae«. Bei deren Produktion er einen eigenen, an Favini angelehnten Herstellungsprozess anwendet.

pablodorigo.com

5 ASPHALT AUS ALGENRESTEN

Auf grünen Straßen in die Zukunft: Algenreste aus der Kosmetikindustrie könnten viele Tonnen Erdöl einsparen und den Straßenbau nachhaltiger gestalten.

Herkömmlicher Asphalt besteht aus Gesteinen unterschiedlicher Korngrößen und dem erdölbasierten Bindemittel Bitumen (lat. *pix tumens* = »Erdpech«). Da in Deutschland 95 Prozent der Straßen eine Deckschicht aus Asphalt aufweisen, werden pro Jahr über 4 Millionen Tonnen Bitumen produziert[41] – eine riesige Menge, für die massenhaft Erdöl benötigt wird. Zwar wird derzeit in Deutschland immerhin ein Viertel des Asphalts recycelt und wiederverwertet, dennoch sind Forschende auf der Suche nach biobasierten Alternativen. Kein leichtes Unterfangen, denn Bitumen muss extremen Witterungsverhältnissen und mechanischen Einflüssen auf Jahre standhalten.

Algen könnten nun Teil der Lösung sein: In Frankreich hat das Unternehmen AlgoSource gemeinsam mit verschiedenen Forschungseinrichtungen ein Verfahren entwickelt, das den natürlichen Prozess nachahmt, der Meeresalgen vor Jahrmillionen in fossile Rohstoffe verwandelte. Mikroalgen, die bei der Herstellung von Kosmetik und Nahrungsergänzungsmitteln als Abfall anfallen, werden mit Wasser zu einem Brei vermischt und bei circa 200 Grad Celsius unter hohen Druck gesetzt. Dabei entsteht eine zähe Masse, die mit Splitt vermischt wird. Der »Bioasphalt« ist temperaturbeständig und ähnlich robust wie klassischer Asphalt.

In Spanien wird derzeit an einem ähnlichen Projekt geforscht. Die Asche von verbranntem Altpapier, das nicht mehr recyclingfähig ist, wird dort als Straßenbelag verwendet. In Saragossa wurde bereits der erste Kilometer Straße mit der Papierasche belegt und zeigt bisher die gleichen Eigenschaften wie klassischer Asphalt – hat allerdings einen wesentlich kleineren ökologischen Fußabdruck.[42]

algosource.com

6 LUFTFILTER AUS MIKROALGEN

Mehr Sauerstoff und weniger Schadstoffe in der Raumluft dank Algen und dynamischer Wandbilder.

Die Luftbedingungen zu Hause wie auch im Büro sind oft nicht optimal. Fällt die Konzentration des Sauerstoffgehalts in der Luft unter 19,5 Prozent, führt dies zu Konzentrationsmangel, Kopfschmerzen und Unbehagen, was Erschöpfung und eine abnehmende Leistungsfähigkeit zur Folge hat. Darüber hinaus finden sich krankheitserregende Bakterien und Viren sowie Feinstaubpartikel in der Raumluft.

Solaga ist ein junges Unternehmen aus Berlin, das Filtersysteme entwickelt, die mithilfe von Mikroalgen CO_2 in Sauerstoff umwandeln und die Luft reinigen. Die Filter sind in Form von dekorativen Wandbildern angelegt und eignen sich je nach Maßstab für verschiedene Raumgrößen. Dabei werden spezielle Algenarten eingesetzt, die in der Natur unter Steinen wachsen und somit auch bei wenig Licht Photosynthese betreiben können. Das Wasser zum Wachsen beziehen die Algen aus dem im Rahmen integrierten Wasserspeicher, der etwa alle zwei Wochen nachgefüllt werden muss.

Der besondere Clou: Algen besitzen die Eigenschaft, ihre Stoffwechselaktivität an ihre Umgebungsbedingungen anzupassen. Das bedeutet, eine stärkere Belastung regt die Algen an, mehr frische Luft zu produzieren. Zudem passen sich die Algen an die jeweiligen Lichtbedingungen des Standorts und der Tageszeit an und erzeugen somit dynamische Wandbilder, je nach Lichtintensität: Je weniger Licht eine Stelle bekommt, desto dunkler wird sie. Denn um das wenige Licht möglichst effektiv zu nutzen, bildet sich dort mehr Chlorophyll, das den Stoffwechsel der Mikroalgen mittels Photosynthese ermöglicht.

solaga.de

7 FARBEN AUS LEBENDEN ALGEN

Live and let live! Elvin Karana und ihr Team gehen der Frage nach, was wäre, wenn unsere Materialien noch leben würden.

Was wäre, wenn die Algen, Pflanzen und Mikroorganismen bei der Verarbeitung nicht getötet, sondern am Leben erhalten würden? Könnten sie Bestandteil unserer Gebrauchsgegenstände sein und somit auch aktiver Teil unseres Lebens? Auf jeden Fall würden sie dazu beitragen, eine neue Art der Zusammenarbeit mit der Natur zu ermöglichen.

Elvin Karana, Professorin für Industriedesign an der TU Delft in Holland geht mit ihrem Team diesen Fragen nach. Die Projekte ihres Labors sind so vielfältig wie die Materialien, die eingesetzt werden. So werden beispielsweise biolumineszente Algen als Leuchtmittel verwendet. Sie reagieren auf Bewegung: Schüttelt man die Lampe, so fangen die Algen an zu leuchten. Auch Textilien, die mit lebenden Mikroalgen gefärbt sind, sind Gegenstand ihrer Forschung. Das Farbmuster der Kleidung ändert sich dabei im Laufe der Zeit, weil die Mikroalgen in den Textilfasern sich verändern. Statt den schnelllebigen Zyklen der Modeindustrie hinterherzurennen – einer der umweltschädlichsten Branchen überhaupt –, müssten diese Algen-Shirts aktiv gepflegt werden. So wie man sich um eine Zimmerpflanze kümmert und sie Bestandteil des Lebens wird, will dieses Shirt mit Feuchtigkeit versorgt werden.

Zwar sind diese experimentellen Versuche an der Schnittstelle von Biologie und Design, dem sogenannten Biodesign, noch nicht alltagsfähig, dennoch verändern sie jetzt schon den Blick auf das Verhältnis zwischen Produkt und Nutzer. Die »Living Materials« geben neben dem Menschen auch anderen Organismen einen Raum in den Dingen, die wir nutzen: Sie bringen die Natur buchstäblich »hautnah« an uns heran und lassen uns über unsere Stellung in der Natur nachdenken.

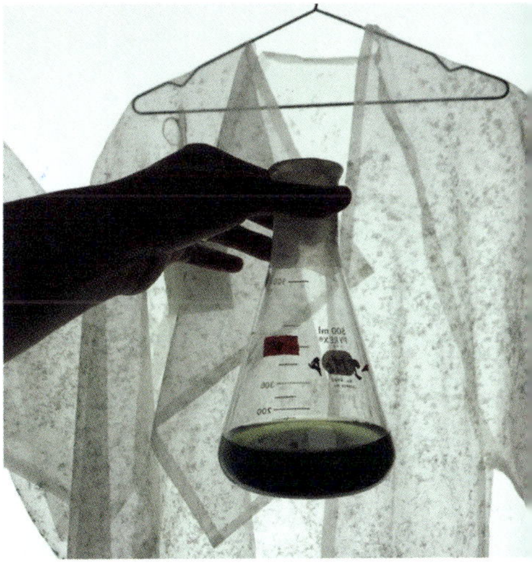

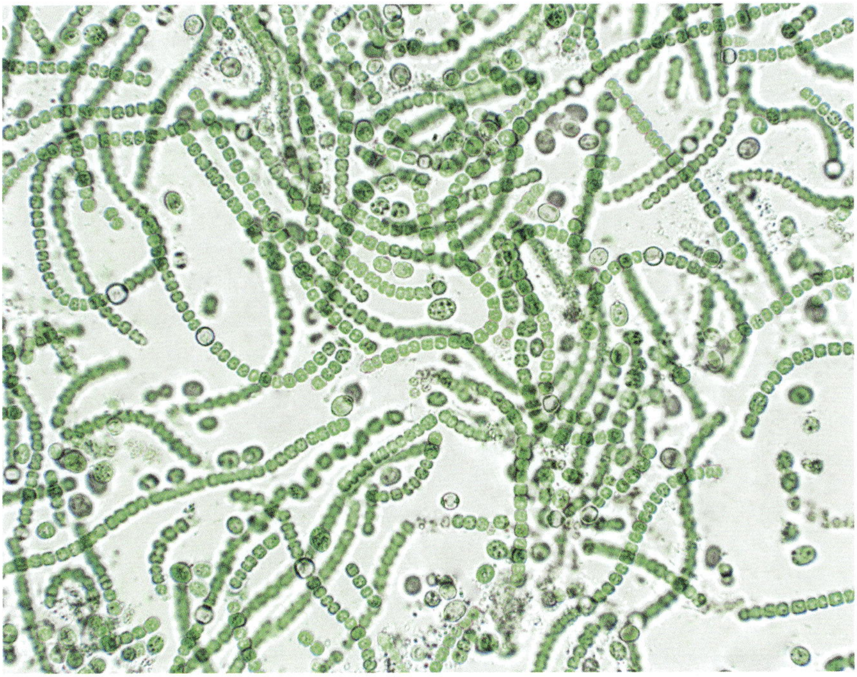

t1p.de/tudelft

8 CARBONFASERN AUS ALGENÖL

Algen statt Erdöl sind die Grundlage dieser hochfesten Verbundmaterialien mit positiver CO_2-Bilanz.

Kaum zu glauben, aber glibberige Algenmasse kann zu einem Material gemacht werden, das wie kein zweites für die Verbindung von Leichtigkeit und Stabilität steht: Carbon. In einem Forschungsprojekt der TU München werden in einem eigenen Forschungslabor, dem Algentechnikum, Mikroalgen gezüchtet, die dafür die Ausgangsbasis liefern.

Im Zuge ihres Wachstums binden Algen das Treibhausgas CO_2 in Form von verschiedenen Zuckerarten in ihrer Substanz. Wird diese Biomasse speziellen Hefepilzen als Nahrung gegeben (ebenfalls ein biotechnologischer Prozess), so produzieren diese daraus ein Öl. Dieses kann wiederum mithilfe von Enzymen aufgespalten werden, wobei unter anderem Glycerin entsteht, aus dem Carbonfasern hergestellt werden können. Erste Berechnungen zeigen: Bei der Herstellung des innovativen Materials wird der Atmosphäre mehr CO_2 entzogen als zugeführt, es ist also CO_2-negativ.

Diese biobasierten Carbonfasern unterscheiden sich in ihren Eigenschaften nicht von erdölbasierten und können überall dort eingesetzt werden, wo Materialien mit geringstem Gewicht gefordert sind, etwa im Automobil- oder Flugzeugbau. Ein erstes Anwendungsbeispiel ist ein E-Scooter, bei dem diese Carbonfasern im Trittbrett eingesetzt wurden.

t1p.de/carbon

9 SKIPISTE AUS ALGEN

Schnee von gestern, Algen von morgen: Wenn die Winter schwächer werden, könnte diese grüne Alternative für ein neuartiges Fahrerlebnis sorgen.

Traditionelle Skigebiete werden aufgrund der globalen Erwärmung jährlich kleiner und die Zeiträume, in denen sie befahren werden können, schmelzen ebenfalls. Als Reaktion darauf wird auf Schneekanonen, Kunstschnee in Skihallen oder »Dry Slopes« mit polyacrylbasierten Gleituntergründen ausgewichen, allesamt unökologische und energieintensive Maßnahmen.

An der TU Dresden wird an BioGlizz geforscht, einer biologischen Alternative auf Algenbasis, die das Skifahren in den urbanen Kontext bringen soll. In einer Machbarkeitsstudie wurde mit verschiedenen Algenstämmen experimentiert, um das Fahrerlebnis auf Schnee möglichst genau zu imitieren. Die Algen wachsen dabei auf einem textilen Nährboden und falls sie durch die Kufen der Ski verletzt werden, regenerieren sie sich innerhalb kurzer Zeit von selbst.

Diese Art von Pistenbelag soll besonders beständig gegenüber Abrieb, UV-Einstrahlung, Feuchtigkeit und Mikroorganismen sein und könnte sogar in den Sommermonaten genutzt werden. Allerdings wäre nicht nur das Skifahren oder Rodeln bei sommerlichen Temperaturen ungewohnt, sondern auch das Gleiten auf dunkelgrünem statt weißem Untergrund.

t1p.de/bioglizz

PFLANZEN

Nahrung für uns, Futter für Tiere, Fasern für Kleidung oder Brennstoff zum Heizen: Pflanzen sind seit jeher die Grundlage unserer Zivilisation. Neu in der Bioökonomie sind die (wiederentdeckte) Vielfalt der eingesetzten Nutzpflanzen sowie die Verarbeitungsmöglichkeiten, die sich mit neuestem biologischen und technischen Wissen auftun.

Der wahrscheinlich folgenreichste Umbruch in der menschlichen Kultur fand kurz nach Ende der letzten Eiszeit vor etwa 12.000 Jahren statt. Der als Neolithische Revolution bekannte Prozess änderte alles: Statt uns vorwiegend nomadisch als Jäger, Sammler und Fischer zu ernähren und die Ökosysteme, in denen wir heimisch waren, nur minimalinvasiv zu belasten, veränderte sich unsere Stellung in der Natur radikal. Wir lernten, Ackerbau zu betreiben, Tiere zu domestizieren und wurden zu sesshaften Bauern. Erstmals in der Geschichte entwickelten wir uns von reinen Konsumenten, die von dem lebten, was die Natur ihnen bot, zu selbstbestimmten Produzenten: Es entstand die Landwirtschaft.

Zwar waren Pflanzen bereits vorher unsere Lebensgrundlage, sie boten Nahrung, Medizin, Baumaterial oder auch Rauschmittel, aber erst mit der Sesshaftigkeit rückte ihr systematischer Anbau in den Fokus: Wildpflanzen wurden zu Nutzpflanzen und dank Kreuzung und der Selektion von Samen züchteten wir resistentere und ertragreichere Sorten heran. Im Gebiet des fruchtbaren Halbmonds im Vorderen Orient begann der Mensch die Urgetreide Einkorn und Emmer anzubauen. Eine ähnliche Entwicklung fand in China mit Reis und in Mittelamerika mit Mais statt.

Bewässerungstechnologien, Vorratshaltung und Arbeitsteilung führten zu einer intensiveren Nutzung des Landes. Statt mehrerer Quadratkilometer, die in der nomadischen Lebensweise für die Ernährung eines Menschen nötig waren, konnte nun auf wenigen Hektar ein ganzes Dorf versorgt werden. Pflanzen wurden aber nicht nur als Nahrungsmittel kultiviert, sondern auch vermehrt zur Herstellung von Flechtwaren, Farbstoffen und Gebrauchsgegenständen genutzt. Verwebte Leinen- und Hanffasern statt Fellen und Pelzen boten neue Formen der Kleidung.

Spulen wir vor ins dritte Jahrzehnt des dritten Jahrtausends: Der Anbau von Pflanzen ist zu einer hoch entwickelten Agrarindustrie geworden und so produktiv wie nie zuvor in der Menschheitsgeschichte. Knapp die Hälfte des weltweiten Kalorienbedarfs wird von nur drei Pflanzen gedeckt: Mais, Reis und Weizen. Ein einziger Landwirt in Deutschland ernährt 134 Menschen – zehnmal so viele wie noch in den 1950er-Jahren.[43] Jedoch wirkt sich der Einsatz von Maschinen, Düngern und Pflanzenschutzmitteln, der diese Produktivität möglich macht, negativ auf die Artenvielfalt, die Qualität unserer Böden und Gewässer und sogar auf unsere Lebensmittel und damit auch auf unsere Gesundheit aus. Gleichzeitig wollen wir pflanzliche Stoffe noch intensiver nutzen, um von fossilen Rohstoffen unabhängig zu werden. Damit ergeben sich zwangsweise Konflikte und grundlegende Fragen in der Landnutzung.

Wir stehen nun vor der Herausforderung, Ökologie, Ernährungssicherheit und Rohstoffbedarf zu verbinden. Neue Anbaukonzepte, die statt Monokulturen den Artenreichtum und die Bodengesundheit fördern, der Einsatz von biobasierten Pflanzenschutzmitteln oder die zielgenaue Ausbringung von Düngemitteln mittels künstlicher Intelligenz stellen Lösungsansätze dar, die derzeit erprobt werden. Denn eins ist klar: Nur mit der Vielfalt der Pflanzen und ihrer Inhaltsstoffe schaffen wir den Sprung in ein biobasiertes Zeitalter.

Was sind Pflanzen eigentlich?

Aber fangen wir ganz von vorne an – bei dem, woraus Pflanzen bestehen und was sie so wertvoll macht. Aus ökologischer Sicht sind sie besonders interessant, denn sie sind an Land die wichtigsten Primärproduzenten. Das heißt, sie produzieren mittels Photosynthese wertvolle Biomasse, die wiederum anderen biologischen Akteuren, den Sekundärproduzenten, als Nahrung dient. Mittels Sonnenlicht, Wasser und dem CO_2 aus der Luft stellen sie Glucose her, also Traubenzucker. Im Zuge dieses Prozesses geben Pflanzen wieder reinen Sauerstoff an die Luft ab. Mit der frisch hergestellten Glucose und einigen Mineralstoffen, die sie über das Wasser aus dem Boden ziehen, bringen sie ihre Zellbildung in Gang und stellen die verschiedensten Moleküle her. Je nach Art der Pflanze erhalten wir somit eine komplexe Zusammenstellung von chemischen Ausgangsstoffen, die wir für bestimmte Zwecke einsetzen können. Es gibt die Hauptstoffe wie einfache und komplexe Kohlenhydrate (Zucker, Stärke, Zellulose et cetera), Fette und Eiweiße. Daneben gibt es aber auch Pflanzen, die natürliche Pestizide produzieren, Farbstoffe, Enzyme, Harze, Gummi, Arzneistoffe oder Fasern. Viele dieser Stoffe haben wir in der chemischen Industrie aus Erdöl hergestellt, dabei werden sie in den Zellen der Pflanzen auf ökologische Weise erzeugt.

Manche Pflanzen sind sehr effiziente und schnelle Produzenten von Biomasse, zum Beispiel Miscanthus, das Elefantengras, oder der zur Familie der Süßgräser gehörende Bambus. Manche sterben nach ein oder zwei Jahren ab, wenn sie ihre Samen ausgebracht haben. Andere, etwa Sträucher oder Bäume, können prinzipiell immer weiterwachsen, wenn die Bedingungen stimmen und sie vor allem das richtige Maß an Feuchtigkeit haben.

Rund 400.000 verschiedene Pflanzenarten kennen wir, von denen rund 30.000 von uns genutzt werden. Höhere Pflanzen, die Blüten und Samen ausbilden, sind als Nahrungs- und Rohstofflieferanten von größerer Bedeutung als niedere wie Moose oder Flechten. Sie bestehen aus vier Teilen: der Wurzel, dem Stängel, den Blättern und der Blüte. Die Wurzel verankert die Pflanze im Boden und nimmt Wasser und Nährstoffe aus dem Boden auf. Der Stängel transportiert die Nährstoffe und trägt gleichzeitig Blätter und Blüte. Die Blätter fangen die Sonnenstrahlen und sind somit für die Energieversorgung zuständig. Die Blüte bildet Samen aus, mit der sich die Pflanze vermehrt.

Die Beispiele in diesem Kapitel zeigen, dass jeder Teil der Pflanze auch für uns von Nutzen sein kann: Aus der Wurzel der Roten Bete gewinnt man ein Reinigungsmittel, aus dem Stängel der Hanfpflanze werden Textilfasern hergestellt, Palmblätter dienen als Teller und die Samen der Maispflanze werden zu Spielzeug verarbeitet.

Für jeden Zweck ein Pflänzchen

Entsprechend der Grundstoffe, die sie produzieren, lassen sich Pflanzen einteilen. Es gibt Ölpflanzen, aus deren Samen hautfreundliche Fette für die Kosmetikbranche oder Schmiermittel für technische Zwecke gewonnen werden, zum Beispiel Raps. Diese pflanzlichen Öle werden unter anderem auch bei Forstmaschinen oder Kettensägen eingesetzt, weil im Fall eines Lecks die schnelle biologische Abbaubarkeit des ausgelaufenen Öls das Waldökosystem weniger belastet.

Eine andere Kategorie sind Stärkepflanzen wie Kartoffeln oder Mais. In der Papierherstellung ist Stärke unverzichtbar, denn nur durch sie wird das Papier mit flüssigen Farben oder Tinte beschreibbar. Stärke ist aber auch der wichtigste Ausgangsstoff für biobasierte Kunststoffe, die in Folien, Verpackungen und Medikamentenhüllen zum Einsatz kommt.

Bis sie durch importierte Baumwolle im 19. Jahrhundert beziehungsweise durch synthetische Fasern nach dem Zweiten Weltkrieg verdrängt wurden, waren Faserpflanzen in Europa von enormer Bedeutung. Leinen, Hanf, Jute oder Brennnessel waren die Basis für alle Arten von Kleidung und Heimtextilien. Aktuell erschließen sich aber auch neue Anwendungsbereiche: Biologische Lang- und Kurzfasern werden synthetischen Textilien beigemischt, aus ihnen werden Baustoffe hergestellt wie Dämmstoffe oder Plattenmaterialien und faserverstärkte Kunststoffe werden vermehrt im Fahrzeugbau eingesetzt.

Will man synthetische Farbstoffe auf Erdölbasis ersetzen, so kommt man an Färbepflanzen nicht vorbei. In früheren Zeiten wurden mit den Farbstoffen in den Blüten, Samen, Blättern, Früchten oder Wurzeln nicht nur Textilien oder Haare gefärbt, sondern auch Hauswände angemalt oder Kunstwerke geschaffen. Derzeit ist man bestrebt, sie wegen ihrer besseren Umweltverträglichkeit mit neuen Verarbeitungsverfahren wieder attraktiver zu machen.

Eine ebenso uralte Tradition ist die Nutzung von Heilpflanzen zur Herstellung von Medikamenten. Ein Beispiel hierfür ist der alte Klostergarten, der gegen jede Art von Krankheit ein pflanzenbasiertes Heilmittel bot. Auch hier hat die chemische Industrie mit günstigeren und synthetischen Wirkstoffen die Pflanzen weitgehend verdrängt. Weil Pflanzen aber ein komplexes Wirkstoffgemisch aus sekundären Pflanzenstoffen bieten, das oftmals besser verträglich ist, rücken sie mittlerweile wieder in den Vordergrund.

Leider ging mit dem Aufkommen der modernen erdölbasierten Chemie, der Petrochemie, viel Wissen in Bezug auf Pflanzen und deren Inhaltstoffe verloren. An diesem Wissensknick sollten wir schleunigst arbeiten und einerseits die Vielfalt der Stoffe erforschen, die Pflanzen auf ganz natürliche Weise in ihren Zellen generieren, und sie andererseits anwenden lernen. Denn ähnlich wie in der Neolithischen Revolution kann die systematische Nutzung von Pflanzenstoffen sich auf jeden unserer Lebensbereiche auswirken und uns in eine neue Zeit katapultieren.

10 FAHRRADREIFEN AUS LÖWENZAHN

Es muss nicht immer Kautschuk aus den Tropen sein. Auch hierzulande lässt sich aus einer speziellen Sorte Löwenzahn Gummi gewinnen.

Nach dem Ersten Weltkrieg verlor Deutschland den Zugang zum sogenannten Kautschuk-Gürtel, also den tropischen Anbaugebieten des Kautschukbaums, aus dem man das für die Herstellung von Gummi wichtige Latex gewinnt. Daraufhin wurde an einer erdölbasierten Alternative geforscht und heraus kam BuNa (Butadien-Natrium), ein synthetischer Kautschuk, der noch heute wichtiger Bestandteil von Autoreifen ist.

Um nun wieder unabhängig von fossilen Rohstoffen zu werden und gleichzeitig weniger tropischen Kautschuk importieren zu müssen, entwickelte der Reifenhersteller Continental eine pflanzenbasierte, regionale Alternative. In Zusammenarbeit mit dem Fraunhofer Institut wurde die russische Löwenzahnart Taraxacum koksaghyz auf einem Testfeld im hessischen Korbach kultiviert, denn der latexhaltige Saft ihrer Wurzeln kann zur Gummiherstellung verwendet werden. Die Idee ist aber nicht neu: Die aus dem kasachischen Tian-Shan-Gebirge stammende Pflanze lieferte in den 1940er-Jahren 30 Prozent des Kautschukbedarfs der Sowjetunion.[44] Nach dem Zweiten Weltkrieg wurde der Löwenzahnkautschuk durch die steigende Nutzung von Erdöl für die synthetische Kautschukproduktion ins Abseits gedrängt.

Zwar liefert die Wurzel der Pflanze im Schnitt nur 1 Milliliter Kautschuk, aber der kurze Anbauzyklus von sechs bis acht Monaten und die Qualität des Saftes machen die Pflanze für die industrielle Nutzung interessant. Zudem ist die Pusteblume eher anspruchslos und gedeiht auch auf nährstoffarmen Böden.

Der milchige Löwenzahnsaft kann ähnlich wie das Latex vom Kautschukbaum vulkanisiert werden, indem die wässrige Lösung mit Temperatur, Schwefel und anderen Additiven behandelt wird. Dabei vernetzen sich die langkettigen Moleküle im Kautschuk und es entsteht dauerelastisches und strapazierfähiges Gummi, das bereits in einer Serie von Fahrradreifen am Markt erhältlich ist.

continental-reifen.de

11 SESSEL AUS NESSEL

Auch wenn sie brennt und sticht – die Brennnessel ist seit der Bronzezeit als Faserlieferant tief in der europäischen Kulturgeschichte verankert.

Um die Brennnessel ranken sich einige ethnobotanische Mythen. So soll der Verzehr von Brennnesselgemüse am Gründonnerstag vor Geldnot schützen und ein Brennnesselkuchen zu Neujahr beschert angeblich ein glückliches Jahr. Als Nutz- und Heilpflanze ist das Kraut mit den stechenden Brennhaaren seit jeher beliebt und statt zu Spinat, Suppe oder Tee kann die Nessel auch zu hochwertigem Fasermaterial verarbeitet werden.

Als in den Kriegsjahren die Baumwollimporte ausblieben, wurde das »Leinen der armen Leute« vermehrt angebaut, unter anderem um robuste Armeekleidung daraus herzustellen. Zur Fasergewinnung gibt es heutzutage spezielle Züchtungen, die bis zu drei Meter hoch werden und einen höheren Fasergehalt aufweisen. Zwar braucht die Pflanze fruchtbare Böden, dafür kommt sie aber weitgehend ohne Unkrautvernichter und Schädlingsbekämpfung aus. Wie beim Hanf werden die Brennnesseln nach der Ernte auf dem Feld liegen gelassen, sodass Mikroorganismen und Enzyme gewisse Pflanzenteile zersetzen und hochwertiges Fasermaterial zurücklassen.

Das britische Unternehmen Camira nutzt neben Flachs, Wolle und Hanf auch die Nesselfasern, um daraus Textilien herzustellen. So auch dieses Mischgewebe namens Nettle Aztec, bei dem Wolle und Nesselfasern verwebt sind, und das als strapazierfähiges und von Natur aus flammhemmendes Material bei Sitzmöbeln zum Einsatz kommt.

camirafabrics.com

12 VERPACKUNG AUS KOKOSFASERN

Die Retter der Kokosnuss: Dieses Unternehmen nutzt das Fasermaterial der einsamigen Steinfrucht auf innovative Weise.

Zwar gibt es seit einigen Jahren einen regelrechten Hype um das Öl der Kokosnuss, die Kokospalme hat hierzulande außer in botanischen Gärten aber so gut wie keine Bedeutung. An den tropischen Küsten dieser Welt ist sie jedoch eine der wichtigsten Kulturpflanzen und wird dort bereits seit über 3.000 Jahren von Menschen wegen ihrer gehaltvollen Frucht, ihres faserigen Stammholzes und der großen Palmblätter angebaut. Die vielfältigen Verwendungsmöglichkeiten verleihen ihr den Beinamen »Tree of Life«.

Aus dem bis zu 10 Zentimeter starken Mesokarp, der schützenden Umhüllung des steinigen Kerns, werden die begehrten Langfasern gewonnen, die zu Seilen oder Teppichen verarbeitet werden. Um die Faserbündel zu verspinnen, werden die Früchte unreif geerntet, da die Fasern in diesem Zustand noch weniger verholzt und damit elastischer sind. Im Gegensatz dazu nutzt das niederländische Unternehmen Enkev die holzigeren Fasern der reifen Früchte. Diese werden nicht versponnen, sondern mit Naturkautschuk gebunden. Dadurch wird das Material wasserabweisend und kann durch Verpressen unter Hitze in jede beliebige Form gebracht werden. So entsteht Cocoform, ein leichtes, strapazierbares und kompostierbares Verpackungsmaterial.

enkev.com

13 HAUSHALTSREINIGER AUS ROTE BETE

Dass bei der Haushaltsreinigung nicht unbedingt die grobe chemische Keule ausgepackt werden muss, beweist dieses natürliche Reinigungsmittel.

Die Entstehungsgeschichte dieses Produkts ist ein Paradebeispiel dafür, dass Innovationen nicht nur in den Entwicklungsabteilungen großer Konzerne entstehen können, sondern auch am eigenen Küchentisch. Weil Ilona Parsch, Inhaberin einer Reinigungsfirma in der Nähe von Rostock, allergisch auf herkömmliche Reinigungsmittel reagierte, experimentierte sie mit ökologischeren Alternativen. Fündig wurde sie ausgerechnet bei einer Pflanzenwurzel, die eigentlich als Fleckenverursacher berüchtigt ist: Rote Bete. So wie Sauerampfer oder Rhabarber enthält sie einen hohen Anteil an pflanzlicher Oxalsäure. Diese wurde früher schon als Haushaltsmittel zur Entfernung von Rostflecken verwendet oder kam in der Holzbearbeitung als mildes Beizmittel zum Einsatz, mit dem vergrauten Hölzern zu einem frischen Farbton verholfen wurde.

Anfang der 2000er-Jahre machte sich Frau Parsch an die Produktentwicklung und experimentierte mit dem Wurzelgemüse. Die ersten Versuche waren vielversprechend und das selbst hergestellte Reinigungsmittel nutzte sie fortan in der eigenen Firma. Gemeinsam mit ihrem Sohn Thomas, studierter Wirtschaftsingenieur für Reinigungs- und Hygienetechnik, entwickelte sie die Rezeptur weiter und heraus kam Beeta, ein biologischer Allzweckreiniger auf der Basis von pflanzlichen Tensiden und organischen Säuren, frei von bedenklichen Inhaltsstoffen und erdölbasierten Zugaben.

Die natürliche Kraft der
ROTEN BETE
beeta
Ökologisches Reinigungs-Konzentrat
UNIVERSAL
Note: sehr gut
öko-logisch
5 Reiniger in 1 Flasche
für Haushalt, Bad & WC, Glas, Metalle, Kunststoff
500ml ℮

beeta.eu

14 MULCHFOLIE AUS STÄRKE

Auch für die Landwirtschaft gibt es Lösungen aus nachwachsenden Rohstoffen, die langfristig weder Mikroplastik noch andere Rückstände hinterlassen.

Mulchfolien kommen beim Anbau von Spargel oder Erdbeeren zum Einsatz. Sie erhöhen die Temperatur am Boden und beschleunigen dadurch die Keimung und das Wachstum. Dünger und Nährstoffe werden so näher an der Pflanze gehalten, zudem sinken Wasserverbrauch und Pestizideinsatz. Folien aus erdölbasiertem Kunststoff zerfallen aber durch Witterung und UV-Strahlung zu Mikroplastik und die Reste müssen – sofern überhaupt möglich – mühsam wieder eingesammelt werden.

Die Mulchfolien des norwegischen Unternehmens BioBag, die vor allem aus pflanzlicher Stärke bestehen, sind komplett biologisch abbaubar. Wenn ein Stoff biologisch abbaubar ist, kann er von Mikroorganismen wie Bakterien oder Pilzen zersetzt werden. Aus Kunststoff wird hauptsächlich CO_2 und Wasser sowie etwas Biomasse und Mineralien. Dabei ist es egal, ob der enthaltene Kohlenstoff aus nachwachsenden oder fossilen Quellen stammt. Entscheidend ist, ob der Abbauvorgang wenige Wochen oder mehrere Jahrhunderte dauert. Die schnell abbaubare Polyestervariante PBS aus Erdöl beispielsweise wird dort eingesetzt, wo das Einsammeln oder Recycling von Partikeln schwierig ist, etwa bei Fischfangnetzen. Im Gegensatz gilt das Celluloseacetat (CA), das vor allem auf Zellstoff von Holz- oder Baumwollfasern basiert, als nur langsam abbaubar. Es landet viel zu oft in der Natur, etwa in Form von Zigarettenfiltern, und verursacht dort langfristig Probleme. Der Marktanteil von biobasierten Kunststoffen ist mit etwa 1 Prozent zwar noch sehr gering, wächst aber stetig, weil sie immer günstiger hergestellt werden können.

Die BioBag-Folien kann der Landwirt mit seinen üblichen Maschinen ausbringen – und muss sie nach der Ernte nicht mehr entfernen. Er kann sie einfach unterpflügen, wodurch Zeit und Entsorgungskosten gespart sowie Umweltbelastungen verringert werden. Dabei ist die Kompostierung über die Zeit ein gewünschter Effekt. Ein Stoff gilt übrigens dann als kompostierbar, wenn er sich bei aeroben Verhältnissen (also an der Luft) innerhalb von 90 Tagen zu 90 Prozent abgebaut hat.[45]

biobagworld.com

15 KLEIDUNG AUS HANF, LEINEN UND BUCHE

Asche zu Asche, Staub zu Staub, Hose zu Humus: Diese Textilien aus Naturfasern orientieren sich an natürlichen Kreisläufen.

Die Hanfpflanze ist ein wunderbares Beispiel für die Vielseitigkeit und die vollständige Verwertbarkeit einer gesamten Pflanze: Hanfsamen als proteinreiche Zugabe im Müsli, Hanftee aus den Blättern und Hanföl mit ungesättigten Fettsäuren für das Salatdressing – und neuerdings sogar für die Herstellung von biobasierten Kunststoffen. Dabei sind es vor allem seine reißfesten Fasern, die den Hanf so wertvoll machen.

Auch bei der Firma Freitag ist man auf die Vorteile der Pflanze aufmerksam geworden. Das von zwei Brüdern 1993 in der Schweiz gegründete Unternehmen erlangte weltweite Bekanntheit in der Mode- und Nachhaltigkeitsszene durch das Upcycling von Lkw-Planen, die in trendige Taschen umgestaltet wurden. Für die Mitarbeiter in der Produktion wurde passend zur Unternehmensphilosophie nachhaltige und fair in Europa hergestellte Arbeitskleidung gesucht. Die Suche blieb erfolglos und so begann das Unternehmen auf eigene Faust mit der Entwicklung des Stoffs F-ABRIC bestehend aus Hanf, Leinen und Modal, einer Kunstfaser, die aus Buchenholz hergestellt wird.

Für eine normale Jeans, die meist in Asien unter hohem Chemikalieneinsatz und oftmals fragwürdigen Arbeitsbedingungen gefertigt wird, werden 11.000 Liter Wasser benötigt, vor allem die Kultivierung der Baumwolle ist wasser- und pestizidintensiv[46]. Im Gegensatz dazu spart der von Freitag entwickelte Stoff nicht nur Ressourcen in der Landwirtschaft, sondern auch Transportkilometer: Der Anbau der Rohstoffe, deren Weiterverarbeitung und die Produktion der Kleidung finden in einem Radius von 2.500 Kilometern rund um den Firmensitz in Zürich statt. Aus dem innovativen Material werden T-Shirts, Longsleeves, Hosen und Overalls gefertigt, die inklusive Garn, Webband und Label biologisch abbaubar sind. Das heißt aber nicht, dass die Hose sich beim Tragen auflöst – erst im Kompost mit entsprechender Temperatur (40 bis 50 Grad Celsius), Feuchtigkeit und hungrigen Mikroorganismen wird der Stoff zersetzt.

freitag.ch

16 GITARRE AUS HANF

Bei diesem Instrument kommt nicht nur der vielseitige Hanf zum Einsatz, sondern auch eine Holzinnovation, die Tropenhölzer überflüssig macht.

Im späten Mittelalter war Hanf besonders in der Textilindustrie neben Flachs, Nesseln und Wolle unverzichtbar. Aus seinen widerstandsfähigen Fasern wurde strapazierfähige Arbeitskleidung hergestellt und für Segel, Taue und Takelagen wurden in der Schifffahrt enorme Mengen davon benötigt: Zwischen 50 und 100 Tonnen Fasermaterial wurden für die Produktion eines durchschnittlichen Segelschiffes benötigt, wobei die Materialien meist nach zwei Jahren erneuert werden mussten.

Bei der Erschließung des amerikanischen Kontinents hatte der Hanfanbau eine so wichtige Stellung, dass seine Kultivierung ausdrücklich vorgeschrieben war, in mehreren Bundesstaaten konnte man sogar seine Steuern in Hanf bezahlen. Doch mit dem Fortschreiten der industriellen Revolution ging die Hanfnutzung kontinuierlich zurück. Spinnmaschinen machten die konkurrierende Baumwollproduktion wirtschaftlicher und durch den Einsatz der Dampfmaschine in der Schifffahrt ging der Bedarf an Segeltuch stark zurück. Gleichzeitig kam mit der Zellstoffproduktion aus Holz ein günstiger neuer Rohstoff zur Papierherstellung auf. Nicht zuletzt durch die Anbauverbote aufgrund seines THC-Gehalts wurde Hanf im 20. Jahrhundert fast komplett verdrängt. Mit einem wachsenden Interesse an ökologischeren Naturfasern ab den 1960er-Jahren wurden die Rufe nach seiner Entkriminalisierung aber lauter. Die Zucht von THC-armen Sorten und eine Lockerung der Anbaubestimmungen brachten die Hanfproduktion ab den 1990er-Jahren wieder in Schwung.

Die Instrumente des Pforzheimer Gitarrenbauers Jakob Frank bedienen sich ebenfalls der nützlichen Eigenschaften der Hanfpflanze. Die Besonderheit ihrer Klangkörper ist das als »Hempstone« bezeichnete Material auf Basis von Hanfzellulose, welches in den späten 1990er-Jahren in Österreich von der Zellform GmbH entwickelt wurde und mit Beteiligung der Internorm AG patentiert wurde. Es besteht lediglich aus Hanffasern, die mikroskopisch klein zerrieben werden und dadurch eine riesig große Oberfläche aufweisen. Werden sie mit Wasser gemischt, in die entsprechende Form gebracht und getrocknet, so verfilzen die Hanffasern nicht nur, sondern verbinden sich auch auf molekularer Ebene. Heraus kommt ein besonders hartes Material, welches für den Instrumentenbau sehr gut geeignet ist und einzigartige Klangeigenschaften aufweist. Alle Holzteile wie der Hals, die Brücke oder das Deckfurnier des Korpus bestehen aus dem thermomechanisch verdichteten Sonowood von Swiss Wood Solutions (Seite 134), statt seltenen Edelhölzern aus den Tropen.

cannaguitars.com

17 ZIEGELSTEINE AUS HANFSCHÄBEN

»Designed to build, not smoke« ist das Motto dieses Südtiroler Naturprodukts, das wesentlich mehr CO_2 einspeichert, als es verursacht.

Die durchschnittliche Nutzungsdauer eines Einfamilienhauses wird mit 60 bis 100 Jahren veranschlagt, bei Wirtschaftsgebäuden sind es nur 30 bis 50 Jahre. Was übrigbleibt, ist oft Sondermüll, der aufwendig entsorgt werden muss. Das Südtiroler Bauunternehmen Schönthaler beschäftigt sich daher mit Materialien, die klimafreundlicher und kreislauffähiger sind. Das Baumaterial der Zukunft fand es in der Kombination einer der ältesten Nutzpflanzen der Welt mit einem der ältesten Bindemittel der Welt: Hanf und Kalk.

Die Hanfpflanze wächst extrem schnell und ist bereits nach 90 Tagen erntereif. Hinzu kommt, dass die schädlingsresistente Pflanze auch ohne Bewässerung auskommt und ihr dichtes Blattwerk den Untergrund schon nach kurzer Zeit stark verschattet. Dadurch ist es für Unkraut schwer, sich auf dem dunklen Boden auszubreiten, und es kann auf Herbizide verzichtet werden. Aus dem äußeren Teil des Pflanzenstängels wird das Fasermaterial für Textilien, Spezialpapiere (viele Zigarettenpapiere zum Selberdrehen bestehen aus Hanf) oder Seile gewonnen. Der innere und härtere Teil des Stängels liefert holzähnliche Teilchen, die Schäben. Diese sind leicht und isolieren gut, weshalb sie als Schüttdämmung oder auch in manchen Spanplatten zum Einsatz kommen. Werden die Fasern und Schäben nicht richtig getrennt, erhält man Fasern minderer Qualität, daher stammt übrigens auch der abwertende Begriff »schäbig«.

Bei Schönthaler nutzt man die 1 bis 3 Zentimeter langen Hanfschäben und verpresst sie mit Kalkpulver und Wasser zu Ziegeln. Statt wie ein herkömmlicher Tonziegel oder der Backstein aus Lehm, die bei hohen Temperaturen gebrannt werden müssen und damit sehr energieintensiv sind, härtet der Hanfstein einfach an der Luft aus. Dabei reagiert das Silizium im Hanf mit dem Magnesit aus dem Kalk und das Gemenge versteinert. Durch den geringen Energieeinsatz sowie den im Hanf natürlich gebundenen Kohlenstoff, ist das Baumaterial CO_2-negativ – bei der Herstellung wird 90 Prozent mehr CO_2 gebunden als freigesetzt. Dieser sogenannte Agrarbeton ist nicht nur ein Kohlenstoffspeicher, sondern weist auch gute thermische Eigenschaften auf und kann als Dämmmaterial eingesetzt werden, das sich positiv auf das Raumklima auswirkt und die Luftfeuchte reguliert.

hanfstein.eu

18 KONFETTI AUS SAATGUT

Der Rest vom Fest besteht bei herkömmlichem Konfetti meist aus Papiermüll, der schwer einzusammeln ist. Diese abbaubare und landschaftspflegende Alternative soll sich aber ganz bewusst in der Natur verteilen.

Ob Karneval, Hochzeit oder Kindergeburtstag, zu einem richtigen Fest gehört für viele Menschen Konfetti. Greift der Laie zur Konfettiproduktion noch gerne auf den Locher im Arbeitszimmer zurück, so basiert die professionelle Fertigung auf Massenperforation von buntem Papier. Die nicht nur sprichwörtliche Kehrseite des Konfettiregens stellen jedoch die zurückgebliebenen Reste am Straßenrand oder auf Freiflächen dar.

Eine kompostierbare Alternative liefert das Unternehmen Saatgutkonfetti aus Kassel. Die einzelnen Plättchen sind umweltverträglich eingefärbt und enthalten die Samen von über 20 heimischen Wildpflanzen wie Stiefmütterchen, Schafgarbe, Kornblume, Wilde Möhre, Johanniskraut, Löwenzahn, Margerite und Kamille. Bei diesen Gewächsen handelt es sich um anspruchslose Lichtkeimer, die nicht vergraben werden müssen und mit etwas Sonnenlicht und Regenwasser anwachsen. In dem Fall ist es also gewünscht, dass das Konfetti nach dem Fest liegen bleibt, um neue Pflanzen wachsen zu lassen, die die Lebensgrundlage für Insekten und Kleintiere bilden.

saatgutkonfetti.de

19 ARCHITEKTUR AUS PFLANZEN

Es lebt! Wenn Gebäude und Pflanzen miteinander »verwachsen«, entsteht ein völlig neues Verhältnis zwischen Mensch und Natur.

In der Menschheitsgeschichte finden sich immer wieder Beispiele, bei denen Pflanzenstrukturen bewusst geformt wurden, um sie für einen bestimmten Zweck nutzbar oder bewohnbar zu machen. So etwa die lebendigen Brücken der Khasi in Ostindien: Ihre Tragstrukturen bestehen aus den Luftwurzeln von Gummibäumen, die von einem zum anderen Ufer miteinander verflochten wurden und seit Jahrhunderten kontinuierlich gepflegt werden. Anders als moderne Brücken werden diese natürlichen Gebilde mit der Zeit stärker und tragfähiger. Aber auch die Tanzlinden im deutschsprachigen Raum, die oftmals das Zentrum dörflicher Feste darstellten, sind mit ihrem gelenkten Kronendach ein Beispiel für gezielt gestaltete Pflanzenformen.

Die »Baubotanik« knüpft daran an und schafft eine neue Form der Architektur, die pflanzlich-technische Verbundstrukturen erwachsen lässt. Geprägt wurde dieser Begriff von Prof. Ferdinand Ludwig, der an der TU München die Professur für Green Technologies in Landscape Architecture innehat. Ganz ohne menschliche Hilfsstrukturen oder Tragwerke kommt diese Bauweise meist nicht aus und stellt somit einen Zusammenschluss von Technologie und Biologie dar, der über die Zeit zusammenwächst und sich immer wieder verändert. Zwar wird eine grundlegende Wuchsstruktur vorgegeben, aber die konstruktive Intelligenz von Weiden, Platanen, Birken oder Schwarzerle findet oft ganz eigene Wege – und diese Abweichung vom »Plan« ist durchaus gewünscht.

Ein Konzept, das die Möglichkeiten dieser Bauweise verdeutlicht, ist der Platanenkubus in Nagold: Bei diesem grünen Würfel mit 10 Metern Kantenlänge bilden wachsende Platanen die Gebäudehülle und sorgen für einen schattigen Rückzugsraum mit besonders günstigem Mikroklima.

arc.ed.tum.de/gtla/

20 OBERFLÄCHEN AUS RATTAN

Eine Materialinnovation aus Baden-Württemberg: Was wir meist als Flechtwerk aus Gartenstühlen kennen, wird in eine ganz neue Form gebracht.

Ein Wald bietet nicht nur Holz, sondern auch jede Menge von sogenannten »Nichtholzprodukten«, zum Beispiel Pilze, Nüsse, Beeren oder andere Pflanzen. Ein wichtiger Rohstoff dieser Kategorie aus den Tropen ist der Stamm der lianenartigen Rattanpalme, der auch als Peddigrohr bezeichnet wird und schon nach nur zwei Jahren geerntet werden kann.

Der Stamm besteht aus einer porösen Struktur von Tausenden Kapillaren, die dem Flüssigkeitstransport in der Pflanze dienen. Bis zu 200 Meter kann sie lang werden und Wasser von den Wurzeln bis zu ihren Blättern leiten. Als Material für Spazierstöcke, Korbwaren oder Möbel ist die Palme seit jeher beliebt. Besondere Bekanntheit erlangte sie hierzulande vor allem im 19. Jahrhundert durch die Bugholzmöbel der Marke Thonet. Die als »Wiener Geflecht« bekannte Sitzbespannung der Möbel in achteckiger Form erhält ihre Flexibilität und Langlebigkeit durch die geflochtenen Stränge aus Rattan.

Die Out for Space GmbH im baden-württembergischen Kißlegg hat Rattan nun erstmals in Plattenform gebracht. Dazu werden die Pflanzenrohre zu quadratischen Stangen gefräst und diese zu Blöcken verpresst. Geschnitten in dünne Furniere, kann das Material als strapazierfähige Oberflächenbeschichtung für Möbel und Innenräume oder Fahrzeuginterieurs eingesetzt werden. Die höherwertige Verwendung der Pflanze soll außerdem zum Erhalt der indonesischen Regenwälder beitragen, da sie nur in einem intakten und biodiversen Ökosystem zu finden ist und nicht in Plantagenkulturen. Die Lianen werden von lokalen Bauern per Hand geerntet und liefern diesen langfristig ein stabiles Einkommen. Mit den hochwertigen Produkten aus Baden-Württemberg könnte dadurch die Ernte finanziell attraktiver werden als der Anbau von Soja oder Palmöl auf der gleichen Fläche.

karuun.com

21 OBERFLÄCHEN AUS ALMWIESEN

Eine Wiese an der Wand? Diese besonderen Oberflächen aus Österreich holen im wahrsten Sinne des Wortes die Natur ins Haus.

Aus der Idee, den besonderen Charakter von duftenden Almwiesen in Innenräume zu bringen, entstand das Unternehmen Organoid Technologies. Nach Jahren des Experimentierens gelang es den Tirolern 2013, natürliche Materialien wie Heu mit einem ökologischen Bindemittel in Schichten von 0,1 bis 3 Millimeter zu pressen und somit ein neues Dekormaterial für die Innenarchitektur herzustellen.

Mittlerweile reicht die Bandbreite der Oberflächen aus unbehandelten Naturmaterialien von verschiedenen Heumischungen über Moos, Lavendel, Pinienrinde, Dinkelspelzen und Schafwolle bis hin zur bunten Blütenblättermischung. Auch Reststoffe, die in anderen Betrieben anfallen, können verwendet werden, etwa Pfefferminzstängel aus der Teeproduktion, die nun in Plattenform ein zweites Leben finden.

Da die Oberflächen nicht versiegelt sind, bringt jedes Material sein unverwechselbares optisches, haptisches und olfaktorisches Erlebnis mit sich. So auch die Naturtapete, die auf einem Träger aus Flachs aufgebracht ist und aus einer Mischung aus Almheu und den Wiesenblumen Arnika, Kornblume, Erika, Rose und Margerite besteht. Die Dekore können von Tischlern wie herkömmliche Belagsmaterialien aus Kunststofflaminat auf Platten geklebt und für Möbel oder Wandverkleidungen verarbeitet werden.

organoids.com

22 GESCHIRR AUS PALMBLÄTTERN

Die heruntergefallenen Blätter der Arekapalme dienen in Asien schon lange als Teller und Schalen. Nun hat ein Berliner Start-up das Prinzip kopiert.

Die Gattung der in den Tropen beheimateten Arekapalmen umfasst über 50 Arten, von denen hierzulande die Betelpalme mit ihrem sattgrünen Blattwerk wahrscheinlich die bekannteste ist, denn sie ist eine der beliebtesten Zimmerpflanzen. Der Palmbaum kann in der freien Natur aber durchaus Höhen von 25 Metern erreichen und seine Blätter können bis zu 2 Meter lang werden.

Diese Blätter bieten einen interessanten Ausgangsstoff, den das Berliner Unternehmen Leef zu Einweggeschirr formt. Dafür werden die Palmen nicht etwa extra kultiviert und gefällt, sondern es werden ausschließlich die heruntergefallenen Blätter als natürliches Nebenprodukt des Palmwachstums zur Weiterverarbeitung genutzt. Der Herstellungsprozess kommt darüber hinaus ohne Beschichtung oder sonstige Bindemittel aus und ist vollkommen lowtech: Die gereinigten Blätter werden in Tellerform gepresst, ausgestanzt und getrocknet. Anschließend werden sie mithilfe von UV-Strahlung desinfiziert – und sind bereit für den Verkauf.

Obwohl sie nur aus Blättern bestehen, eignen sich die Teller für alle Arten von Speisen und können, wenn sie schonend von Hand abgewaschen werden, sogar mehrmals verwendet werden. Da sie unbehandelt sind, können sie nach der Nutzung in die Biotonne oder den heimischen Kompost wandern, wo sie sich innerhalb von drei Monaten zersetzen. Diese ressourcenschonenden Produkte schaffen zudem Arbeitsplätze in den ländlichen Regionen Indiens, wo die Blätter gesammelt und weiterverarbeitet werden.

leef.bio

23 HÄNGESYSTEM AUS GRAS

Der Kunststoff, der auf der grünen Wiese wächst: Dieses Hängesystem für Pflanzen besteht aus Gras und recyceltem Plastik.

Rund 12.000 verschiedene Arten von Süßgräsern gibt es auf der Erde, die etwa ein Fünftel der Pflanzendecke des Planeten ausmachen. Wegen der großen Verfügbarkeit und der anspruchslosen Kultivierung ist neben der Nutzung als tierisches Futtermittel auch die stoffliche Verwendung naheliegend. Ein klarer Vorteil von Gras ist, dass es als einjährige Pflanze schnell wächst und im gemäßigten mitteleuropäischen Klima mehrmals pro Jahr geerntet werden kann. Grashalme beinhalten Zellulose, die als Fasermaterial für Papier, Dämmstoffe oder Vliese verwendet werden kann.

Die hessische Biowert GmbH bezieht von umliegenden Bauern die sogenannte Silage, also Wiesengras, das durch Gärung konserviert wurde und auch als Tierfutter eingesetzt wird. In der hauseigenen Bioraffinerie wird das Material gewaschen und weiterverarbeitet. Durch die Gärung wurde das Gras in seiner Struktur von Milchsäurebakterien bereits aufgebrochen und nach dem Zermahlen und Waschen bleiben reine Zellulosefasern übrig. Vermischt mit einem recycelten Kunststoff entsteht daraus Agriplast, ein Material, das zu 75 Prozent biobasiert und zudem 25 Prozent leichter ist als vergleichbare Kunststoffe. Es ist komplett recycelbar. Das Designbüro Nothrowdesign aus Barcelona nutzt den Werkstoff für seine Kreationen, zum Beispiel dieses Hängesystem für Pflanzen.

biowert.com
nothrowdesign.com

24 BACKPACK AUS BANANENFASER

Alles Banane: Mit dieser Materialinnovation entsteht eine Win-win-Situation für ein Schweizer Modelabel und philippinische Kleinbauern.

Bananenhanf, auch Acabá oder Manilahanf genannt, ist ein Bananengewächs aus Ostasien. Anstatt wegen ihrer Früchte wird die Pflanze aber als reiner Faserlieferant angebaut. Die bis zu 8 Meter hohe Staude wächst im philippinischen Hochland in einer Mischung aus Land- und Forstwirtschaft und wird dort nachhaltig kultiviert. Dort, wo große Landstriche durch Palmölanbau, Entwaldung und Erosion brachliegen, trägt sie zur Renaturierung bei und ihre Ernte stellt für die ansässigen Bauern ein lukratives Nebengeschäft dar.

Die groben Blattfasern des Bananenhanfs werden bis zu 2 Meter lang und besonders ältere Blätter weisen eine hohe Reißfestigkeit auf, weshalb sie seit jeher zu salzresistenten Tauen und Seilen für die Schifffahrt sowie zu Hängematten und Teppichen verarbeitet wurden.

Das Schweizer Modelabel Qwestion hat es nach mehreren Jahren Entwicklungszeit geschafft, die Fasern erstmals zu einem flexiblen technischen Textil zu spinnen, das durch eine Beschichtung mit Bienenwachs wasserabweisend wird. Das Textil stellt eine biobasierte und biologisch abbaubare Alternative zu synthetischen Stoffen her, die derzeit noch vorrangig bei der Herstellung von Taschen eingesetzt werden.

Damit Bananatex als nachhaltige Textilalternative Verbreitung finden kann, ist das Herstellungsverfahren Open Source, also patentfrei, und somit zugänglich und reproduzierbar für andere Modemarken.

qwstion.com

25 SPIELSTEINE AUS MAIS

Mais ist noch vor Weizen und Reis die wichtigste Kulturpflanze weltweit. Die Stärke aus dem Süßgras kann aber auch zur Herstellung von Spielzeug dienen.

Ähnlich wie Miscanthusgräser oder Zuckerrohr ist Mais eine sogenannte C4-Pflanze. Das heißt, sie kann CO_2 besser und schneller binden als andere Pflanzen und bei warmen Temperaturen mit viel Sonneneinstrahlung in kurzer Zeit enorm viel Biomasse aufbauen.

Das aus Südamerika stammende Getreide war anfangs in Deutschland nur in wärmeren Gegenden oder vereinzelt in Gärten zu finden. Dank der Züchtung kälteresistenter Sorten erlebte der Mais aber ab den 1960er-Jahren einen regelrechten Boom. Seitdem wird das Getreide hierzulande wegen seiner vielseitigen Verwendungsmöglichkeiten als Nahrungs-, Futtermittel- oder Energielieferant mehr und mehr angebaut. Der hohe Stärkeanteil von 70 Prozent in seinen Körnern ist zudem als Grundstoff für verschiedene Arten von biobasierten Kunststoffen für die Bioökonomie interessant.

Die Loick AG im nordrhein-westfälischen Dorsten nutzt Mais unter anderem, um Bastelsets für Kinder herzustellen. Der Mais dafür wird vorrangig auf Flächen angebaut, die aufgrund von Flächenstilllegungen nicht zur Nahrungsmittelproduktion genutzt werden. Das Playmais getaufte Spielzeug besteht lediglich aus Mais und Lebensmittelfarbe. Die Kolben der Pflanze werden zu einem stärkehaltigen Granulat verarbeitet, das dann aufgeschäumt wird. Der Rest der Pflanze wandert in die Biogasproduktion und liefert Energie. Die federleichten Bausteine sind komplett biologisch abbaubar und frei von Schadstoffen, im Prinzip also auch essbar. Durch das Anfeuchten der Oberfläche wird die Klebekraft der darin enthaltenen Maisstärke aktiviert und die zylinderförmigen Bausteine können zu allen erdenklichen Gebilden zusammengefügt werden. Werden die Kunstwerke nicht mehr gebraucht, können sie bedenkenlos auf den Kompost oder in die Biotonne wandern.

playmais.de

26 STRASSENSCHILDER AUS BAMBUS

Warum Aluminium, wenn es auch anders geht? Diese Verkehrszeichen sind nicht nur ebenso dauerhaft, sondern auch nachhaltiger als Schilder aus Metall.

Wir bewegen uns in einem Schilderwald: Man schätzt, dass etwa 20 Millionen Verkehrszeichen allein in Deutschland den Straßenverkehr regeln.[47] Fast immer ist dabei der Pfosten aus verzinktem Metall und das Schild aus Aluminium mit einer reflektierenden Folie.

Das Kärntner Unternehmen Itek gestaltet Straßenschilder mit Naturmaterialien neu: Der Pfosten besteht aus acetyliertem Holz, das eine sehr hohe Dauerhaftigkeit auch bei widrigen Bedingungen aufweist. Das Acetylieren ist ein Prozess der Holzmodifikation, wobei Essigsäure in den Holzzellen eingelagert wird. Dadurch erhalten selbst Holzarten, die normalerweise weniger für den Außeneinsatz geeignet sind, eine Dauerhaftigkeit, die der von haltbaren Tropenhölzern ebenbürtig ist.

Das Schild selbst besteht aus Bambusplatten. Zwar wird Bambus oftmals als »Holz der Zukunft« bezeichnet, dabei ist die schnell wachsende Pflanze streng genommen keine Baumart, sondern ein verholzendes Süßgras, das bis zu 25 Meter hoch werden kann. Im asiatischen Raum, wo die Pflanze heimisch ist, werden nicht nur Baugerüste für Wolkenkratzer aus dem flexiblen und tragbaren Material gemacht, es gibt sogar ganze Tempelanlagen, die Jahrhunderte überdauert haben. Mittlerweile finden sich einige Bambusprodukte auch bei uns, zum Beispiel Parkettböden, die sich durch ihre Härte besonders auszeichnen. Selbst wenn der Bambus für die Verkehrsschilder aus China importiert werden muss, so weist dieses Verkehrsschild laut eigenen Angaben nur rund ein Zehntel des CO_2-Fußabdrucks eines herkömmlichen Metallschilds auf.

ecoguide.co.at

27 BAUMATERIAL AUS SCHILF

Nasse Moore braucht das Land! Die Wiedervernässung von Mooren ist eine entscheidende Maßnahme im Kampf gegen den Klimawandel. Mit der Paludikultur werden die Feuchtgebiete vom Klimakiller zum rentablen Kohlenstoffspeicher.

In den letzten Jahren haben zahlreiche Studien auf die enorme Bedeutung von Moorgebieten hingewiesen, wenn es um die natürliche Einspeicherung von atmosphärischem CO_2 geht. Denn das ständige Wachsen und Zersetzen der Moorpflanzen fördert die Bildung von Torf, einem organischen Sediment, welches aus abgestorbener Pflanzenmasse besteht. Zwar machen Moore nur rund 3 Prozent der Erdoberfläche aus, sie speichern aber doppelt so viel CO_2 wie alle Wälder der Erde zusammen. Abgesehen von ihrer Klimaschutzwirkung sind Moore auch wichtige Wasserspeicher und einzigartige Ökosysteme mit hoher Biodiversität. Jedoch sind 95 Prozent der Moore in Deutschland trockengelegt: Sie werden für Land- oder Forstwirtschaft genutzt, überbaut oder ihr Torf wird abgebaut und als Substrat für den Gartenbau genutzt oder gar klimaschädlich verheizt.[48]

Einen Anreiz, die Moore nicht zu zerstören, sondern klimafreundlich zu bewirtschaften, stellt die sogenannte Paludikultur (vom lateinischen *palus* für Sumpf) dar. Denn nur wenn die schonende und torferhaltende Nutzung von nachwachsenden Rohstoffen aus dem Moor rentabler ist, als es trockenzulegen und mit Mais oder anderen Pflanzen zu bebauen, hat das Moor langfristig eine Chance zu bestehen. »A forest that pays, is a forest that stays« heißt dieses Prinzip in der Forstwirtschaft und zeigt, dass ökonomische und ökologische Interessen durchaus miteinander verbunden werden können.

Das Greifswalder Moorzentrum beschäftigt sich mit dem Schutz, dem Erhalt und der umweltverträglichen Bewirtschaftung von Mooren. Denn gerade im moorreichen Norddeutschland haben diese seit jeher eine große Bedeutung, nicht zuletzt auch als Rohstofflieferant: Die Reetdächer zeugen davon, ebenso wie Wundverbände aus antibakteriellem Torfmoos oder das »Torfoleum«, ein Dämmstoff in Plattenform, der beim ikonischen Bauhaus-Gebäude von Walter Gropius in den 1920er-Jahren zum Einsatz kam. An der Universität Greifswald arbeitet man nun an vielseitigen Formen der Nutzung von Schilf, Rohrkolben oder Torfmoosen, die den Erhalt der Moore für die Landwirtschaft attraktiver machen sollen. Die Bandbreite reicht von der Haltung von Wasserbüffeln, die besonders gut auf den nassen Flächen auskommen, über die Nutzung von Torfmoos in der Medizin und für Kosmetik bis hin zur Verwendung als Biomasse zur Energieerzeugung und Dämmstoffen und Baumaterialien aus Schilf.

greifswaldmoor.de

28 VEGANER PELZ AUS ROHRKOLBEN

Wärmer durch die Kälte ganz ohne Tier: Diese vielseitige Sumpfpflanze liefert einen »Pelz«, der besser isoliert als klassische Felle.

Der Rohrkolben hat einige kuriose regionale Bezeichnungen, die auf seine große Verbreitung und seine vielseitige Verwendbarkeit schließen lassen: Lampen- oder Kanonenputzer, Schlotfeger, Pompesel, Schmackedutsche, Bullerbesen oder auch Bumskeule. Die sommergrüne Pflanze wächst in Sumpfgebieten von den Tropen bis in die gemäßigten Breiten und ist den meisten wahrscheinlich bekannt als Begleitdekoration vieler Blumensträuße.

Was vielen vielleicht weniger geläufig ist: Junger Rohrkolben kann sogar gegessen werden und die stärkehaltigen Wurzeln können als Gemüse zubereitet oder zu Mehl verarbeitet werden. Darüber hinaus reinigt die schnell wachsende Pflanze das Wasser und wird deshalb zur Entgiftung von Böden eingesetzt. Aus ihrem Stroh können Flechtwaren hergestellt werden und die feine Wolle des Kolbens ist ein natürliches und schimmelresistentes Dämmmaterial.

Die Designerinnen Sophia Moeschlin und Lya Rennhard aus der Schweiz nutzen diese Wolle, um daraus ein Material herzustellen, das hinsichtlich Anmutung und Haptik einem Pelz gleichkommt. Zudem isoliert das flauschige Vegan Fur sehr gut gegen Kälte, weil es dichter als herkömmliches Tierfell ist. Ein weiterer Vorteil: Da Rohrkolben eine fast weltweit vorkommende Pflanze ist, kann das Material lokal produziert und verarbeitet werden, womit lange Transportwege entfallen.

bundespreis-ecodesign.de/de/gewinner/vegan-fur
info@lyarennhard.ch
sophia.moeschlin@bluewin.ch

29 KAROSSERIE AUS FLACHSFASERN

»Harder, better, faster, lighter« – im Motorsport zählt jedes Gramm. Mit diesen ultraleichten Naturfasern lässt sich zudem jedes Nachhaltigkeitsrennen gewinnen.

Gerade im Fahrzeugbau kommt es auf leistungsfähige, aber dennoch sehr leichte Materialien an. In der Regel bedient man sich erdölbasierter Kunststoffe, die mit ebenfalls erdölbasierten Fasern verstärkt werden. Ein Klassiker ist CFK, der carbonfaserverstärkte Kunststoff, der wegen seines extrem geringen Gewichts besonders gern bei Sportwagen eingesetzt wird.

Zwei sportbegeisterte Materialingenieure aus dem schweizerischen Fribourg haben, anfangs noch in der eigenen Garage, ebenso leistungsfähige naturfaserverstärkte Kunststoffe, kurz NFK, entwickelt. Ursprünglich wollten die beiden Gründer Skier bauen, die steifer, aber gleichzeitig leichter sein sollten als herkömmliche Modelle. Für den Aufbau der Skier wählten sie Balsaholz als Kern. Dieses extrem leichte Holz weist in etwa ein Drittel der Dichte von Fichtenholz auf und wird deshalb nicht nur gerne im Modellflugzeugbau eingesetzt, sondern auch bei größeren Projekten. Das Floß, mit dem der norwegische Abenteurer und Anthropologe Thor Heyerdahl den Pazifik überquerte, die Kon Tiki, bestand aus Balsastämmen. Auch die von Siemens entwickelten und mit 75 Metern längsten Rotorblätter der Welt, die in Offshore-Windparks eingesetzt werden, bestehen aus einem Verbund aus Balsaholz und Glasfaser.

Die Schweizer Ingenieure von Bcomp laminierten ihre leichten Skier mit Gewebe aus Flachsfasern, die statt der üblichen Carbonfaser ökologischer sind und dennoch sehr gute Dämpfungseigenschaften besitzen. Die Skier wurden erfolgreich auf den Markt gebracht und das Duo begann, seine Materialinnovation auf andere Branchen wie Boots- und Brückenbau sowie Satellitensysteme zu übertragen.

Für den Automobilbau ist das Gewebe besonders interessant, da die Fahrzeuge durch das Hochleistungsmaterial leichter werden, wodurch Kraftstoff eingespart werden kann – vor allem im Motorsport ein wichtiger Punkt. Zudem sorgt das

Material aufgrund des guten Schwingungsverhaltens für ein angenehmes Fahrgefühl, splittert weniger bei Unfällen und bietet neuartige Gestaltungsmöglichkeiten: Die im Rennsport typische glänzend-schwarze Carbonoptik wird durch das matt-braune Flachsgewebe abgelöst.

bcomp.ch
fourmotors.com

30 SEGELBOOT AUS FLACHS

Dieses norddeutsche Leichtgewicht verdankt seine besonderen Fahreigenschaften einer uralten Kulturpflanze und recyceltem Plastik.

Die meisten kennen Flachs oder Lein von den ballaststoffreichen Leinsamen im Frühstücksmüsli oder im Brot, dabei kann die einjährige Pflanze viel mehr. Flachs erreicht eine Höhe zwischen 30 und 120 Zentimetern und sein Stängel liefert feine und gut verarbeitbare Fasern, die schon seit über 5.000 Jahren für Seile, Bezüge oder Kleidung genutzt werden. Auch der Name »Flachs«, der auf das Wort »flechten« zurückgeht, weist auf die kulturelle Bedeutung der Fasern hin. Sie sind selbst für starke Allergiker hautverträglich, wirken antibakteriell und können deshalb gut für Bandagen verwendet werden. Selbst Motten gehen ungern an die Leinentextilien. Wegen seiner hohen Abriebfestigkeit ist das Material besonders gut für Polsterstoffe geeignet. Zwar ist die Faser grundsätzlich steifer als Wolle – doch gerade das macht sie für Sommerkleidung mit dem typischen Knitter-Look interessant: Da sich nicht jede Falte perfekt an den Körper schmiegt, ermöglichen Flachsgewebe einen besseren Luftstrom durch die Kleidung. Zudem können die Fasern den Schweiß von der Haut gut aufnehmen und schnell wieder nach außen abgeben.

Die Firma Greenboats aus Bremen nutzt neben Recyclingmaterialien auch das Flachsgewebe der Schweizer Ingenieure von Bcomp um Leichtbaukonstruktionen für den Wassersport mit möglichst geringem Fußabdruck zu fertigen. Das Flax-27-Segelboot ist zum überwiegenden Teil aus gesponnenen und verwebten Flachsfasern hergestellt, die mit einem großteils pflanzenbasierten Epoxidharz laminiert werden, um den aggressiven Bedingungen bei dauerhaftem Wasserkontakt standzuhalten. Dieses Harz verwendet Leinöl (ebenfalls aus der Flachspflanze) statt Erdöl als Basis und die rauen Flachsfasern verbinden sich besser als glatte Kunststofffasern mit dem Bindemittel. Zudem sind sie nur etwa halb so schwer wie energieintensive Glasfasern.

Der innere Schaumstoffkern besteht aus recyceltem PET und das Deck aus Korkresten, die bei der Weinkorkenproduktion anfallen. Die Vision der Werft ist es, in Zukunft nur noch biobasierte oder rezyklierte Werkstoffe für den Bootsbau einzusetzen und damit zu demonstrieren, dass diese Materialien auch unter widrigsten Bedingungen im Salzwasser, bei UV-Strahlung und Temperaturschwankungen eine hohe Performance bieten können.

green-boats.de

31 PAVILLON AUS FLACHS

Alte Faser neu interpretiert: Flachsfasern werden mithilfe neuester Robotik zum Baumaterial der Zukunft.

Aus mehreren Gründen ist Flachs besonders nachhaltig: Die Pflanze kommt mit recht kargen Böden zurecht, wächst auch in Mittel- und Osteuropa und benötigt im Gegensatz zu Baumwolle keine künstliche Bewässerung. Die Fasergewinnung ist allerdings ein aufwendiger Prozess, an dessen Anfang ein biobasiertes Verfahren steht: Die geernteten Pflanzen werden mehrere Wochen auf dem Feld liegen gelassen, sodass Mikroorganismen die Pektine im Stängel der Pflanze abbauen können. Das Kohlenhydrat Pektin wirkt wie ein Klebstoff, der die Fasern mit den holzigen Bestandteilen der Pflanze verbindet. Nach diesem Prozess des »Röstens«, der allerdings nichts mit dem Rösten mit Hitze zu tun hat, ist es viel einfacher, die Fasern vom Stängel zu trennen.

Nach dem Brechen des Strohs und weiteren mechanischen Bearbeitungsschritten fallen verspinnbare Langfasern sowie niederwertige Kurzfasern an. Aus den Langfasern wird das Leinengewebe gemacht. Die als Werg bezeichneten Kurzfasern wurden früher im Bootsbau mit Holzteer vermischt und zur Abdichtung der Fugen benutzt. Heutzutage erfüllen sie im Sanitärbereich bei der Abdichtung von Gewinden noch dieselbe Funktion, da sie bei Feuchtigkeitsaustritt aufquellen. Sie haben aber auch einen starken symbolischen Charakter: Bei der zeremoniellen Krönung von Machthabern entzündete man das schnell verbrennende Werg, um auf die Vergänglichkeit der Macht aufmerksam zu machen. Vor der Nutzung von chemischen Farbstoffen wurde es bei der Papstwahl gemeinsam mit den Wahlzetteln verbrannt, um mit dem weißen Rauch die erfolgreiche Wahl zu verkünden.

Forscher der Universitäten Stuttgart und Freiburg haben die alte Kulturpflanze nun neu interpretiert und mittels Robotik und digitaler Planung zu einem innovativen Baumaterial umgewandelt. Der livMatS-Pavillon (Living, Adaptive and Energy-autonomous Materials Systems) im Botanischen Garten Freiburg besteht aus gewebten Flachsfasern und seine Tragstruktur orientiert sich an der Natur: Vorbild für die Konstruktion war der innere Holzkörper von Saguaro- und

Feigenkakteen, die trotz ihrer teilweise beachtlichen Größe und Verästelungen ein sehr leichtes Skelett aufweisen. In Anlehnung daran wurden die reißfesten Flachsfasern mithilfe von Robotern in eine netzartige Struktur gebracht und zu leichten, aber äußerst stabilen Flächentragwerken verwoben. Dabei kommt das eigens entwickelte Verfahren ganz ohne Kern aus, um den man die Fasern normalerweise wickeln würde. Durch das Verdichten und Weben der Flachsfasern in der Fertigung konnte die Tragfähigkeit der Struktur bei einem vergleichsweise geringen Materialeinsatz um ein Vielfaches erhöht werden. Der Pavillon überspannt eine Grundfläche von 46 Quadratmetern, wiegt aber insgesamt nur 1,5 Tonnen.

icd.uni-stuttgart.de

HOLZ

Möbel, Fußböden, Papier und das knisternde Kaminfeuer – das alles ist Holz. Oder nicht? Aufgrund seiner vielfältigen Anwendungsmöglichkeiten, aber vor allem auch aufgrund der Mengen, die davon verfügbar sind, ist Holz nicht nur der mit Abstand wichtigste nachwachsende Rohstoff weltweit, sondern kann auch bei der Bekämpfung des Klimawandels eine bedeutende Rolle spielen – wenn er verantwortungsvoll genutzt wird. Sein wahres Potenzial geht aber über die traditionellen Anwendungen hinaus und findet sich zukünftig in fast jedem Lebensbereich wieder – von unserer Kleidung, über Medizinprodukte bis zu dem, was auf unserem Teller landet.

Wohl kaum ein anderer Organismus ist mit der kulturellen Entwicklung des Menschen so eng verknüpft wie der Baum. Die stoffliche Nutzung von Holz zum Bau von Alltagsgegenständen wie Werkzeugen, Behältern, Möbeln, aber auch Häusern und Fortbewegungsmitteln bis hin zu Kunstobjekten begleitet uns seit Urzeiten und ist aus unserer Geschichte nicht mehr wegzudenken. Zwar reden wir von Epochen wie der Steinzeit, der Bronzezeit oder der Eisenzeit, aber genauso gut könnten wir bei allen dreien von einer »Holzzeit« reden. Denn als Universalwerkstoff hat der Mensch das Holz wegen der großen Verfügbarkeit, der einfachen Bearbeitung und den guten Materialeigenschaften in jeder dieser Epochen zu nutzen gewusst. Allerdings sind davon weitaus weniger Spuren vorhanden als von metallischen oder mineralischen Artefakten, weil Holz sich mit der Zeit zersetzt.

In trockener Umgebung oder unter Sauerstoffausschluss konserviert kann Holz aber praktisch unendlich lang überdauern. Im keltischen Salzbergwerk des österreichischen Hallstadt wurde beispielsweise eine Holztreppe aus dem Jahr 1.344 v. Chr. entdeckt und das Alter einer Holzstatue aus dem Uralgebirge wird auf 11.600 Jahre geschätzt[49] – also doppelt so alt wie Stonehenge oder die ägyptischen Pyramiden. Wurfspeere aus einem Braunkohletagebau in Niedersachsen gelten mit einem Alter von über 300.000 Jahren als die ältesten erhaltenen hölzernen Artefakte.[50] Diese und andere Beispiele zeigen, dass überall dort, wo es Bäume gab, der Mensch auch das Holz als unverzichtbaren Rohstoff nutzte.

Auch aus einer anderen Perspektive spielte die Nutzung von Holz eine bedeutende Rolle für unsere Entwicklung: Als gut verfügbarer Brennstoff lieferte Holz Energie, um unverdauliche Nahrung essbar zu machen oder um Lebensmittel dank dem Räuchern für magere Zeiten zu konservieren. So senkte die Beherrschung des Feuers den Aufwand der Nahrungsbeschaffung und der Garprozess durch das Feuer sparte Verdauungsenergie. Beides begünstigte die Entwicklung eines großen und energieintensiven Gehirns, das beim Homo sapiens wesentlich überdimensionierter daherkommt als bei anderen Primaten. Damit verbunden ist die kognitive Entwicklung unserer Spezies, die uns befähigte, komplexe Informationen zu verarbeiten und auch Sprache zu bilden.[51]

Vielleicht finden wir uns auch deshalb heutzutage immer noch regelmäßig um ein Lagerfeuer zusammen, mit dem Duft von gegrilltem Essen in der Nase und dem Knistern des Holzes im Ohr. Nicht zuletzt aufgrund dieser langen historischen Verflechtung mit unserer Kulturgeschichte stellt Holz für viele immer noch das Sinnbild von traditioneller Gemütlichkeit und heimeliger Wärme dar.

Was ist Holz eigentlich?

Biologisch betrachtet ist Holz das feste Gewebe, auch Xylem genannt, von Bäumen und anderen verholzenden Pflanzen. Einerseits ist es für den Wasser- und Nährstofftransport innerhalb der Pflanze zuständig, andererseits bildet es deren stützende Struktur. Aufgrund des sehr günstigen Verhältnisses von Eigengewicht zu dem, was Holz tragen kann, reichen manche Baumarten bis zu 80 Meter in die Höhe. Dies wird durch den besonderen Aufbau der röhrenförmigen Zellen ermöglicht, die hauptsächlich aus Zellulose, Hemizellulose und Lignin bestehen. Im Prinzip ist es ein natürlicher Verbund aus verschiedenen Polymeren, also verketteten Molekülen, die sich perfekt ergänzen: Zellulose und Hemizellulose bilden ein Grundgerüst mit hoher Zugfestigkeit. Das heißt, selbst wenn heftiger Wind an der Krone des Baums zerrt, kann der Stamm den enormen Zugkräften standhalten. Das Lignin füllt dieses Gerüst auf, sorgt damit für die Druckfestigkeit und stabilisiert den Baum so unter seinem Eigengewicht.

Diese leistungsfähigen Bausteine sind ein wichtiger Grund, wieso Holz für eine biobasierte Welt der perfekte Stoff ist: Um es beispielsweise in der Architektur oder im Möbelbau einzusetzen, muss das Material gar nicht erst groß verändert werden, vom Zuschnitt oder dem Verkleben einmal abgesehen. Für andere Baumaterialien, etwa Stahl oder Beton, müssen wir erst deren Grundstoffe mühsam zutage fördern und unter dem Einsatz großer Mengen an Energie auf molekularer und struktureller Ebene neu zusammensetzen. Allein die Zementherstellung verursacht 8 Prozent der globalen Treibhausgasemissionen – viermal so viel wie der globale Flugverkehr.[52] Stellt man sie sich als ein eigenes Land vor, so wäre sie der drittgrößte CO_2-Produzent hinter China und den USA. Das ist bei Holz nicht der Fall, denn zum einen benötigt der Baum zum Wachstum keine künstliche Energie, sondern nur die der Sonne sowie Luft, Wasser und einige Spurenelemente. Zum anderen ist sein Holz von Natur aus für strukturgebende Zwecke geeignet und kann durch seine verhältnismäßig leichte, aber tragfähige Bauart sofort eingesetzt werden. In seiner Klimabilanz ist Holz unschlagbar: Weil der Baum beim Wachstum CO_2 aus der Luft gefiltert und als Kohlenstoff im Holz eingelagert hat, ist das Material CO_2-negativ.

Das wächst doch nicht auf Bäumen

Rund ein Drittel der Landfläche Deutschlands ist von Wald bedeckt – ein Wert, der in den letzten Jahrzehnten konstant geblieben ist. Laut der 3. Bundeswaldinventur sind in unseren Wäldern insgesamt 4,3 Milliarden Tonnen CO_2 gespeichert und jedes Jahr entlasten sie die Atmosphäre um weitere 62 Millionen Tonnen.[53] Damit ist der Wald eine wichtige Senke für Kohlenstoffdioxid und kompensiert 7 Prozent der Emissionen in Deutschland. Noch mehr Wald bezogen auf die Landesfläche gibt es in Österreich: Dort ist fast die Hälfte des Landes mit Wald bedeckt, Tendenz steigend, und die Alpenrepublik ist damit nach Slowenien das am dichtesten bewaldete Land Mitteleuropas.[54]

Angesichts dieser guten Verfügbarkeit scheint es einerseits, als könnten wir mit der Nutzung von Holz nichts falsch machen: Der Rohstoff wächst in der »grünen Fabrik« im Wald ohne Chemikalien, Dünger oder künstliche Bewässerung. Holz bindet CO_2, ist ein ökologisches Material und ein gesunder Baustoff.

Es wächst zwar eher gemächlich, aber wir können ja das ernten, was unsere Großeltern schon angepflanzt haben, und für unsere Enkel neue Bäume setzen. Auf der anderen Seite zeigt aber gerade das Beispiel der Holznutzung, was passieren kann, wenn wir ungebremst unseren Hunger nach Materialien in der Natur zu stillen versuchen.

Wie die anderen Rohstoffe in diesem Buch ist Holz zwar nachwachsend, aber nicht unbegrenzt verfügbar. In der Menschheitsgeschichte gibt es viele noch heute sichtbare Spuren, die von der Zerstörung ganzer Waldökosysteme zeugen. Ein markantes frühes Beispiel war die Expansion des Römischen Reichs und der damit verbundene Rohstoffbedarf für den Hausbau, Schiffsbau, das Militär und die Energieerzeugung, der zur großflächigen Entwaldung der heute noch kargen Küsten des Mittelmeeres führte.

Zwar ist in Europa die Waldfläche in den letzten Jahrzehnten kontinuierlich gewachsen,[55] die globale Entwicklung ist jedoch eine gänzlich andere: Während es vor 300 Jahren weltweit noch etwa 6 Milliarden Hektar Waldfläche gab, sind es heute nur noch 4 Milliarden – ein Drittel Wald ist also weltweit verloren gegangen, ein Großteil davon in der zweiten Hälfte des 20. Jahrhunderts.[56] Dabei kommt der Begriff der Nachhaltigkeit ursprünglich aus der Forstwirtschaft: Vom Verb »nachhalten« stammend, also etwas, das über lange Zeit andauert oder Bestand hat, ist damit gemeint, dem Wald nur so viel Holz zu entnehmen, wie auch wieder nachwachsen kann. Dieses Prinzip wird in vielen Teilen der Welt nicht angewandt, weil die Rodung des Waldes und der Anbau anderer Nahrungspflanzen oder Futtermittel für Tiere gewinnbringender sind.

Noch immer wird etwa die Hälfte des weltweit geernteten Holzes zur Energieerzeugung eingesetzt,[57] denn in vielen Gegenden ist es oftmals der einzig verfügbare Brennstoff zum Kochen und Heizen. Holz gilt zwar als klimaneutraler Brennstoff, der nur so viel CO_2 freisetzt, wie er im Laufe seines Lebens der Atmosphäre entzogen hat. Die Rechnung ergibt aber nur Sinn, wenn gleichzeitig kontinuierlich aufgeforstet wird und neue Bäume wieder CO_2 einspeichern. Wir sollten uns aber generell fragen, ob ein Baum, der über Jahrzehnte gewachsen ist, nicht noch mehr kann, als nur ein paar Minuten Wärme zu liefern.

Gar keine Waldbewirtschaftung mehr zu betreiben, wäre aber auch kein Ausweg aus der Klimakatastrophe. Im Gegenteil, denn Holz als Material hat zwei entscheidende Vorteile gegenüber anderen Baustoffen: Erstens ist in ihm atmosphärischer Kohlenstoff gespeichert. Ein Kubikmeter Holz hat der Atmosphäre rund 1 Tonne CO_2 entzogen – Holzarten mit höherer Dichte wie Buche oder

Eiche sogar noch mehr. Somit kann es gerade im Bauwesen auf lange Zeit wie eine Art »zweiter Wald« als Kohlenstofflagerstätte wirken. Zweitens ersetzen Holzprodukte andere energieintensive und klimaschädlichere Materialien wie Beton oder Stahl. Dieser Substitutionseffekt sowie die langfristige Einlagerung von Kohlenstoff können wichtige Bausteine sein, um Gebäude von Kohlenstoffdioxidemittenten in Kohlenstoffsenken zu verwandeln.

Eine naturnahe und nachhaltige Waldbewirtschaftung, die auf Kahlschläge verzichtet, auf den Klimawandel reagiert, auf eine natürliche Verjüngung der Bestände setzt und wertvolle Lebensräume schützt, kann aber ökonomische und ökologische Interessen auf einen Nenner bringen. Dann leistet der Wald neben der Bereitstellung von Nutzholz auch viele andere wichtige Dienste: Er reinigt die Luft und das Wasser, produziert Sauerstoff, gleicht Temperaturschwankungen aus, schützt den Boden vor Erosion und bietet die Lebensgrundlage für unzählige Arten von Lebewesen – uns Menschen eingeschlossen.

Vom Baummaterial zum Baumaterial

Viele denken beim Bauen mit Holz an die rustikale Almhütte oder das kanadische Blockhaus. Der moderne Holzbau aber nutzt die einzigartige Kombination aus Festigkeit, Leichtigkeit und Nachhaltigkeit des Werkstoffs und macht Holz zum Baumaterial des 21. Jahrhunderts, mit dem sogar Wolkenkratzer errichtet werden können. Neue Technologien, wie die Verwendung von Brettsperrholz oder die komplette Vorfertigung von Hauselementen in einer Produktionsstraße, ermöglichen Häuser, die modernsten Energieanforderungen genügen, langlebig sind und eine neue ästhetische Qualität bieten.

Ein Vorurteil, dem man immer wieder begegnet, wenn man über die Nutzung von Holz im Baubereich spricht, ist dessen schlechte Haltbarkeit. Es stimmt: Holz verrottet, wenn es dauerhaft Feuchtigkeit ausgesetzt ist. Doch dort, wo es schnell abtrocknen kann oder durch eine intelligente Konstruktion vor Dauerfeuchte geschützt ist, ist es praktisch unbegrenzt haltbar. Die norwegischen Stabkirchen oder die japanischen Tempelanlangen – komplett in Holzbauweise vor fast 1.000 Jahren errichtet – sind die besten Beispiele dafür.

Heute sind wir am Beginn eines neuen Holzzeitalters: In der Baubranche erlebt Holz bereits seit einigen Jahren eine Renaissance, aber auch für andere Einsatzbereiche gerät es mehr und mehr in den Fokus. Denn das Material ist nicht nur nachwachsend, sondern auch gut wiederverwertbar. Einmal geerntet, kann das Holz über die Zeit mehrere Leben in verschiedenen Produkten durchlaufen und dem Materialkreislauf lange erhalten bleiben. Nebenprodukte wie Späne, die bei der Verarbeitung anfallen, können wiederum stofflich oder energetisch genutzt werden und tragen ebenfalls zur effizienten Nutzung der Naturressource bei.

Eine Möglichkeit, um biobasierte Stoffe möglichst lange in Verwendung zu halten und damit effizient zu nutzen, ist das Prinzip der Kaskadennutzung. Dabei durchläuft ein Rohstoff über längere Zeit mehrere Nutzungsstufen (Kaskaden), wobei in jeder Stufe der Rohstoff zu einem anderen Produkt wird und eine andere Wertschöpfung bietet. Was in der Theorie einfach klingt, ist in der Praxis mit technologischen Herausforderungen verbunden und vor allem die Rücknahmewege für altes Material müssen erst einmal geschaffen werden. Dennoch wird darauf hingearbeitet, diese Mehrfachnutzung von Materialien umzusetzen, denn es schont Primärrohstoffe.

Besonders bei Holz, das so vielseitig verwendbar ist, bietet sich diese stufenförmige Nutzung an. Mit jeder Kaskade verkleinert sich dabei die Größe der Grundbausteine: vom Balken im Dachstuhl über die Spanplatte im Möbel bis hin zum Holzfaserdämmstoff am Gebäude. Theoretisch kann das Material die gleiche Nutzung mehrmals durchlaufen, beispielsweise beim Altpapier, aus dem wieder neues Papier hergestellt werden kann. Ist keine andere Nutzung mehr möglich, so kann der Rohstoff immer noch verbrannt und somit zur CO_2-neutralen Energieerzeugung genutzt werden.

Das Konzept der Kaskadennutzung kann also die stoffliche und energetische Nutzung von Biomasse verbinden. Beim Holz wird dadurch der Nutzungsdruck auf die Wälder reduziert – klare Sache: Wenn man das bereits bestehende Material weiterverwendet, muss kein frisches aus dem Wald entnommen werden. Wichtig ist aber, dass wir auch höherwertige Nutzungsmöglichkeiten für Stoffe finden, die wir bisher noch kaum beachten. Das Potenzial der Baumrinde ist ein gutes Beispiel hierfür: Sie ist von Natur aus ein höchst funktionelles Material, das als Schutzschild gegenüber Fressfeinden, Witterung und Verletzungen wirkt. Diesen mechanischen und thermischen Schutz kann man sich zunutze machen, ebenso wie ihre antimikrobiellen Inhaltsstoffe, die Insekten und Pilze abwehren. Diese Eigenschaften können auch für uns Menschen interessant sein: Extrahiert aus der Rinde von heimischen Holzarten, wirken sie in Medizinprodukten entzündungshemmend, blutdrucksenkend und krebsbekämpfend.

Mit den Möglichkeiten der Bioraffinerie ergeben sich ebenfalls neue Perspektiven für die Nutzung von Holz: Zellulose und Lignin, als wichtigste Baustoffe des Holzes, sind weltweit in großen Mengen vorhanden und können so die Basis für eine Vielzahl neuer Produkte sein, die wir bisher nur auf Erdölbasis kannten. Besonders im winzig kleinen Maßstab ist Zellulose höchst interessant: Fasern aus Nanozellulose weisen eine achtmal höhere Zugfestigkeit auf als Stahl, können Strom leiten und enorm viel Flüssigkeit absorbieren. Kristalline Nanozellulose kann zur Herstellung von biomedizinischen Implantaten aus dem 3D-Drucker eingesetzt werden. Holz kann sogar auf dem Teller landen: Birkenzucker ist ein zahnschonendes Süßungsmittel, das aus dem Holz von Laubbäumen gewonnen wird, und kristalline Zellulose wird als wenig kalorienhaltiges Verdickungsmittel oder Stabilisator in der Lebensmittelindustrie eingesetzt.

Ob auf dem Teller oder nicht – Holz wird wieder ein zentraler Stoff unserer Kultur werden und als tragende Struktur unserer Gebäude, als Material für Alltagsgegenstände oder als Lieferant für chemische Grundstoffe in den vielfältigsten Weisen zum Einsatz kommen. Neue Technologien, aber auch wiederentdecktes Wissen sowie eine nachhaltige Nutzung helfen uns, diesen wertvollen Rohstoff ganzheitlich und verantwortungsvoll einzusetzen.

32 GIPS AUS HOLZFASERN

In Zukunft holzen statt gipsen? Diese umweltfreundliche Naturfaserschiene könnte den traditionellen Gips bei Knochenbrüchen ablösen.

Gips ist eines der ältesten Baumaterialien der Menschheit und wurde bereits in der Jungsteinzeit um 7.000 v. Chr. in Vorderasien verwendet. Seine Vorteile liegen auf der Hand: Das mehlartige mineralische Pulver aus schwefelsaurem Kalk kann mit Wasser zu einer gut verarbeitbaren Masse angerührt und zum Beispiel für Ornamente, Estrich oder Wandputze verwendet werden. Als Plattenmaterial mit Decklagen aus Papier kennen wir ihn als sehr beliebtes Material für den Trockenbau. Und besonders eine Verwendungsform hat sich fest in unserem Sprachgebrauch verankert: Bricht man sich einen Knochen, so wird das betreffende Körperteil »gegipst«, also stabilisiert und ruhiggestellt. Gips ist aber nicht unbedingt das beste Material für diesen Zweck, denn seine Verarbeitung mit Wasser macht Dreck, der Verband ist relativ schwer und das Entfernen nur mühsam zu bewerkstelligen.

Im Gegensatz zum herkömmlichen Gips hat der Woodcast aus Finnland keinerlei mineralische Anteile. Dieses innovative Medizinprodukt besteht lediglich aus Fasern und Partikeln aus Espenholz, die mit einem biologisch abbaubaren Milchsäurepolymer gebunden sind. Deshalb ist das Material leicht, lässt Röntgenstrahlung passieren, ist luftdurchlässig und hautfreundlich. Zudem ist die Schiene im Gegensatz zu herkömmlichem Gips schneller in der Verarbeitung und kann innerhalb von Minuten durch Aufwärmen an den Körper angepasst werden – im hektischen Krankenhausalltag spart dies eine Menge Zeit. Bei Bedarf kann die Schiene mehrmals nachgeformt werden und weil sie keinerlei Schadstoffe enthält, kann sie ohne Handschuhe verarbeitet werden. Mittlerweile wurden bereits über eine Million Patienten weltweit mit dem Fasermaterial »geholzt«.

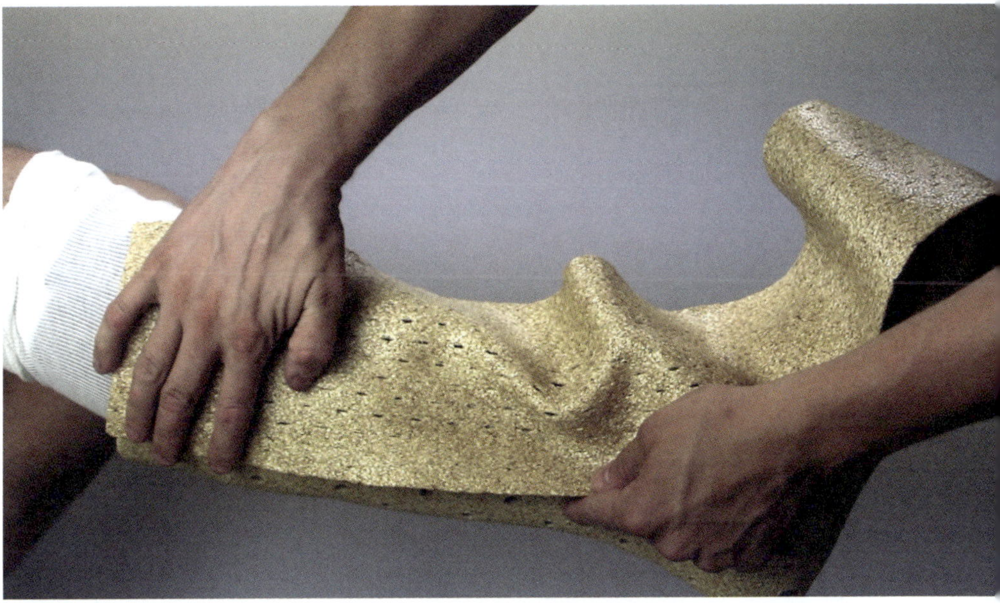

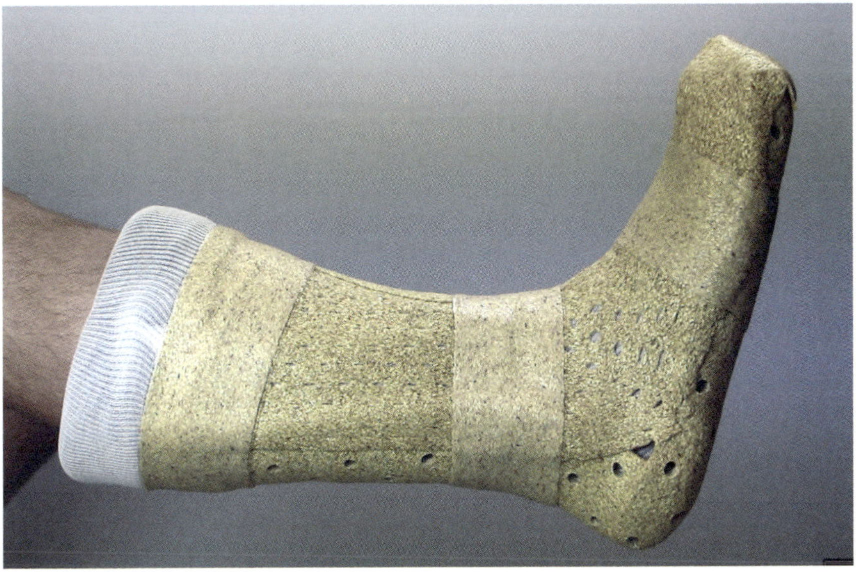

33 MÖBEL AUS BIRKENRINDE

Eine Berliner Designerin hat eine uralte Tradition aus dem Land ihrer Vorfahren wiederbelebt: die Nutzung von Baumrinde.

Die Rinde der Birke ist ein vielseitiges Material, das die Vorzüge von Leder, Papier und Textilien miteinander vereint: Sie ist leicht, flexibel, wasserabweisend und so strapazierfähig, dass einige indigene Völker Kanadas das Material heute noch zur Bespannung von Kanus verwenden. Die Berliner Designerin Anastasiya Koshcheeva hat diese uralte Tradition in Form von Lampen, Möbeln, Wandpaneelen und Utensilien neu interpretiert. Aufgrund der in der Rinde enthaltenen antibakteriell wirkenden Öle eignet diese sich zudem gut für die Aufbewahrung von Lebensmitteln.

Um das Rohmaterial zu gewinnen, wird einmal pro Jahr im Osten Russlands die Borke, also die äußerste Schicht der Birken, geerntet. Diese wächst wieder nach und der Baum trägt keinen dauerhaften Schaden davon. Aufgrund der rauen klimatischen Bedingungen in der russischen Taiga ist die Birkenrinde dort wesentlich stärker ausgeprägt und lässt sich einfacher vom Baum schälen als hierzulande. Das Unternehmen Moya Birchbark arbeitet nicht mit der weißen Außenschicht der Rinde, sondern mit den inneren Zwischenschichten, die eine samtweiche Oberfläche haben und sich besser verarbeiten lassen. Die größeren Stücke werden für die Designobjekte und Wandpaneele eingesetzt, die kleineren zur Produktion von Dekoobjekten oder Feueranzündern. Die Kooperation mit sibirischen Handwerkern soll die uralte Tradition der Rindenverarbeitung am Leben erhalten und gleichzeitig in der Region Arbeitsplätze schaffen.

moya-birchbark.com

34 KREDITKARTE AUS HOLZ

Die Modifikation von Holz kann seine Eigenschaften deutlich verbessern. Ein besonderes Verfahren dazu hat ein Schweizer Unternehmen entwickelt.

Viele Holzarten aus tropischen Regenwäldern sind in ihren Eigenschaften den heimischen überlegen. Um holzzerstörenden Pilzen und anderen Schädlingen in ihrem Lebensraum standhalten zu können, lagern sie besonders viele abwehrende Inhaltsstoffe ein, die das Holz dauerhaft machen. Außerdem zeichnen sie sich durch eine größere Härte und Festigkeit aus. All das macht sie zu einem hochwertigen Ausgangsstoff für bestimmte Einsatzzwecke. Man denke an witterungsbeständige Gartenmöbel aus Teakholz, abriebfeste Griffbretter von Gitarren aus Ebenholz oder Schiffsdecks aus Mahagoni. Ihre Nutzung gerät aber immer wieder aufgrund der Zerstörung von Regenwäldern und nicht nachhaltiger Forstwirtschaft in die Kritik.

Das Unternehmen Swiss Wood Solutions aus der Nähe von Zürich beschäftigt sich mit der Modifizierung von heimischem Holz, sodass es zu einem wahren Hochleistungswerkstoff wird, der die Eigenschaften der Tropenhölzer teilweise übertrifft. Durch eine patentierte thermo-mechanische Behandlung werden regionale Hölzer wie Ahorn, Fichte, Eiche oder Kirsche extrem verdichtet und erhalten dadurch einen Härtegrad, der bis zu viermal höher ist als im Rohzustand. Auch das Quellen und Schwinden, also die für Holz typische Dimensionsänderung bei wechselnder Luftfeuchte, wird minimiert. Somit wird der Einsatz von heimischen Hölzern im Musikinstrumentenbau möglich, bei dem ganz spezielle Klangeigenschaften und für bestimmte Teile eine hohe Abriebfestigkeit gefordert sind.

Auch das Bezahlen ohne Plastik wird dadurch möglich: Aus mehreren Lagen von thermo-mechanisch behandelten Furnieren wird die Swiss Wood Card hergestellt. Der metallische Chip ist in die Karte eingesetzt und alle weiteren Angaben werden eingelasert. Das harte, aber dennoch flexible Material weist neben einer langen Lebensdauer zudem eine für jede Karte unverwechselbare Optik auf.

swisswoodsolutions.ch

35 FAHRRADHELM AUS ZELLULOSE

Nachhaltig und sicher im Straßenverkehr: Ein gepolsterter Kopfschutz komplett aus Holz könnte bald schon Realität werden.

Besonders im waldreichen Skandinavien wird oftmals von der »forstbasierten Bioökonomie« gesprochen, weil Holz dort die Ressource schlechthin ist, mit der die Abkehr von fossilen Rohstoffen gelingen kann. Holz bietet einen riesigen jährlichen Zuwachs an Biomasse, es gibt eine etablierte Infrastruktur vom Wald bis zum Endprodukt und viel Wissen hinsichtlich der Verarbeitung des Rohstoffs. Wenn all das auf nordische Innovationsfreude trifft, entstehen außergewöhnliche Produkte – wie dieser Fahrradhelm.

Als Alternative zum herkömmlichen Plastikprodukt hat das schwedische Start-up Cellutech in Zusammenarbeit mit dem Designstudio Materialist einen Kopfschutz entwickelt, der komplett biobasiert und ausschließlich aus Materialien gefertigt ist, die aus dem Wald stammen. Die Außenhülle besteht aus Holzfurnier mit Riemen aus strapazierfähigem Papier. Die Polsterung des Helms besteht aus einem selbst entwickelten innovativen Schaum, der aus Nanozellulose hergestellt wird, mit dem Altpapier recycelbar ist und eine Alternative zu herkömmlichem Styropor darstellt.

cellutech.se

36 BETTWÄSCHE AUS EUKALYPTUS

Eukalyptus ist nicht nur die Lieblingsspeise von Koalas in Australien, sondern auch Ausgangsmaterial für Bettwäsche in Europa.

Bereits in der Grundschule lernen Kinder, dass sich die in Australien lebenden Koalabären ausschließlich von den Blättern und der Rinde bestimmter Eukalyptusbäume ernähren – und das nicht zu knapp: Rund 1,5 Kilogramm Eukalyptusblätter werden jeden Tag von einem dieser possierlichen Beuteltiere verzehrt.

Das in Nürnberg sitzende Unternehmen Oomay verwendet Eukalyptus völlig anders: Es stellt daraus nachhaltige Bettwäsche her. Mittels des Verfahrens der Bioraffinerie wird aus dem harten Holz ein geschmeidiges Textil hergestellt. Das passiert nicht bei Oomay, sondern beim österreichischen Unternehmen Lenzing, das sich auf die Entwicklung und Herstellung von sogenannten natürlichen Kunstfasern spezialisiert hat. Diese ordnen sich zwischen klassischen Naturfasern – wie Seide, Baumwolle oder Wolle – und erdölbasierten Kunstfasern – wie Nylon oder Polyester – ein. Denn sie sind einerseits wie Naturfasern pflanzenbasiert und biologisch abbaubar, andererseits werden sie mit modernsten technologischen Verfahren »künstlich« hergestellt.

Ausgangsstoff des als Lyocell bezeichneten Materials ist Eukalyptus. Eukalyptus ist eine schnell wachsende Holzart, die sich aufgrund ihrer Faserbeschaffenheit besonders gut zur Zellstoffproduktion eignet. Auch Schreibpapier und Kosmetiktücher werden übrigens daraus hergestellt. Der Baum benötigt, anders als Baumwolle, keine künstliche Bewässerung oder Pestizide und ist zudem in der Verarbeitung weniger energieintensiv. Die ursprünglich aus Australien stammende Baumart wird mittlerweile vermehrt im Norden der iberischen Halbinsel kultiviert.

Um ein verspinnbares Garn aus den Stämmen zu gewinnen, wird das Holz zerkleinert und mit einem nicht toxischen organischen Lösungsmittel vermischt, das im Sinne der Kreislaufwirtschaft dauerhaft im Prozess wiederverwendet wird. Dieser klebrige, zellulosereiche Brei wird erhitzt, bis die zähe Masse – ähnlich wie synthetische Garne auf Erdölbasis – zu dünnen Fäden extrudiert, versponnen und zu Gewebe verarbeitet werden kann. Das Material ist nicht nur umweltfreundlicher als viele Konkurrenzprodukte, sondern auch besonders atmungsaktiv, feuchtigkeitsabsorbierend und für Allergiker geeignet.

oomayhome.de

37 UNTERWÄSCHE AUS HOLZ

Bei Holz denkt man vermutlich nicht direkt an Damenunterwäsche. Mit dieser Lingerie aus Stuttgart könnte sich dies allerdings ändern.

Design heißt nicht etwa, Dinge »schön« zu machen. Es ist nicht der letzte Schritt im Entwicklungsprozess, wenn es um Form oder Farbe eines Produktes geht, sondern die ganzheitliche Herangehensweise an ein zu lösendes Problem. Gutes Design muss heutzutage die drei Dimensionen der Nachhaltigkeit – das soziale, das ökologische und das wirtschaftliche – über die gesamte Wertschöpfungskette des Produktes einbeziehen und mit wenig Ressourceneinsatz einen möglichst großen Nutzen für alle Beteiligten erzielen.

Auf der Suche nach ästhetischer Unterwäsche, die gleichzeitig ihren Ansprüchen an ethisch faire Produktionsbedingungen und nachhaltige Materialien genügen sollte, wurde die Stuttgarterin Corinna Borucki nicht fündig und beschloss daraufhin, ihr eigenes Label zu gründen. Mit Coco Malou bietet sie nun Dessous an, deren Hauptstoff, ebenso wie bei der Bettwäsche aus Eukalyptus, das zellulosebasierte Lyocell ist. Der unter dem Markennamen Tencel vertriebene Stoff des österreichischen Unternehmens Lenzing wird für das Label in Portugal zu Unterwäsche weiterverarbeitet, wobei auf soziale Standards, gerechte Bezahlung und faire Arbeitsbedingungen geachtet wird.

coco-malou.com

38 SITZBEZÜGE AUS BAUMRINDE

Das »Tuch der Könige« ist eines der ältesten Textilien der Menschheitsgeschichte. Eine deutsch-ugandische Kooperation führt den Stoff ins 21. Jahrhundert.

Vor dem Verspinnen und Weben von Fasern waren in vielen frühzeitlichen Kulturen Textilien aus Baumrinde sehr geschätzt und weit verbreitet. So auch die Rinde der ostafrikanischen Natalfeige, die jedes Jahr geerntet werden kann, ohne dass der Baum davon Schaden nimmt. Nach dem Abschälen wird der ganze Baum mit Bananenblättern umwickelt, damit der Stamm nicht austrocknet. Die abgeschälten Rindenstücke werden in heißem Wasser eingeweicht und mit Rundhölzern geschlagen, um sie geschmeidig zu machen. Dieser Prozess wird mehrmals wiederholt. Dabei entstehen Tücher, die durch wiederholtes Klopfen weicher, dünner und größer werden.

Dieses Rindentuch, das in früheren Zeiten ausschließlich Monarchen vorbehalten war, wurde in einer deutsch-ugandischen Kooperation zu einem Material namens Barktex weiterentwickelt. Es kann mit seinen besonderen funktionellen und ästhetischen Eigenschaften bei modischen Accessoires, Möbelfronten oder auch bei Schuhen zum Einsatz kommen. Zudem sichert die Produktion des pflanzlichen Lederersatzes die Lebensgrundlage der ugandischen Bauern und Handwerker und bewahrt eine jahrtausendealte Tradition, die mittlerweile auf der UNESCO-Liste der immateriellen Kulturgüter steht.

barktex.com

39 WINDRÄDER AUS HOLZ

Stromerzeugung mit klimafreundlichen Materialien? Nicht nur die Energie sollte möglichst emissionsarm sein, sondern auch die Anlagen, die sie erzeugen.

Die Energiewende ist ressourcenintensiv. Für den Bau von Windparks werden große Mengen an Beton, Stahl, Aluminium, Kupfer und anderer Rohstoffe benötigt, deren Herstellung ironischerweise wiederum nicht unerhebliche Mengen an CO_2-Emissionen verursacht. In der Regel ist das Lebensende eines herkömmlichen Windrads nach rund 20 bis 25 Jahren erreicht, dann muss es erneuert werden.

Doch beim schwedischen Unternehmen Modvion weht ein anderer Wind. Seine Windkraftanlagen, deren Türme aus Holz statt Stahl bestehen, reduzieren die baubedingten CO_2-Emissionen nicht nur, sondern das Holz speichert darüber hinaus große Mengen CO_2 ein. Die runden Wandelemente der Türme, im Prinzip riesige Ringe, werden aus einem Werkstoff aus Holzfurnieren gefertigt, die in gleicher Faserrichtung aufeinandergeleimt sind. Durch das besonders gute Verhältnis von Festigkeit zu Eigengewicht und die Modulbauweise können sie weiter in die Höhe wachsen als Stahltürme. Und je höher das Windrad, desto höher die Energieausbeute. Eine witterungsbeständige Beschichtung macht die Holztürme ebenso dauerhaft wie ihre Pendants aus Stahl. Nach der erfolgreichen Inbetriebnahme des ersten Prototyps ist nun eine Anlage mit 150 Metern Höhe im Bau und Anlagen von bis zu 240 Metern in Planung.

In Österreich wird derweil eine Kleinwindkraftanlage erprobt, deren Rotor aus Hanf gefertigt ist. Aus dem Öl der Pflanze wurde ein Harz hergestellt, das mit Hanffasern einen robusten naturfaserverstärkten Kunststoff bildet. Als Alternative zu Rotoren aus Glasfasern, Carbon und erdölbasiertem Harz soll deren Entsorgung nach Ende der Nutzung weniger problematisch sein und wesentlich weniger fossiles CO_2 emittieren.[58]

modvion.com

40 RUCKSACK AUS PAPIER

Papier ist nicht gleich Papier, sondern kann je nach Sorte auch weit abseits vom Schreibtisch Anwendung finden: Das bayerische Unternehmen Papero benutzt Kraftpapier als Grundstoff für Taschen und Rucksäcke.

Wie sehr die Verfügbarkeit und die Eigenschaften eines Materials unsere Kultur prägen können, sieht man an der Geschichte des Papiers. Bis ins Spätmittelalter nutzte man Pergament als Schreibmaterial, also bearbeitete Tierhäute, die zwar dauerhaft und edel, aber auch extrem teuer waren: Allein für die Herstellung einer einzigen Bibel wurde die Haut von rund 250 Kälbern benötigt.[59] Mit dem Aufkommen neuer Methoden zur Papierherstellung aus Naturfasern, insbesondere aus alter Kleidung, konnte ab dem 15. Jahrhundert Papier wesentlich günstiger und in guter Qualität hergestellt werden. Es eignete sich zudem besser für den fast zeitgleich aufkommenden Buchdruck und leistete somit einen entscheidenden Beitrag für die Verbreitung des Wissens und die damit einhergehende Renaissance und die Aufklärung.

Im 19. Jahrhundert führte die gestiegene Nachfrage nach günstigerem Papier für Druckerzeugnisse und besonders Tageszeitungen zu einer weiteren wichtigen Innovation: der Entwicklung von Papier aus Holzschliff. Die durch Schleifen gewonnenen Fasern von Nadelhölzern machten Papier schnell zum billigen Massenprodukt. Es entstand sogar ein eigenes Genre der Trivialliteratur, welches den Namen des Rohstoffs trägt: Pulp Fiction. Die kurzweiligen, fiktiven Geschichten, die auf dünnem, wenig reißfesten und schnell vergilbendem Holzschliff (Englisch *pulp*) gedruckt wurden, waren als billige Einwegware konzipiert, die nach einmaligem Lesen weggeworfen werden konnten.

Dem gegenüber steht das Kraftpapier, eine der widerstandsfähigsten und stärksten der rund 3.000 Papiersorten. Dieses wird ebenfalls aus Nadelholz gewonnen, meist aus Fichten oder Kiefern, allerdings nicht durch einen Schleifprozess, sondern durch mechanische und chemische Aufschlüsselung der Holzbestandteile. Das Lignin im Holz wird dabei ausgewaschen und zurück bleiben fast nur noch Zellulosefasern, die dem Papier eine hohe Festigkeit verleihen. Auch auf die meisten Füllstoffe wird verzichtet, denn anders als bei grafischen Papieren ist der Hauptzweck des Kraftpapiers nicht das Beschreiben oder das Bedrucken. Seine Stärke kann das Material als reißfeste Verpackung, Einkaufstüte, Schmirgelpapier oder als Decklage für Wellpappe ausspielen.

Bei Papero entstehen aus Kraftpapier Rucksäcke, Geldbörsen und Taschen. Um beim Einsatz als Rucksack auch gegenüber Feuchtigkeit zu bestehen, wird der Zellstoff mit Naturlatex gemischt und somit imprägniert, wodurch das Material einerseits noch robuster und andererseits ähnlich verarbeitbar wie andere Textilien wird.

papero-bags.de

41 GEWACHSENE STÜHLE AUS WEIDE

Bis dieses Sitzmöbel »ausgewachsen« ist, kann es schon mal ein paar Jahre dauern – aber gut Ding will eben Weile haben.

Die Firma Fullgrown aus Großbritannien verwendet bei der Herstellung ihrer Möbel eine Produktionskomponente, die heutzutage viel zu oft vernachlässigt wird: die Zeit. Denn diese Möbel wachsen über mehrere Jahre direkt in die gewünschte Form – ähnlich den baubotanisch angelegten Gebäuden, den lebenden Brücken oder den Tanzlinden, die im vorigen Kapitel vorgestellt wurden.

Fullgrown verwendet hauptsächlich Weiden als Ausgangsbasis, die durch Bindungen und Hilfsgestelle in die gewünschte Form, zum Beispiel eines Stuhls, gebracht werden, über die Zeit gedeihen und sich stabil ineinander verwachsen. Damit wollen Alice und Gavin Munro an der Schnittstelle von Produktdesign, Kunst, Handwerk und Nachhaltigkeit zum Nachdenken über den Umgang mit Alltagsobjekten und deren Herstellungsprozesse anregen. Die Fertigung bezeichnen sie als »Carbon Sink 3D-Printing«, weil einerseits während des Wachstums im Holz Kohlenstoff für lange Zeit gespeichert wird. Andererseits erinnert der Akt dieser künstlichen Formgebung an die additive Fertigung mittels 3D-Druck, wo das benötigte Material Schicht für Schicht – beim Baum Jahrring für Jahrring – aufgetragen wird.

Die Zeitkomponente ist in der »biobasierten Fabrik« jedoch von entscheidender Bedeutung: Ein Stuhl benötigt circa sechs bis neun Jahre zum Wachsen, dann wird er »geerntet«, also von seinen Wurzeln abgetrennt. Ein weiteres Jahr vergeht, in dem das an das Design der klassischen Shaker-Stühle angelehnte Gebilde trocknet und anschließend bearbeitet werden kann. Von den etwa 50 gefertigten Stühlen pro Jahr werden mittlerweile etliche als geschätzte Sammlerstücke in namhaften Museen der Welt ausgestellt.

fullgrown.co.uk

42 GLAS AUS HOLZ UND ZITRONE

Biobasiertes Zitronen-Acrylat aus Reststoffen der Fruchtsaftindustrie verhilft Holz zu Transparenz und Festigkeit.

Seit mehreren Jahren forschen Wissenschaftler der Königlich Technischen Hochschule Stockholm gemeinsam mit dem schwedischen Wallenberg Wood Science Center Schweden an der Entwicklung von lichtdurchlässigen Scheiben auf Basis von Holz. Dazu wird zunächst das lichtabsorbierende, dunkelbraune Lignin herausgelöst, das in den Zellwänden des Baums für die Verholzung und die Druckfestigkeit sorgt. Diesen Prozess sieht man in ähnlicher Form bei vergrauten Holzfassaden, bei denen mit der Zeit das Lignin durch die UV-Strahlung zersetzt und von der Witterung ausgewaschen wird.

Bei den lichtdurchlässigen Scheiben wurde das Holz bewusst »de-lignifiziert« und die freien Zellräume wurden anschließend mit Kunststoff wieder aufgefüllt. Dadurch entstanden transluzente Scheiben, die wie Milchglas zwar lichtdurchlässig, aber undurchsichtig waren. In weiteren Versuchen wurden die Zellwände des Holzes statt mit einem erdölbasierten mit einem biobasierten Kunststoff aufgefüllt. Dieses Zitronen-Acrylat ist bedeutend nachhaltiger, da es aus Zitronenschalen gewonnen werden kann, die in der Fruchtsaftindustrie als Abfall anfallen. Zudem hat es weitere Vorteile: Es verbindet sich sehr gut mit der Holzstruktur, ist transparenter und gleichzeitig druckfester. Dadurch weist das experimentelle »Holzglas« nun eine optische Durchlässigkeit von über 90 Prozent auf und kann theoretisch wegen seiner hohen Stabilität sogar für tragende Zwecke eingesetzt werden.

KTH
VETENSKAP
OCH KONST
KTH
VETENSKAP
OCH KONST
KTH
VETENSKAP
OCH KONST

43 URNEN AUS ÄSTEN

Auch der Tod kann nicht nur nachhaltiger, sondern auch ein wenig persönlicher mit nachwachsenden Rohstoffen gestaltet werden.

Einen geliebten Menschen zu verlieren, stellt einen der emotionalsten Momente in unserem Leben dar. Das Kärntner Unternehmen Edelzweig bietet durch seine personalisierten Urnen und Erinnerungsstücke eine Möglichkeit der einzigartigen Verabschiedung. Dazu werden etwa Marillenäste aus der Wachau oder Eichenäste aus dem Salzkammergut genutzt, es können aber auch Äste vom Lieblingsbaum des Verstorbenen, beispielsweise aus dessen Garten, verwendet werden. Dieses Stück Heimat kann zur Verabschiedung mitgegeben werden und stellt einen persönlichen Bezug her.

Für die Urnen werden natürliche Rohstoffe wie Zirbenholz, Naturharz und Bienenwachs verwendet, sodass im Falle einer Erdbestattung keine künstlichen Stoffe ins Erdreich gelangen. Der Teil des Holzes, der dabei direkt von den Kunden stammt, wird in einem eigens entwickelten Verfahren innerhalb kurzer Zeit getrocknet, um eine zeitnahe Fertigung der Urnen zu ermöglichen.

Aufgrund ihrer unregelmäßigen Form sind Äste oftmals weniger interessant für die Holzverarbeitung, finden aber in diesem Fall eine gute Verwendung. Mittlerweile bietet Edelzweig auch Urnen aus heimischen Rindenpartikeln und anderen Rest- oder Nebenprodukten aus der Holzverarbeitung an.

edelzweig.at

44 MINIMALSCHUHE AUS PAPIER

Darf's ein bisschen weniger sein? Dieses reduzierte Schuhkonzept nutzt japanisches Spezialpapier, um unsere Füße möglichst wenig einzuengen.

Das Washi-Papier hat eine lange Tradition in der japanischen Kultur und viele verschiedene Einsatzzwecke. Die bekanntesten dürften die Faltkunst Origami, die japanische Kalligrafie und die als Shōji bezeichneten Raumtrennwände sein.

Zwar wird das Papier bei uns oft als »Reispapier« bezeichnet – ein Sammelbegriff für Papiersorten aus dem fernöstlichen Raum –, allerdings kommen bei der Herstellung keinerlei Bestandteile der Reispflanze zum Einsatz. Das außerordentlich reißfeste Washi wurde früher von Hand aus den Fasern des Maulbeerbaums und der Gampipflanze (japanisch: »Papierbaum«) hergestellt. Ein stärkereicher Schleim aus Pflanzen (»Neri«) verleiht den Fasern eine höhere Reißfestigkeit und steift das Papier. Dies war eine klassische Winterarbeit der Bauern, wenn die Kälte verhinderte, dass Mikroorganismen die frischen Fasern zu schnell abbauten. Traditionelles Washi-Papier wird immer noch auf diese Weise hergestellt und liefert den Bauern ein Nebeneinkommen in der kalten Jahreszeit.

Bei den Minimalschuhen des Unternehmens Wildling aus dem Bergischen Land kommt als Obermaterial maschinell hergestelltes Washi zum Einsatz, das die Fasern des Manilahanfs (Abacá) zur Grundlage hat. Das Papier wirkt von Natur aus antibakteriell und erzeugt wenig Reibungswärme, was besonders bei direktem Hautkontakt angenehm ist. Die Einlegesohle der federleichten Treter ist ebenfalls biobasiert und besteht aus einem Hanf-Flachs-Vlies.

wildling.shoes

45 KAUGUMMI AUS KIEFERNHARZ

Es ist bizarr: Wir sorgen uns um das Mikroplastik aus der PET-Flasche oder den Borsten der Zahnbürste, kauen aber freiwillig auf Erdöl herum.

Ein weiteres Beispiel dafür, dass Wälder mehr liefern können als nur Holz: Einige Baumarten bilden bei äußeren Verletzungen klebriges Harz, das die Wunde verschließt und Schädlinge abwehrt. Seit Jahrtausenden nutzt die Menschheit Baumharz als natürlichen Klebstoff, zur Wundbehandlung oder als Grundstoff in der Ölmalerei.

Auch als Kaugummi diente Baumharz über Jahrhunderte hinweg. Bei den alten Griechen und Römern war Mastix, das wohlriechende Harz eines Pistaziengewächses, sehr beliebt. Heutzutage aber bildet Erdöl in Form von Polyisobutylen und Polyvinylacetat die Basis dafür. Dieses ist nicht nur gesundheitlich fragwürdig, sondern stellt vermehrt ein Umweltproblem dar, weil die Kaugummis oft in der Natur landen und sie sich nur langsam zersetzen.

Ein Wiener Unternehmen hat dazu nun eine biologisch abbaubare Alternative entwickelt, die komplett aus nachwachsenden Rohstoffen besteht. Aus dem Harz der Schwarzkiefer, Bienenwachs und Birkenzucker haben die beiden Studentinnen Claudia Bergero und Sandra Falkner noch während ihres Studiums den natürlichen Alpengummi entwickelt. Kiefernharz ist seit jeher in der Volksmedizin wegen seiner ätherischen Öle und antibakteriellen Eigenschaften hoch geschätzt und wurde lange Zeit als »Kaupech« verwendet. Diese Tradition wurde aufgegriffen und auf innovative Weise neu interpretiert. Das Unternehmen arbeitet mit einem der letzten Pechsammler oder »Harzer« Österreichs zusammen, der durch Anritzen des Stammes mehrmals im Jahr die Harzperlen erntet.

alpengummi.at

46 FAHRRADTEILE AUS HOLZ

»Wer sein Rad liebt, der biegt!« ist das Motto eines Salzburger Start-ups, das mit gebogenen Anbauteilen aus dem Drahtesel einen Holzesel macht.

Zwar war schon das erste Laufrad von Carl Freiherr von Drais, die Draisine, aus Holz gebaut, jedoch wurde das Material im Rahmenbau von Stahl, Aluminium und Carbon abgelöst. Heutzutage erfreuen sich Fahrräder aus leichten, aber stabilen nachwachsenden Materialien wie Bambus oder laminiertem Holz zunehmender Beliebtheit. Neben ganzen Fahrrädern aus Holz können auch Anbauteile für Fahrräder aus Holz hergestellt werden.

Das Salzburger Start-up Benderei nutzt dabei das Verfahren des Holzbiegens, um mit handwerklichem Geschick und dem Wissen um Holzeigenschaften das Eschen- oder Nussholz in die gewünschte Form zu bringen. In der eigens entwickelten Dampfkammer werden die Werkstücke erhitzt, wobei das im Holz enthaltene Lignin erweicht. Dadurch kann das Material wesentlich weiter als im kalten Zustand gebogen werden, ohne zu brechen. Das runde Werkstück muss anschließend in der Form getrocknet werden und ist danach im kalten Zustand dauerhaft verformt.

Diese Bugholzmethode wurde schon beim antiken Schiffsbau eingesetzt und erlangte durch die Bugholzstühle von Thonet im 19. Jahrhundert weltweite Bekanntheit. Neben Schutzblechen – oder besser gesagt Schutzhölzern – werden in der Benderei auch ergonomisch geformte Holzsattel oder Trinkflaschenhalter hergestellt.

benderei.com

47 ENERGIESPEICHER AUS LIGNIN

Statt seltener Erden aus Übersee heimischen Kohlenstoff für die Herstellung von Batterien nutzen? Ein bayrisches Unternehmen will so unsere Energiespeicher revolutionieren.

Immer mehr mobile Geräte benötigen immer mehr elektrische Energie in Form von Batterien und Akkus, doch die Umweltbilanz dieser Energiespeicher fällt nicht sonderlich positiv aus. Als leistungsfähiger Alleskönner hat sich in den letzten Jahren die Lithium-Ionen-Technologie etabliert, die in Laptop-Akkus, bei E-Autos oder als Stromspeicher in der Photovoltaik eingesetzt wird. Hinsichtlich sozialer und ökologischer Aspekte steht die Verwendung von Lithium jedoch stark in der Kritik: Seine Gewinnung verbraucht enorm viel Wasser, für seine Reinigung werden giftige Chemikalien verwendet und der Abbau in Südamerika passiert oft illegal und unter fragwürdigen Arbeitsbedingungen.

Das Unternehmen CMBlue aus dem unterfränkischen Alzenau hat eine Technologie entwickelt, die statt Konfliktrohstoffen organischen Kohlenstoff als Stromspeicher einsetzt. Angefangen hat es mit dem im Holz enthaltenen Lignin, das vor allem in der weltweiten Papierproduktion zu über 60 Millionen Tonnen im Jahr anfällt. Denn das Biopolymer, was die Zellulosefasern im Holz verkittet, macht rund ein Drittel der Zellwandsubstanz aus und muss aus der Zellstoffpulpe ausgewaschen werden, da das Papier sonst stark vergilben würde. Bislang wird es kaum weiterverwendet, sondern meist verbrannt, in Zukunft könnte es aber viele Erdölprodukte ersetzen.

Die organischen Redox-Flow-Batterien von CMBlue funktionieren mit flüssigen biologischen Elektrolyten. Statt in der Flüssigkeit Metallionen einzusetzen, um die elektrische Leitfähigkeit zu gewährleisten, werden organische Kohlenstoffmoleküle eingesetzt, bei denen – anders als bei Lithium – kein Risiko der Selbstentzündung besteht, die eine hohe Lebensdauer haben und sogar wiederverwendbar sind.

Dieser Batterietyp, der vor allem für große stationäre Energiespeicher gedacht ist, zeigt, dass wir auch im Energiebereich von einer Materialwende profitieren können. Das Unternehmen arbeitet nun in einem Pilotprojekt daran, das österreichische Burgenland bis zum Jahr 2030 energieautark zu machen, und baut dort eine Speicherkapazität von 300 Megawattstunden auf.

cmblu.com

48 DÄMMSTOFF AUS RINDENEXTRAKT

Träume sind Schäume? Biobasierte Schäume aus Tannin können zum Traum vom erdölfreien Hausbau beitragen.

Dass wir bestimmte Substanzen aus dem Holz extrahieren und uns zunutze machen, ist keine Erfindung der Neuzeit. Ein bekanntes Beispiel ist das Pech – ein Gemisch verschiedener organischer Verbindungen, das durch Auskochen und Destillieren aus Birken, Kiefern oder Fichten gewonnen wurde. Steinartefakte aus dem oberen Arnotal in Italien zeigen, dass Birkenpech bereits in der Mittelsteinzeit vor 200.000 Jahren als Kleber eingesetzt wurde.[60] Es kann somit als erster Kunststoff der Geschichte gelten. Im Schiffsbau war die schwarze, zähe Masse als wasserfester Anstrich und Dichtmittel lange Zeit unersetzlich, mit Pech wurden Brandpfeile oder brennbare Wurfgeschosse hergestellt und Werkzeug verklebt. Heutzutage haben wir dafür eine Vielzahl anderer Stoffe auf fossiler Basis, das Wort Pech ist aber in unserem Sprachgebrauch verblieben. Der berühmte »Pechvogel« geht auf Jagdpraktiken im Mittelalter zurück: Wenn ein Vogel am mit Pech bestrichenen Ast kleben blieb, so »hatte er Pech«.

Ein anderer Stoffkomplex, der aus dem Holz und der Rinde von Bäumen extrahiert werden kann, sind Tannine. Die Bitterstoffe finden sich in Eichen, Birken oder Kastanien und dienen als natürlicher Abwehrschutz gegen Schädlinge. Auch in Wein, Tee und Beeren ist Tannin enthalten und sorgt für die Adstringenz, also das raue und pelzige Gefühl auf der Zunge nach dem Verzehr. Tannine aus Eichenrinde werden schon seit Jahrhunderten als Gerbstoff in der Lederherstellung eingesetzt, weil sie das Leder dauerhaft haltbar machen. Da sie besonders reaktiv sind und sich gut mit anderen Molekülen verbinden können, sind sie als chemischer Grundstoff höchst interessant.

An der Fachhochschule Salzburg beschäftigt sich Doktorand Thomas Sepperer mit dem Extraktstoff und erforscht sein Potenzial als Dämmmaterial. Dafür müssen die Tannine zunächst aus der Rinde ausgekocht, von Verunreinigungen befreit und das Wasser verdampft werden. Das Tanninpulver kann dann durch die Zugabe von Seife, Wasser und Furfurylalkohol, der aus Mais gewonnen wird, aufgeschäumt werden. Mittels Hitze wird der Schaum gefestigt. Der so entstehende biobasierte Dämmstoff verfügt über gute isolierende und feuerresistente Eigenschaften. Ziel ist es, dass Dämmstoffe aus Tannin in Zukunft erdölbasierte Schäume im Hausbau ersetzen, etwa Polyurethan, den klassischen »Bauschaum«, der gesundheitsschädliche Isocyanate enthält.

smartmaterials.at

49 TEXTILIEN AUS LAUBHOLZ

Dank moderner Lasertechnik wird sperriges Holzfurnier zum edlen Textil für die Modebranche oder den Fahrzeugbau.

Unser Wald ist im Klimastress: Trockenere Sommer, häufigere Extremwetterereignisse und vermehrter Schädlingsbefall sind nur einige Beispiele, mit denen der Wald aktuell zu kämpfen hat. Die Standortbedingungen für Bäume in unseren Breiten ändern sich rapide und dadurch verlieren sie an Vitalität, weisen zunehmend Schadsymptome auf oder sterben ganz ab. Der Waldumbau soll durch gezielte forstliche Maßnahmen die Waldökosysteme zukunftsfähig machen. Auf lange Sicht sollen dadurch naturnahe, artenreiche Mischwälder entstehen, die besser mit den klimatischen Veränderungen umgehen können.

Für die Holznutzung heißt das, dass die wirtschaftlich wichtigen Nadelbaumarten Fichte, Tanne und Kiefer an Bedeutung verlieren und dafür Laubholzarten wie Buche, Eiche oder Kastanie wichtiger werden. Zwar wächst Laubholz weniger schnell als die Nadelhölzer, allerdings weisen Laubhölzer eine höhere Dichte und somit auch Festigkeit auf, die andere Verwendungen zulassen.

Der deutsche Hersteller Nuo nutzt verschiedene Laubhölzer wie Esche, Buche, Eiche oder Nussbaum, um aus dem harten Holz ein höchst geschmeidiges und edles Oberflächenmaterial zu machen. Dazu wird dünnes Furnier, nur 0,5 Millimeter stark, mit einem Trägermaterial aus Baumwolle, Vlies oder Mikrofaser verbunden. Das Holz wird anschließend auf seiner Oberfläche mit einer feinen Lasergravur überzogen, sodass es biegsam und flexibel wird. Je nach Tiefe und Muster der Gravur, kann der Holz-Textil-Verbund dabei optisch wie funktional unterschiedlich eingesetzt werden – auch dort, wo bisher Leder oder Kunstleder zum Einsatz kam, etwa bei Polstermöbeln, Autointerieurs oder Innenräumen.

nuo-design.com

50 HOCKER AUS KASTANIENSPAN

Anstatt einem Flechtmaterial aus Kunststoff nutzt dieser Hocker organisches Material und eine smarte Tragstruktur.

Dieses 700 Gramm leichte Möbel (in der Weidenvariante nur 300 Gramm) ist das Ergebnis der Masterarbeit von Susanne Kraus, die dafür mit dem Bayrischen Staatspreis für gestaltendes Handwerk ausgezeichnet wurde. Ausgangspunkt des Projekts war die Frage, wie interkulturelle Kooperationen im Designbereich aussehen und verbessert werden könnten.

Um eine Antwort auf diese Frage zu finden, verbrachte die Designstudentin der FH Salzburg mehrere Monate in der Türkei, wo sie die traditionellen Flechttechniken des Landes kennenlernte. In enger Zusammenarbeit mit einem türkischen und einem deutschen Flechtmeister entwickelte sie nicht nur eine kulturübergreifende neue Herstellungsmethode, sondern auch eine spezielle Hilfskonstruktion, die diese Art von Hocker erst möglich macht. Im Gegensatz zum klassischen Tabure-Hocker aus der Türkei werden hierbei die Pflanzenruten nicht verflochten, wie etwa beim Einkaufskorb aus Weide, sondern um die Hilfskonstruktion gewickelt. So kann nicht nur der Hocker in kurzer Zeit gefertigt werden, sondern auch andere Möbel. Neben der Weide kommt auch das Holz der Kastanie zum Einsatz, das im Vergleich zu anderen Laubhölzern eine besondere Kombination von Belastbarkeit und Elastizität aufweist.

Der Clou an diesem Sitzmöbel liegt aber nicht nur im verwendeten Material und der Verarbeitung, sondern auch in der gewählten Form: Die intelligente Geometrie orientiert sich am einschaligen Hyperboloid; man kennt diese Form aus der Architektur von Kühltürmen an Kraftwerken. Weil er mathematisch komplett aus Geraden konstruiert werden kann und gleichzeitig eine besonders hohe Stabilität bei geringem Gewicht ermöglicht, hält dieser Hocker Belastungen von bis zu 160 Kilogramm aus.

susannekraus.de

51 SKATEBOARD AUS KORK

Das Beste beider Welten: Die Kombination aus Kork und Flachs verbindet zwei Materialien zu einem nachhaltigen Superwerkstoff.

Verbundwerkstoffe kombinieren die Eigenschaften von verschiedenen Materialien, um die Nachteile des einen Werkstoffs durch die Vorteile des anderen auszugleichen. Dies ist auch bei Hardcork der Fall, einem Material aus Kork, Naturfasern und Harzen. Die Idee dazu stammt von dem leidenschaftlichen Skater und Surfer Rouven Brauers, der schon mit 15 Jahren anfing, eigene Surfboards zu bauen, und Kork als nachhaltiges Leichtbaumaterial für sich entdeckte.

Kork ist in der Tat ein faszinierendes Material: Die Außenhaut der Korkeiche verfügt über eine wabenartige, luftgefüllte Membranstruktur mit etwa 40 Millionen Zellen pro Kubikzentimeter, die dem Kork nicht nur seine Leichtigkeit verschafft, sondern auch die Fähigkeit, Stöße und Schläge sehr gut abzufedern. Für seine Gewinnung muss der Baum nicht etwa gefällt werden, sondern der Stamm kann alle 9 Jahre abgeschält werden. Da das Korkgranulat aber in herkömmlichen Verbundwerkstoffen nicht für die enormen Kräfte beim Skaten oder Surfen ausgelegt war, entwickelte Rouven einen Verbundwerkstoff, den man sich wie ein Sandwich vorstellen kann: Die leichte Mittellage bildet das mit Harz gebundene Korkgranulat, die äußeren Decklagen bestehen aus reißfesten Naturfasern wie Wolle, Flachs oder Hanf, die das Board zusammenhalten.

Überall dort, wo es auf die effiziente Verbindung von geringem Gewicht mit hoher Festigkeit ankommt, kann das Material verwendet werden, zum Beispiel als Formteil im Fahrzeugbau. Durch mechanische Zerkleinerung oder das Aufschmelzen der Harze können die Produkte wieder zu neuem Granulat verarbeitet und somit wiederverwertet werden.

hardcork.com

52 4D-DRUCK MIT HOLZFILAMENT

Auch ohne eingebauten Chip sind diese Materialien smart: Intelligente Werkstoffe können selbstständig auf ihre Umgebung reagieren.

Die Bionik erforscht, wie wir Mechanismen aus der Natur in technischen Anwendungen kopieren können. Ein Beispiel dafür, wie die Intelligenz der Pflanzen als Inspiration für Produktentwicklungen genutzt werden kann, ist der Klettverschluss: So wie Haken der Klettfrüchte sich im Fell von vorbeilaufenden Tieren oder unserem Pullover einhaken, macht es der Schuhverschluss mit seinen zwei komplementären Seiten. Es ergibt Sinn, Naturprinzipien mithilfe der Naturwissenschaften zu ergründen und als Ideengeber für unsere technischen Entwicklungen zu nutzen – schließlich hat die Evolution in diesen Konzepten schon Millionen von Jahren Entwicklungsvorsprung, bevor wir überhaupt die erste Idee auf dem Zeichenbrett haben.

Auch dieses Beispiel des 4D-Drucks mit Holzfilament ist bioinspiriert, denn es kopiert einen Mechanismus, den wir von Tannen- oder Fichtenzapfen kennen. Deren Schuppen reagieren auf Feuchtigkeit in der Luft. Bei Nebel oder Regen bleiben sie geschlossen, bei trockenem Wetter öffnen sie sich und geben ihre Samen frei, damit diese vom Wind möglichst weit getragen werden.

Anders als beim 3D-Druck kommt beim 4D-Druck die zeitliche Komponente als vierte Dimension hinzu. Das mag abstrakt klingen, heißt aber nur, dass sich das 3D-gedruckte Objekt mit der Zeit unter bestimmten Bedingungen (zum Beispiel bei Einwirkung von Feuchtigkeit) in seiner Form ändert. Beim Druckvorgang wird das Objekt mit wechselnden Druckrichtungen versehen, wodurch beim Kontakt mit Feuchtigkeit innere Spannungen auftreten, die das Objekt verformen. Diese Verformung ist reversibel, das heißt, bei weniger Feuchtigkeit geht das Objekt in seine ursprüngliche Form zurück.

Stefan Kain, Doktorand an der FH Salzburg, untersucht die Anwendungsmöglichkeiten dieser Technologie und nutzt Filamente für den 4D-Druck, die aus Holzfasern und biobasierten Polymeren bestehen. Mit mathematischen Modellen kann die Verformung der Objekte unter wechselnden Umgebungsbedingungen simuliert werden, sodass innovative Gebäudeelemente wie sich selbsttätig öffnende Lüftungsklappen aus dem intelligenten Material entstehen können.

smartmaterials.at

53 TINYHOUSE AUS PAPPE

Als Co-Working Space im Grünen, Rückzugsort im eigenen Garten oder stille Wochenendzuflucht: Diese Häuser sind alles andere als schief gewickelt.

Wir kennen Wellpappe als leichtes, aber dennoch stabiles Verpackungsmaterial, das auch schon in modernen Möbelserien zum Einsatz kam. Die Wikkelhäuser aus den Niederlanden machen Pappe nun zum vollwertigen Baumaterial.

Das Prinzip ist denkbar einfach: Für ein Haus werden mehrere vorgefertigte Module mit einem Rauminhalt von je 5 Kubikmetern auf der Baustelle miteinander verbunden. Hergestellt werden diese Module – wie der Name schon sagt – in einem Wickelverfahren. Wie bei einer Spule wird eine Grundkonstruktion aus Holz an einer riesigen Maschine um die eigene Achse gedreht. Dabei werden 24 Lagen Wellpappe dicht um die Konstruktion gewickelt, welche die Außenhaut des Moduls bilden und dank ihrer vielen Hohlräume gute Dämmeigenschaften aufweisen. Die Zwischenräume in der Konstruktion werden mit Flachsfasern gedämmt und nach innen mit Sperrholzplatten geschlossen. Eine atmungsaktive, aber wasserabweisende Membran aus Polypropylen schützt die Wellpappe und eine Fassade aus Holz schließt das Wikkelhaus nach außen ab.

Bautechnisch interessant ist, dass die Häuser kein Fundament benötigen, sondern nur auf einer Unterkonstruktion montiert werden. Da alle Einbauten wie Fenster und Türen bereits in den Elementen integriert sind, ist das Minihaus in der Regel schon nach einem Tag schlüsselfertig und kann ab dann verschiedensten Nutzungen dienen: als Arbeitsraum im eigenen Garten, Gästehaus für Besucher oder voll ausgestattetes Tinyhouse zum Leben.

wikkelhouse.com

54 STÄDTE AUS HOLZ

Ob in der rustikalen Hütte auf dem Land oder im Hightech-Holzturm einer Weltmetropole: Der »zweite Wald« speichert Kohlenstoff und schützt unser Klima.

Um das 1,5-Grad-Ziel zu erreichen, genügt es nicht, einfach nur unseren Kohlenstoffausstoß zu reduzieren. Es muss gleichzeitig überschüssiges CO_2 der Atmosphäre entzogen und anderswo langfristig eingelagert werden. Das kann man mit hochtechnologischen Verfahren machen – oder aber mit Bäumen. Diese biologischen »Kohlenstoffstaubsauger« lagern das atmosphärische CO_2 in ihrem Holz auf Dauer ein. Somit ist die Aufforstung von Wäldern eine wunderbar simple Maßnahme, um Kohlenstoffsenken zu schaffen. Mit der Zeit stellt sich im Wald ein Gleichgewicht zwischen Kohlenstoffeinlagerung und -freisetzung ein, weil absterbende Bäume verrotten und damit wieder das Treibhausgas freisetzen. Wenn wir aber das Holz in langlebigen Produkten nutzen, beispielsweise einem Holzhaus, ist es dort über mehrere Jahrzehnte oder gar Jahrhunderte gespeichert. Für das entnommene Holz aus dem Wald werden dort wieder neue Bäume aufgeforstet, die der Atmosphäre weiteres CO_2 entziehen.

Hans-Joachim Schellnhuber, einer der renommiertesten Klimaforscher weltweit, will genau diese langfristige Kohlenstoffspeicherung in Gebäuden aus Holz vorantreiben und Städte damit zu gigantischen urbanen Kohlenstoffspeichern machen. Um den Bau von neuem Wohnraum kommen wir nicht herum – schließlich müssen bis zum Jahr 2050 zwei Milliarden Menschen mehr ein Dach über dem Kopf haben. Mit seiner Initiative »Bauhaus der Erde« will Schellnhuber mit biobasierten Materialien das Baugewerbe nachhaltiger machen. Denn die Branche ist für ihn der »Elefant im Klimaraum«, über dessen enorme Umweltauswirkungen noch zu wenig geredet wird. Immerhin ist der Sektor Gebäude für fast 40 Prozent der weltweiten CO_2-Emissionen verantwortlich. Ein Großteil davon entsteht bei der Herstellung energieintensiver Baustoffe wie Beton oder Stahl.[61] Höchste Zeit also, den atmosphärischen Kohlenstoff mit Bäumen einzufangen und auf lange Zeit in unseren Städten zu verbauen.

Diesem Wandel kommt zugute, dass Holz ein traditionelles Baumaterial ist, mit dem unsere Vorfahren über Jahrhunderte hinweg gearbeitet haben und bei dem viel Wissen vorhanden ist. Dank neuer Verarbeitungsverfahren und Technologien ist der moderne Holzbau nun aber im Hightech-Zeitalter angekommen. Mit Brettschichtholz (BSH), einem mehrlagig verleimten Holzträger, können große Spannweiten überbrückt werden, wie sie bei Sportstätten oder im Hallenbau vorkommen. Werden Brettlagen kreuzweise aufeinandergeleimt oder gedübelt, entsteht Brettsperrholz (BSP), ein formstabiles, aber dennoch leichtes und belastbares Material für Wände und Decken, das den Bau von mehrgeschossigen Häusern erlaubt.

Bestes Beispiel dafür ist das 84 Meter hohe Holzhochhaus HoHo in Wien. Im niederländischen Eindhoven wachsen derzeit die »Dutch Mountains« in die Höhe, zwei Türme, die zum größten Teil aus Brettsperrholz bestehen und bis auf 130 Meter hinaufragen. Seine Stärke spielt Holz aber auch im großflächigen Siedlungsbau aus. Am ehemaligen Flughafen Berlin-Tegel entsteht derzeit das größte klimaneutrale Stadtviertel der Welt in Holzbauweise mit 5.000 neuen Wohnungen. Das Holz dafür stammt aus den Wäldern rund um Berlin und fördert damit die regionalen Wirtschaftskreisläufe.

hoho-wien.at

TIERE

Auch Tiere sind Bestandteil der Bioökonomie, da sie Biomasse nutzen, die für uns unverdaulich ist, und sie zu Proteinen, Fasern, Milch oder Dünger umwandeln. Die Art und Weise, wie wir mit Tieren umgehen und wie wir tierische Produkte einsetzen, muss aber neu gedacht werden. Die Bioökonomie liefert dazu eine Perspektive, die über die klassische Nutztierhaltung mit Rind, Schwein & Co. hinausgeht.

Tiere als nachwachsender Rohstoff? Der Gedanke ist nicht neu: Obwohl wir Menschen als Säugetiere im biologischen Sinn ebenso zu der Gruppe der vielzelligen Lebewesen gehören, machen wir uns seit Urzeiten ihre Dienste zunutze: Tiere nahmen uns Arbeit ab, indem sie den schweren Pflug oder den Wagen zogen, sie dienten als Fleisch, Woll-, Eier- oder Milchlieferanten, aber auch als Zahlungsmittel, Handelsgut und Rentenversicherung. Durch Jahrhunderte der Züchtung von speziellen Rassen haben wir sie sogar für unsere Zwecke optimiert. Aber auch abseits der gezielten Tiernutzung profitieren wir von unzähligen anderen Diensten der wildlebenden Tiere: Sie bestäuben Pflanzen, bekämpfen Schädlinge oder lockern den Boden.

Wieso aber wurden Tiere überhaupt so bedeutend für unsere Zivilisation? Einer der Hauptgründe ist, dass sie Biomasse verdauen können, die für uns als Nahrung nicht geeignet ist. Rinder, Schafe und Ziegen sind Wiederkäuer und können komplexe Kohlenhydrate wie Zellulose, Lignin oder Pektin, welche die Gerüstsubstanz der Pflanzen bilden, verstoffwechseln. Das mag wenig spektakulär klingen, aber die Nutzung von Tieren zur Umwandlung von Blättern, Gräsern und Sträuchern in nahrhaftes Milchprotein, Fleisch, Leder und Fette war einer der Erfolgsfaktoren der Menschheit.

Rund 80 Prozent der Biomasse auf dem Planeten sind für uns Menschen nicht essbar. Erst durch die Viehzucht konnten wir uns in Gegenden niederlassen, die ansonsten für uns keine ausreichende Lebensgrundlage boten. Man denke an karge mediterrane Hochebenen, trockene Steppen oder auch nordeuropäische Graslandschaften. Gleichzeitig entsteht bei der Produktion von Lebensmitteln ein großer Teil von nicht essbarer Biomasse. Die Tierhaltung kann dabei helfen, den Nährstoffkreislauf zu schließen: Das Stroh aus dem Getreideanbau dient der Kuh als Nahrung. Das Tier produziert neben Milch und Fleisch für uns auch nährstoffreichen Dung. Dieser wird wiederum als Dünger dem Boden zugeführt und macht die kommenden Ernten ertragreicher.

Problematischer Fleischkonsum

Mittlerweile ist sich vermutlich jeder bewusst, dass hoher Fleischkonsum nicht nur schädlich für die Gesundheit, sondern auch für den Planeten ist. Regenwälder werden für den Anbau von Futtermitteln gerodet, Kühe produzieren klimaschädliches Methangas in nicht unerheblichen Mengen, die intensive Massentierhaltung ist enorm ressourcenlastig – vom Tierwohl ganz zu schweigen. Diese Industrie hat mittlerweile absurde Ausmaße erreicht. Nur rund 4 Prozent aller Säugetiere leben in freier Wildbahn, 60 Prozent sind Nutztiere, vor allem Rinder und Schweine, die unserer Nahrungsversorgung dienen. Die restlichen 36 Prozent entfallen auf das Tier, das sich über alle anderen Tiere stellt: den Menschen.[62]

Die Konsequenz daraus ist einfach: Wir sollten unseren Verbrauch von tierischen Produkten, allen voran Fleisch, drastisch reduzieren. Die gute Nachricht: Das passiert bereits. Der Pro-Kopf-Verzehr ist in den letzten Jahren kontinuierlich gesunken. Die schlechte Nachricht: Mit 1,1 Kilogramm pro Kopf und Woche[63] ist unser Verbrauch immer noch zu hoch – und das nicht nur, weil er gesundheitlich bedenklich ist. Eine Studie der Uni Bonn zeigt, dass wir unseren Fleischkonsum um 75 Prozent reduzieren müssen, wenn wir unsere Klimaziele erreichen wollen.[64] Als Bewohner von wohlhabenden Industrienationen, die über ein reichhaltiges Angebot von anderen Nahrungsproteinen aus pflanzlichen Quellen verfügen, wären wir nicht unbedingt auf Fleisch angewiesen. Und Billigfleisch aus Massentierhaltung, das mit importierten Futtermitteln aus dem globalen Süden erzeugt wurde, sollten wir für uns vielleicht ganz ausschließen.

Fest steht aber auch, dass es die Tierhaltung gibt und sie global gesehen noch stark wachsen wird. Man geht davon aus, dass die Fleischproduktion sich bis zum Jahr 2050 um über 60 Prozent steigern wird gegenüber dem Niveau von 2010,[65] wobei dieses Wachstum vor allem in Afrika und Asien zu erwarten ist. In ärmeren Regionen der Welt, wo proteinreiche Feldfrüchte nur zu bestimmten Zeiten im Jahr zu ernten sind oder der Boden keinen ertragreichen Ackerbau erlaubt, können Tiere hochwertiges Eiweiß liefern. Ein kategorischer Ausschluss von Viehzucht könnte also die ohnehin schon schwierige Versorgungssituation in gewissen Regionen der Erde noch verschärfen.

Ungenutzte Potenziale

Solange in der Tierhaltung tagtäglich viele Tonnen Reststoffe anfallen, deren Potenzial ungenutzt brachliegt, sollten wir anfangen, diese besser zu nutzen. Wir wollen dies hier nicht aus einer ethischen Richtig-oder-falsch-Perspektive betrachten, sondern aus chemischer Sicht: Wie bei pflanzlichen Reststoffen haben wir es mit Kohlenhydraten, Proteinen und Fetten zu tun, die oftmals eine sehr gute Ausgangsbasis für eine höherwertige Nutzung bieten.

Dieses Prinzip ist nicht neu, sondert führt alte Traditionen fort. Ein bei Tischlern beliebter Klebstoff, der sogar mit Hitze wieder lösbar wird, ist Knochenleim aus ausgekochten Tierknochen. Weil er Schall besonders gut leitet, wird er immer noch im traditionellen Musikinstrumentenbau eingesetzt. Ein weiterer eiweißbasierter Biokunststoff war das Bois Durci, eine Mischung aus Holzpulver und Ochsenblut, die zu verschiedenen Objekten verpresst wurde.

Mit neuen technologischen Verfahren und einer gezielten Isolierung und Weiterverarbeitung der stofflichen Grundbestandteile ergeben sich heutzutage neue Produkte aus den Reststoffen. Aus dem Milchprotein Kasein, das schon lange zur Herstellung von ökologischen Wandfarben und Mauerputzen verwendet wird, können hautschonende Textilien hergestellt werden.[66] So kann nicht verkehrsfähige Milch, von der fast 2 Millionen Liter pro Jahr in Deutschland anfallen, höherwertig genutzt werden. Ähnlich ist es mit der Meereswirtschaft: Reste der Schalentierverarbeitung eignen sich für Kunststoffmaterialien wie beispielsweise abbaubare Verpackungen und aus Fischabfall entstehen Kacheln für den Innenraum.

Und wieso sollten wir nicht traditionelle Formen der Landwirtschaft wiederbeleben, etwa die Schafzucht in Gegenden, die durch diese Kulturform seit Jahrhunderten geprägt sind? Dadurch wird nicht nur Landschaftspflege betrieben, sondern auch die natürliche Hochleistungsfaser Wolle in einen neuen Kontext gesetzt, etwa für Funktionskleidung. Ebenso gibt es vielversprechende neue landwirtschaftliche Konzepte wie die Aquaponik, die dank geschlossener Nährstoff- und Wasserkreisläufe auf kleinem Raum die Pflanzenzucht mit der Fischzucht verbindet. Auch die Nutzung von Insekten, die 70 Prozent aller Tierarten ausmachen, wird in Zukunft eine Rolle spielen. Sie können mit Lebensmittelresten gefüttert werden und zur Herstellung von Fetten, speziellen Kohlenhydraten für die Kunststoffherstellung oder auch zur Ernährung eingesetzt werden. Und auch wenn es gewöhnungsbedürftig sein mag: Erste »Käferriegel« oder »Bugpatties« sind jetzt schon am Markt erhältlich und sind klimafreundlichere, alternative Eiweißquellen zu Schwein und Rind.

55 EIERBECHER AUS EIERN

Als Bindemittel im Bau waren tierische Proteine über Jahrhunderte beliebt. Dieses monomaterielle Projekt knüpft auf kreative Weise an diese Tradition an.

Der Sage nach rief Kaiser Karl IV. im 14. Jahrhundert seine Untertanen auf, für den Bau der Karlsbrücke Eier nach Prag zu bringen, um sie dem Mörtel beizumischen. Dieser sollte dadurch härter werden. 2008 untersuchten Wissenschaftler die Zusammensetzung der Brücke. Tatsächlich konnten im Mörtel proteinhaltige Bindemittel nachgewiesen werden. Durch die Eier, teilweise aber auch Milch und Quark, wurde der Mörtel nicht nur härter, sondern auch das Abbinden verzögert. Dadurch hatten die Maurer mehr Zeit zur Positionierung der Steinquader.

Der Designer Basse Stittgen nutzt die Bindekraft von Eiweiß und macht zudem auf einen Missstand in der Nahrungsmittelbranche aufmerksam: die Verschwendung von Lebensmitteln. Weltweit werden pro Jahr 1,5 Billionen Eier gelegt.[67] Ein großer Teil davon wird wegen falscher Lagerung, Überschreitung der Mindesthaltbarkeit oder Transportschäden entsorgt. In dem Projekt »How do you like your eggs« werden beschädigte oder wegen Qualitätsmängeln aussortierte Eier durch ein Temperaturformverfahren und ohne Additive in Eierbecher und Blumenvasen umgewandelt. Die Produkte bestehen ausschließlich aus Schalen, Eigelb und Eiweiß und demonstrieren die natürliche Klebekraft der Proteine, die – wie im Fall der Karlsbrücke – selbst Jahrhunderte überdauern kann.

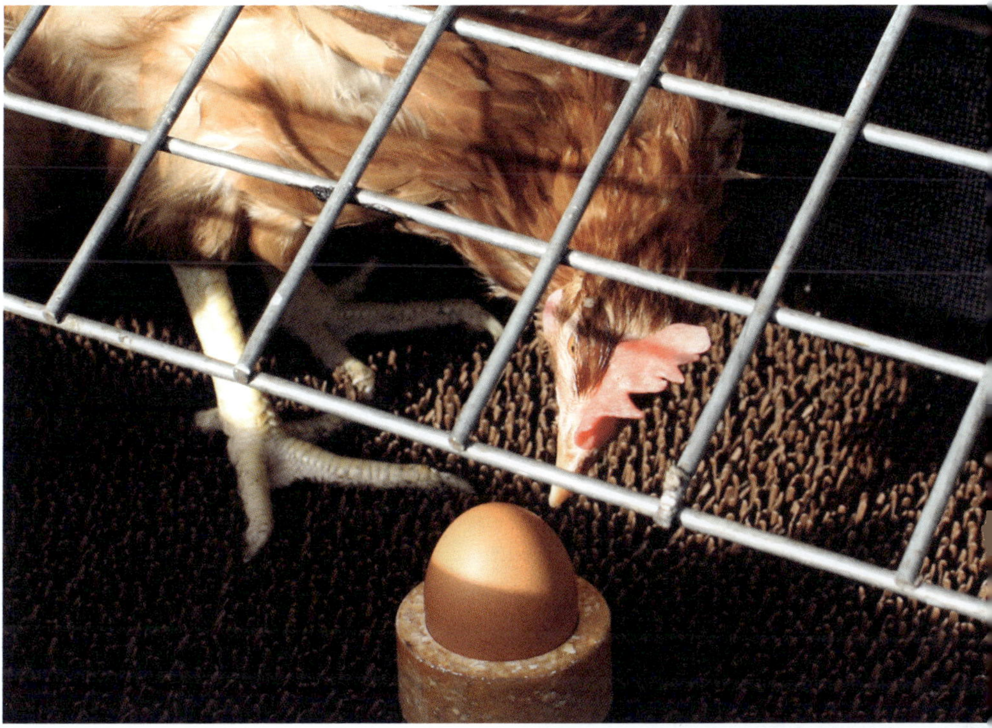

bassestittgen.com

56 SNEAKER AUS HUNDEHAAR

Auch das, was vom geliebten Vierbeiner abfällt, kann dank Crowdsourcing als leistungsfähiges Fasermaterial genutzt werden, um bequeme Treter herzustellen.

Die Designstudentin Emilie Burfeind hat ein Schuhkonzept geschaffen, das komplett auf Reststoffen basiert, customisierbar und biologisch abbaubar ist. Im Gegensatz zu den rund zwölf verschiedenen Materialien, die üblicherweise bei Sneakern zum Einsatz kommen, besteht der »Sneature« (ein Kofferwort aus »sneaker« und »nature«) lediglich aus drei Materialien: ein Obermaterial aus Hundehaar, eine Schicht aus natürlichem Gummi sowie eine Sohle aus Pilzmyzel. Durch additive Fertigungsverfahren, in diesem Fall 3D-Druck für die Sohle und 3D-Flachstricken beim Obermaterial, kann der Schuh an den Fuß des Nutzers angepasst werden.

Das verwendete Garn aus Hundehaar stammt von dem Berliner Start-up Modus Intarsia, das Crowdsourcing nutzt, um aus Hundehaar ein Textil herzustellen. Anstatt die ausgekämmte Unterwolle ihrer behaarten Vierbeiner im Restmüll zu entsorgen, können Hundebesitzer das Material dem Unternehmen schicken, das daraus ein Garn spinnt.

Wolle vom Hund ist im Grunde gar nicht so außergewöhnlich: Bereits in prähistorischen Zeiten war Hundewolle in Skandinavien, aber auch bei den nordamerikanischen Navajo-Indianern eines der wichtigsten Textilien. Heutzutage fallen in Europa jährlich schätzungsweise 500 Tonnen der Faser an, die der begehrten Angorawolle ähnelt und deshalb auch als »Chiengora« bezeichnet wird.

emil-blau.com

57 TRAGENETZE AUS HAAR

Ein ungewohnter Gedanke: Auch wir selbst sind Produzenten von nachwachsenden Rohstoffen. Eine Designerin nutzt das, was beim Frisörbesuch abfällt, um unsere Einkäufe zu transportieren.

Zwar ist Wolle auch nichts anderes als die Haare von Schafen, dennoch mag dieses Beispiel für viele eher gewöhnungsbedürftig sein. Dabei ist die Verwendung von menschlichem Haar in Perücken keine Seltenheit. Schon im viktorianischen Zeitalter war es Mode, geflochtene Kränze aus fremdem Haar als Schmuck zu tragen. Bei verschiedenen Instrumenten im südostasiatischen Raum wird Menschenhaar sogar für die Bespannung von Saiten verwendet.

Die Niederländerin Sanne Visser widmet sich diesem Naturmaterial. Mit dem Projekt »The New Age of Trichology« (Trichologie bezeichnet die Wissenschaft der Haare) will sie zu einem Umdenken bei der »Biomasse« auf unserem Kopf anregen. Zwar mag es ungewöhnlich klingen, mit einem Tragenetz aus Menschenhaar zum Einkaufen zu gehen, aber die Hornfasern sind wahre Hochleistungsmaterialien: Sie besitzen trotz ihres sehr geringen Gewichts eine sehr gute Zugfestigkeit, resorbieren Öle und isolieren unseren Kopf vor Hitze und Kälte. Ein Haar kann im Schnitt, je nach Ernährungsgewohnheiten, Lebensstil, Umwelteinflüssen und ethnischem Hintergrund der Person, etwa 100 Gramm Gewicht tragen. Ein ganzer Haarschopf würde somit theoretisch bis zu 12 Tonnen Belastung standhalten.

Die Designerin will auf die Tatsache aufmerksam machen, dass rund 6,5 Millionen Tonnen menschliches Haar allein in Großbritannien pro Jahr »produziert« werden, es aber bisher keinerlei Verwertungsmöglichkeit dafür gibt. Um das Potenzial zu demonstrieren, hat sie aus versponnenen und verflochtenen Haaren reine »Haarprodukte« hergestellt, beispielsweise Hundeleinen oder Tragetaschen, die am Ende der Nutzung kompostiert werden können. Ein Massenprodukt wird ihre Idee aufgrund der von Mensch zu Mensch stark variierenden Länge und Beschaffenheit der Fasern wahrscheinlich nicht werden. Dennoch gibt es selbst für kurze Haarfasern nützliche Verwendungszwecke. Ein Unternehmen aus San

Francisco fertigt Matten aus Haar an, die wegen ihrer guten Resorptionsfähigkeit zum Beseitigen von Öllecks eingesetzt werden.[68]

Einen wichtigen Effekt haben Projekte wie diese in jedem Fall: Die kreative Interpretation von vermeintlichen Abfällen schärft unser Bewusstsein für Reststoffe und macht uns bewusst, dass auch wir Teil des Kohlenstoffkreislaufs sind.

sannevisser.com

58 KOMPOSIT AUS SCHAFWOLLE

Die Wolle einer seltenen Schafrasse eignet sich nicht nur für Kleidung, sondern liefert Fasern, aus denen sogar Möbel entstehen können.

Das britische Unternehmen Solidwool spezialisiert sich auf Kompositprodukte, also Verbundwerkstoffe, die Schafwolle zur Basis haben. Der Einsatz von Wolle als Naturmaterial soll damit völlig neu gedacht werden und zeigen, dass die Verwendung weit über die Nutzung als Textil hinausgehen kann. Gleichzeitig wird damit zum Erhalt der lokalen Kulturlandschaft beigetragen. Denn mit dem Abwandern der Wollindustrie in Niedriglohnländer hat die Gegend rund um den nordenglischen Lake District auch die jahrhundertealte Tradition der Schafzucht verloren.

Bei den Produkten von Solidwool verbinden sich Wollfasern mit einem großteils biobasierten Harz und bilden somit einen naturfaserverstärkten Kunststoff. Die Sitzschalen bestehen aus der dunklen Wolle von Herdwick-Schafen, einer regional typischen Rasse, die besonders gut an die widrige Witterung angepasst ist und deren grobe Wolle früher vor allem für die Produktion von Teppichen genutzt wurde. Neben der Herstellung von Möbeln kann die Wolle wegen ihrer exzellenten thermischen Eigenschaften auch als natürliches Dämmmaterial beim Hausbau eingesetzt werden.

Indem für diese wenig nachgefragte Wolle eine höherwertige Verwendung gefunden wurde, entsteht für lokale Schäfer ein finanzieller Anreiz, diese traditionellen Schafrassen weiterhin zu züchten und damit die Kulturlandschaft zu pflegen.

solidwool.com

59 FUNKTIONS-KLEIDUNG AUS WOLLE

Dass Wolle als Textil verwendet wird, dürfte niemanden sonderlich überraschen. Dennoch ist es ein schönes Beispiel für traditionelle Bioökonomie in neuem Gewand.

Auch die Erhaltung der Biodiversität soll durch die Bioökonomie gefördert werden. Wie das funktionieren kann, zeigt das Unternehmen Nordwolle aus Rügen mit seinen Funktionstextilien. Zum Einsatz kommt die Wolle des vom Aussterben bedrohten Grauwolligen Pommerschen Landschafs. Diese dunkle Schurwolle ist ein Hightech-Rohstoff, der die Schafe im oft kalten und verregneten »Schietwetter« der Ostsee warm und trocken hält. Was die Wolle besonders macht, ist die Vielfalt der Fasern, die zwischen 18 und 70 Mikrometer dick sind. Die feineren Fasern machen die Wolle winddicht, während die dickeren den Verbund auflockern und das Wasser ableiten, ähnlich einem Dach aus Reet. Zudem sind die dickeren Fasern innen hohl und somit leicht und zugleich isolierend.

Um die Wolle optimal zu verarbeiten, wurde ein Fertigungsverfahren entwickelt, wodurch das Material weniger kratzig ist, so wie man es von Wolle kennt. Somit kann mit dem Naturstoff hochwertige Funktionskleidung »made in Germany« produziert werden, die uns Wind und Wasser vom Leib hält und die Wolle der alten Rasse in die Moderne bringt: Statt Wolle aus Neuseeland zu importieren, gibt die Kooperation mit Schäfern vor Ort nicht nur dem gefährdeten Landschaf eine Zukunftsperspektive, sondern auch der traditionellen Schafzucht.

nordwolle.com

60 GESCHIRR AUS RINDERBLUT

Als »Lebenssaft« kam Blut in früheren Zeiten eine fast heilige Bedeutung zu. In der modernen Tierhaltung wird jedoch sehr verschwenderisch damit umgegangen.

Blut macht rund 3 bis 4 Prozent dessen aus, was beim Schlachten von Tieren anfällt. Bei 3,2 Millionen Rindern, die alleine in Deutschland jedes Jahr geschlachtet werden,[69] entstehen also riesige Mengen davon, die teilweise in Tiernahrung eingesetzt oder zu Dünger verarbeitet werden. Ein großer Teil wird aber einfach ungenutzt entsorgt, was den Designer Basse Stittgen zur Kreation einer Geschirrserie inspirierte.

Er knüpfte damit an eine Tradition an, die sich bereits im 19. Jahrhundert mit der Verwertung von Schlachtabfällen und Resten aus der Holzindustrie beschäftigte: Das Bois Durci (franz.: »gehärtetes Holz«) war in Frankreich ein hochwertiger, biobasierter Kunststoff, der für luxuriöse Bilderrahmen, Plaketten oder Schreibgarnituren eingesetzt wurde. Das sogenannte Proteinoplast erhielt seine harte Struktur durch den hohen Eiweißanteil im Rinderblut von rund 18 Prozent. Bei den Objekten von Basse Stittgen kommen zwar keine Holzreste, sondern nur Blut zum Einsatz, das Herstellungsverfahren ist aber ähnlich: Das Blut wird getrocknet und zu einem Pulver gemahlen, das mit Hitze in Formen gepresst wird. Das im Blut erhaltene Albumineiweiß dient dabei als Bindemittel.

Die entstehenden Produkte wie Geschirr oder Vasen sind schwarz, abwaschbar und sehr stabil. Zwar wird der Gedanke an Tierschlachtungen wie auch an eine funktionale Verwendung von Tierblut in unserer Gesellschaft eher vermieden, doch genau darauf will die Bewegung des »Critical Design«, die sich im Spannungsfeld von Design, Aktivismus und Kunst verortet, aufmerksam machen. Die Objekte bringen ethische Fragestellungen zum Konsum von tierischen Produkten buchstäblich dorthin, wo man darüber reden sollte: an den Tisch.

bassestittgen.com

61 VERPACKUNG AUS KRABBENSCHALEN

Langusten, Garnelen, Krabben, Shrimps – harte Schale, weicher Kern. Für die Schale gibt es bisher kaum Verwendungsmöglichkeiten, dabei enthalten sie das zweithäufigste Biopolymer der Erde.

Zwar sind große Abfälle wie Plastiktüten, Flaschen oder Verpackungen am auffälligsten, allerdings gelangen fast dreimal so viele Partikel unter 5 Millimeter Größe in die Natur. Mikroplastik befindet sich oft bereits in dieser Kleinstform in Shampoos, Waschmitteln und Peelings, es entsteht aber auch, wenn sich größere Plastikteile zersetzen. Über den Staub in der Luft, aber natürlich auch über die Nahrungskette gelangt das Mikroplastik auch auf unsere Teller und in unseren Körper. Laut einer Studie des WWF verzehren wir durchschnittlich 5 Gramm Mikroplastik pro Woche – das ist so viel wie eine Kreditkarte.[70]

Das Londoner Start-up The Shellworks entstand aus der Frage, wie biobasierte Alternativen zu herkömmlichen Kunststoffen aussehen könnten, die sich schon nach mehreren Wochen kompostieren, statt zu Mikroplastik zu zerfallen oder sich erst nach Jahrzehnten abzubauen. Fündig wurden die drei Gründer in einem Reststoff: den Schalen von Krabben. Diese enthalten Chitin, das sich auch in den Zellwänden von Pilzen und im Panzer von Insekten findet und nach Zellulose das weltweit häufigste Biopolymer ist. Bei Krebstieren bildet es gemeinsam mit anderen Proteinen und Kalziumkarbonat das harte Exoskelett, also die Schale der Tiere. Jährlich fallen etwa 6 bis 8 Millionen Tonnen Schalenreste bei der Verarbeitung von Meeresfrüchten an, wobei der wichtigste Chitinlieferant Krustentiere wie Garnelen sind.[71] Zwar wird schon länger an der Verwendung von Chitin als Kunststoffmaterial geforscht, ganz einfach ist es allerdings nicht, aus der harten Schale ein flexibles Verpackungsmaterial zu machen.

The Shellworks ist es gelungen, aus den Schalenresten Chitin zu extrahieren und daraus einen kompostierbaren und recycelbaren Biokunststoff zu entwickeln. Dieser bietet eine gute Barriere gegen Wasser und Öle und kann deshalb bei Lebensmitteln wie auch Kosmetikprodukten eingesetzt werden. Das thermoplastische Polymer kann wieder eingeschmolzen und in eine neue Form gebracht oder im normalen Kompost durch die Enzyme von Mikroorganismen zersetzt werden, ohne dass dafür viel Feuchtigkeit oder hohe Temperaturen notwendig wären. Mit Prototypen für Gefäße und Verpackungsmaterialien sollen die Verwendungspotenziale von Chitin weiter erforscht werden.

theshellworks.com

62 KUNSTSTOFF AUS FISCHABFALL

Eine frische Idee mit »Meerwert«: Dieses kompostierbare Biopolymer nutzt Reststoffe aus der Fischverarbeitung.

Eines der bekanntesten Beispiele für Plastik in den Ökosystemen ist wahrscheinlich der Great Pacific Garbage Patch, eine Anreicherung von Plastik im Pazifischen Ozean, die mittlerweile so groß ist wie Mitteleuropa. Dabei ist dies nur einer von mehreren großen Müllstrudeln in den Weltmeeren, die durch das Plastik von Schiffen, Fischfangnetzen, aber vor allem den Müll aus Flusssystemen immer weiter wachsen – jedes Jahr werden, je nach Schätzung, weitere 5 bis 12 Millionen Tonnen Plastikmüll in die Weltmeere gespült.[72] Man nimmt an, dass im Jahr 2050 die Masse an Plastik in den Weltmeeren größer sein wird als die Masse aller Fische.

Diese erschreckende Prognose war für die britische Produktdesignerin Lucy Hughes die Inspiration, eine Plastikalternative zu schaffen, die nicht auf Erdöl basiert und sich in einer natürlichen Umgebung innerhalb kurzer Zeit vollständig zersetzt. Die Ausgangsbasis dafür fand sie, ebenso wie ihre Inspiration, in den Ozeanen: Allein in Großbritannien entstehen jedes Jahr 172.000 Tonnen Fischabfälle. Oftmals wird nur das Filetstück, also knapp die Hälfte eines Fisches, für die Lebensmittelindustrie genutzt. Der Rest sind Haut, Schuppen, Gräten, Flossen oder Blut. All diese Reststoffe landen normalerweise auf dem Müll oder, wie in der Hochseefischerei, direkt wieder im Meer.

Als Quelle für hochwertige Proteine fand Lucy diese Fischabfälle zu schade zum Wegschmeißen und entwickelte daraus ein transparentes Folienmaterial, das bessere Festigkeitseigenschaften aufweist als klassische Verpackungsmaterialien wie Polyethylen (LDPE). Sie wollte zudem gerne ein Bindemittel verwenden, das ebenfalls aus dem Meer stammt, um die Transportwege gering zu halten. Fündig wurde sie im Agar, einer Art Mehrfachzucker, der aus Rotalgen gewonnen wird. Bekannt ist er auch als Zusatzstoff E406, der in der Lebensmittelindustrie als Verdickungsmittel eingesetzt wird, oder als Grundlage zur Zucht von Mikroorganismen in Petrischalen.

Bei dem »MarinaTex« getauften Material dient Agar als biologisches Bindemittel, das die Gerüststruktur aus Fischproteinen zusammenhält. Was nach komplizierter Verfahrenstechnik klingt, ist aber eher lowtech: Die ersten Prototypen der Folie entstanden in Lucys Küche. MarinaTex kann einen Beitrag leisten, die Plastikmenge in den Weltmeeren zu verringen, denn falls das biobasierte und kompostierbare Verpackungsmaterial in die Natur gelangen sollte, wird es dort innerhalb kurzer Zeit zersetzt.

marinatex.co.uk

63 KACHELN AUS FISCHSCHUPPEN

»Meer« geht nicht: Diese Wandfliesen bestehen nicht aus Keramik, sondern zu 100 Prozent aus Abfällen der Fischindustrie.

Während seines Produktdesign-Masterstudiums am Royal College of Art in London stellte Erik de Laurens fest, dass in seinem Heimatland Frankreich sehr viel tierischer Abfall in der Fischindustrie anfällt. Besonders Fischschuppen werden in großen Mengen ungenutzt entsorgt. Diese enthalten Collagen, ein Eiweiß, das bis zu einem Viertel des Proteins im menschlichen Körper ausmacht. Es ist in unseren Sehnen, der Haut oder im Knorpel zu finden. Schaut man sich die Wortherkunft an, bekommt man eine Ahnung, wofür es verwendet werden kann: *kolla* ist griechisch für »Leim« und *gennan* heißt so viel wie »erzeugen«. Das »leimerzeugende« Protein wurde lange Zeit im Tischlerhandwerk als Basis für Holzkleber verwendet, heutzutage wird daraus vor allem Gelatine hergestellt.

Erik de Laurens entwickelte ein Verfahren, um diese klebende Eigenschaft aus den Fischschuppen bei der Produktion von Wandkacheln einzusetzen. Im Prinzip werden die Schuppen von Lachs und Sardinen, die aus dem norwegischen Atlantik beziehungsweise von der bretonischen Küste stammen, gemahlen und in Form gepresst. Als Bindemittel reicht das fischeigene Collagen aus, sodass kein weiterer Klebstoff und keine Chemikalien nötig sind. So entsteht ein ozeanfreundliches, monomaterielles Produkt aus einem Reststoff, das zudem wiederverwertet werden kann.

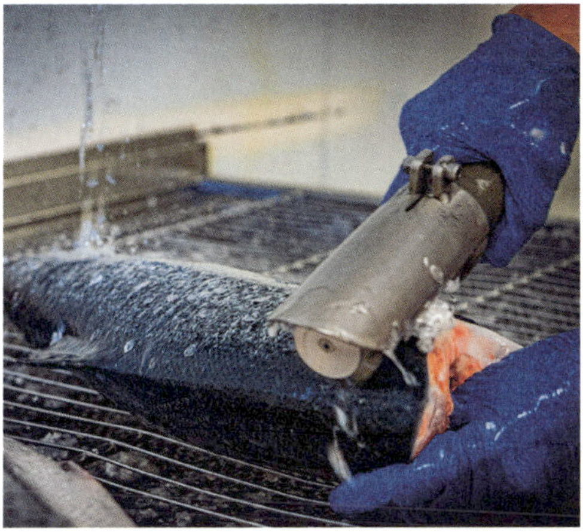

scale.vision

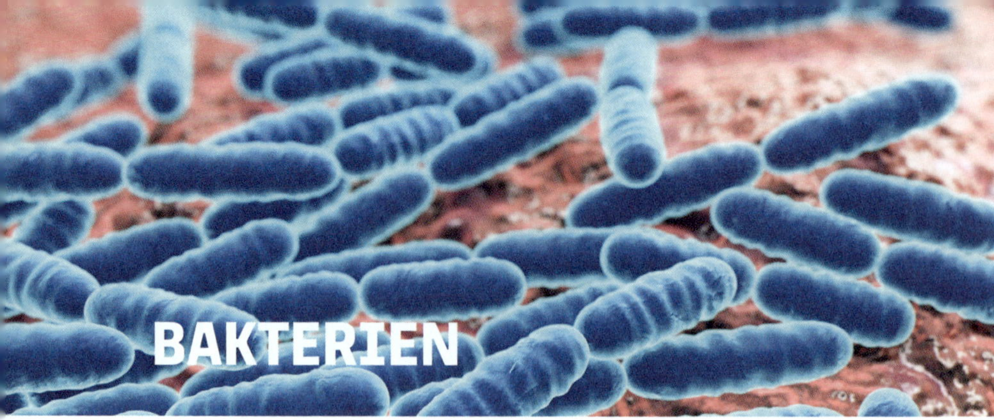

BAKTERIEN

Ein schlechter Ruf eilt ihnen voraus, aber die winzigen Einzeller sind für uns nicht nur überlebenswichtig, sondern spielen auch eine Schlüsselrolle bei der Transformation ganzer Industriezweige: Die sogenannte weiße Biotechnologie nutzt die Fähigkeiten von Bakterien und anderen Mikroorganismen, um noch aus den vermeintlich wertlosesten Abfällen wertvolle Substanzen zu filtern, chemische Grundstoffe zu produzieren oder Prozesse zu vereinfachen. Ganz nebenbei sparen wir durch die winzigen Zellfabriken eine Menge Chemie und werden unabhängiger von fossilen Rohstoffen.

Wir Menschen sind wandelnde Wohngemeinschaften: In jedem von uns leben in etwa so viele Bakterien, wie wir Zellen besitzen – circa 10 Billionen.[73] Wir tragen also etwa 1 bis 2 Kilogramm Bakterienmasse tagtäglich spazieren. Etwa 99 Prozent von ihnen befinden sich in unserem Darm und bilden unsere Darmflora, die uns bei der Verdauung hilft, unsere Abwehrkräfte unterstützt und uns leistungsfähiger macht. Der Rest der Einzeller lebt auf unserer Haut. Sogar in unserer Lunge wurden bereits 128 verschiedene Arten von Bakterien entdeckt.[74]

Wirklich viel wissen die meisten Menschen aber nicht über ihre stillen Mitbewohner. Nur dass sie sich im Haushalt besonders gern in lang benutzten Spülschwämmen tummeln, Krankheiten verursachen können und wir manchmal Antibiotika einsetzen müssen, um sie loszuwerden. Aber was genau sind Bakterien und wieso sind sie so wichtig?

Fantastische Einzeller und wo sie zu finden sind

Die meisten Bakterien bestehen nur aus einer einzigen Zelle. Diese Zelle besitzt keinen Zellkern mit DNA, wie es bei höheren Lebewesen wie Menschen, Tieren oder Pflanzen der Fall ist. Ihre Erbinformationen schwimmen stattdessen frei in der Zellmembran herum. Bakterien haben auch keine Mitochondrien, die »Zellkraftwerke«, die organische Materie mittels Sauerstoff verbrennen. Dennoch können sie ähnliche biochemische Prozesse betreiben und sich auf vielfältigste Weise ernähren.

Es gibt Arten wie die Cyanobakterien, die wie Pflanzen Photosynthese betreiben und ihre Energie aus Licht, Luft und Wasser beziehen. Andere zersetzen organische Materie mittels Enzymen, so ähnlich wie es auch in unserer Verdauung passiert. Wiederum andere können sogar anorganische Materie verstoffwechseln, zum Beispiel die Schwefelbakterien. Manche Arten benötigen Sauerstoff, für andere ist der Sauerstoff giftig und sie »atmen« andere Gase. Kurzum: Es gibt eine unglaubliche Vielfalt an Bakterien, die sich auf unterschiedlichste Lebensräume spezialisiert haben und so gut wie überall zu finden sind. Gerade weil sie so einfach gestrickt sind, können sie selbst unter extremen Bedingungen überleben. Man findet sie in den lebensfeindlichsten Gegenden wie der Tiefsee, im ewigen Eis der Polkappen oder auch in radioaktiven Abfällen. Verwunderlich ist das nicht, wenn man bedenkt, dass ihre Vorfahren, die Urbakterien, vor etwa 3,5 Milliarden Jahren als erste Lebensformen entstanden und mit den unwirtlichen Bedingungen der frühen Erde zurechtgekommen sind.

Bemerkenswert an ihnen ist auch die Art ihrer Fortpflanzung: Die meisten Bakterien betreiben binäre Zellteilung, das heißt, es gibt eine Stammzelle, die sich teilt und damit einen baugleichen Klon von sich produziert. Manche Arten brauchen dafür mehrere Stunden, andere, wie das menschliche Darmbakterium Escherichia coli, nur etwa 20 Minuten. Wenn die Temperatur und das Nährstoffangebot stimmen, vermehren sich Bakterien exponentiell. Dabei schnellt ihre Anzahl so lange nach oben, bis die Nährstoffe aufgebraucht sind.

Dadurch dass sie sich so rasch vermehren und an verschiedenste Lebensräume angepasst sind, kommt ganz schön was zusammen: Addiert man das Gewicht aller Bakterien, sind sie nach den Pflanzen die Lebewesen mit der größten Biomasse auf dem Planeten. Anders gesagt: Alle Bakterien zusammen sind rund 1.200-mal so schwer wie alle Menschen auf der Erde.[75]

Besser als ihr Ruf

Bakterien kommen in der allgemeinen Wahrnehmung meist nicht so gut weg, schließlich werden sie mit Krankheiten und Schmutz in Verbindung gebracht. Zurecht, denn einige unter ihnen verursachen Infektionen – aber eben nicht alle. Es kommt darauf an, um welche Bakterien es sich handelt. Eine gesunde, vielfältige Bakterienkultur unserer Darmflora unterstützt unser Immunsystem und kann uns sogar vor Krankheiten bewahren. Diese »Zweck-WG« im Verdauungssystem hilft uns dabei, komplexe Mehrfachzucker abzubauen oder bestimmte Mineralstoffe besser aufzunehmen. Auch unter einem anderen Gesichtspunkt sind Bakterien für unsere Gesundheit wichtig: Aus ihnen und ihren Stoffwechselprodukten können Medikamente hergestellt werden, allen voran Antibiotika und Insulin.

Zudem sind sie wahre Alchemisten im Mikroformat: Wenn sie mit nachwachsenden Rohstoffen gefüttert werden, fungieren sie als winzige »Chemiewerke« und können deshalb auch als Zellfabriken bezeichnet werden. Aus oder besser gesagt mit ihnen lässt sich eine Vielzahl von Stoffen herstellen, etwa Biopolymere, die als Kunststoffe dienen, Arzneimittel, Farben oder Treibstoffe. Auch Stoffe, die auf klassischem Wege in der chemischen Industrie wegen ihrer biologischen Komplexität nur schwer herzustellen wären, zum Beispiel Proteine, Hormone, Enzyme oder auch Giftstoffe für die biologische Schädlingsbekämpfung, können in der Biosynthese erzeugt werden. Dies geschieht in Bioreaktoren, die wir bereits von den Algen kennen und in denen einige wenige Arten von Bakterien Höchstleistungen in Sachen Stoffumwandlung vollbringen.

Eine aus dem Lebensmittelbereich bekannte Technik, die Bakterien, Pilze und Enzyme für die Verstoffwechselung einsetzt, ist die Fermentation beziehungsweise Gärung, wenn der Prozess ohne Sauerstoff stattfindet. Dieser biotechnologische Prozess ist eine der ältesten Methoden zur Haltbarmachung von Lebensmitteln. Dabei geht es immer darum, den nützlichen Mikroorganismen die richtigen Lebensbedingungen zu bieten, sodass sie sich fleißig vermehren können. Als Nahrung greifen sie auf die Kohlenhydrate aus dem zu fermentierenden Lebensmittel zurück. Die Stoffe, die sie anschließend ausscheiden, wie Säuren, Alkohol oder CO_2, schaffen dann ein Milieu, das lebensfeindlich für schädliche Schimmelpilze oder Fäulnisbakterien ist. Diese können sich dort nicht ausbreiten und das Lebensmittel hält sich auf lange Zeit. Durch die Arbeit von Milch- und Essigsäurebakterien werden Joghurt, Käse, Sauerkraut und Essig überhaupt erst möglich.

Beim Sauerteig sorgt das CO_2, das die Milchsäurebakterien herstellen, als Backtriebmittel dafür, dass der Teig aufgeht.

Das Prinzip der bakteriellen Produktion wird in größeren industriellen Produktionen eingesetzt. Dieser Bereich der Bioökonomie, der neben Bakterien auch andere Mikroorganismen oder Enzyme zur Stoffumwandlung einsetzt, wird oft als weiße oder industrielle Biotechnologie bezeichnet, um sie von der grünen Biotechnologie in der Landwirtschaft und der roten Biotechnologie bei medizinischen Anwendungen abzugrenzen.

Die weiße Biotechnologie gehört zu den Schlüsseltechnologien unserer Zeit, die sich auf verschiedene Wirtschaftszweige auswirkt und ein großes Innovationspotenzial birgt. Die Einsatzgebiete und Ausprägungen sind vielfältig, denn zum einen gibt es unzählige Arten von Bakterien, deren Nutzen für die Biotechnologie noch vollkommen unergründet sind. Zum anderen können unterschiedlichste organische Stoffe als »Bakterienfutter« dienen, weil ihre Ernährungsweisen so verschieden sind. Durch neue Erkenntnisse in der Molekularbiologie und der Genforschung können die Einzeller zudem genetisch auf effizientes Arbeiten getrimmt oder an das Leben im Bioreaktor besser angepasst werden.

Bakterien im innovativen Einsatz

Ein schon seit einigen Jahren am Markt erhältliches Produkt ist der Kunststoff Polyhydroxybuttersäure, kurz PHB. Er kann mittels Bakterien fermentativ gewonnen werden, denn bestimmte Arten sind in der Lage, aus Glucose und Stärke diesen Stoff herzustellen, der ihnen in schlechten Zeiten als Nahrungsvorrat dient. Unter den entsprechenden Bedingungen kann das Biopolymer auch wieder von Mikroorganismen zersetzt und somit biologisch abgebaut werden. In seinen Eigenschaften und Anwendungen steht es dem oft als Verpackungsmaterial gebräuchlichen Polypropylen (PP) in nichts nach.

Ein mit Bakterien angereichertes Toilettenpapier kann dazu beitragen, den Müllberg zu reduzieren, der durch unsere Kanalisation gespült wird. Durch den Kontakt mit Wasser werden die Bakterien aktiviert und fangen an, organische Substanzen abzubauen – sowohl das Toilettenpapier wie auch Ablagerungen in den Rohrleitungen.[76] Einen Entsorgungsschritt weiter, im Klärwerk, können andere Bakterienarten mit dem Klärschlamm wichtige Recyclingprozesse betreiben: Sie ziehen ganz gezielt bestimmte Mineralien oder Nährstoffe heraus und lassen

Schwermetalle und giftige Substanzen zurück. So kann zum Beispiel Phosphor gewonnen werden, der wiederum in der Landwirtschaft zur Düngung ausgebracht wird.[77]

Sogar zur Energiewende sollen Bakterien beitragen. Neben der klassischen Elektrolyse, die mittels Strom Wasser zu Wasserstoff und Sauerstoff aufspaltet, gibt es biotechnologische Verfahren, um aus pflanzlicher Biomasse Wasserstoff zu gewinnen. Im Schwarzwald forscht das Fraunhofer Institut derzeit an Biowasserstoff aus Holzabfällen. Dazu wird die im Material enthaltene Zellulose mit Enzymen zu Zucker umgewandelt. Der Zucker wird anschließend von Bakterien zu Wasserstoff verstoffwechselt, der problemlos als Energieträger genutzt werden kann. In dem Prozess entsteht CO_2, das Mikroalgen als Futter dient, die zu kohlenstoffbasierten Lebens- oder Futtermitteln verarbeitet werden können.[78] Ein anderes Verfahren nutzt die niederen elektrischen Spannungen, die beim Photosynthesevorgang von Cyanobakterien anfallen. Forscher der Universität Cambridge haben unlängst eine biologische Energiezelle entwickelt, die mittlerweile schon seit einem Jahr einen Computerchip mit grünem Strom versorgt.[79]

Höchste Zeit also, dass das Bild von Bakterien als böser Krankheitserreger erweitert wird – vor allem angesichts der Tatsache, dass circa 95 bis 99 Prozent aller Bakterienarten noch gar nicht entdeckt und beschrieben worden sind. Die Möglichkeiten, die der gezielte Einsatz der Einzeller für eine nachhaltige Zukunft bietet, sind riesig und gerade erst in den Grundzügen angelegt. Es ist wie mit der Wohngemeinschaft in unserem Darm: Wenn wir die Bakterien schätzen lernen, ihre Wirkweisen verstehen und ihnen die richtigen Lebensbedingungen bieten, kann eine wertvolle Symbiose auch in anderen Bereichen entstehen.

64 LAUFSCHUH AUS BAKTERIENSEIDE

Seide gilt als die Königin der Stoffe – sie könnte aber durch diese von Mikroorganismen produzierte Superfaser ernsthafte Konkurrenz bekommen.

Seide ist ein tierisches Filament, das aus dem Kokon der Seidenraupe gewonnen wird. Ihre Entstehung ist faszinierend und erinnert an die Geschichte der kleinen Raupe Nimmersatt: Nachdem die Raupen des Maulbeerspinners aus ihren Eiern geschlüpft sind, fressen sie fast ohne Unterbrechung die Blätter des Maulbeerbaums. Nach knapp einem Monat haben sie rund das 40.000-Fache ihres Geburtsgewichts gefuttert und fangen an, sich zu verpuppen. In speziellen Drüsen in ihrem Maul spinnen sie zu diesem Zweck einen Faden und legen diesen in Achterbewegungen bis zu 300.000-mal um ihren eigenen Körper. Mehrere Kilometer kann das Fadengewirr lang werden.

Dieses proteinbasierte Garn war über Jahrhunderte ein wichtiges Handelsgut zwischen Asien und Europa und prägte den Begriff der »Seidenstraße«. Die Fasern sind so reißfest, dass sie im Zweiten Weltkrieg sogar für Fallschirme eingesetzt wurden. Das Material ist allerdings umstritten, denn um an den Seidenfaden zu gelangen, werden die verpuppten Tiere in ihrem Kokon lebendig gekocht oder bedampft. Um ein einziges Gramm Seide zu erhalten, müssen etwa 15 Tiere getötet werden.

Für das Obermaterial der Laufschuhe des oberbayrischen Unternehmens AMSilk, die in Kooperation mit Adidas entstanden sind, ist keine tierische Seide mehr notwendig: Das hellbraune Obermaterial besteht aus einer Faser, die von E.-coli-Bakterien in einem Fermentationsprozess hergestellt wird. Die Einzeller werden genetisch darauf programmiert, ein spezielles Protein zu produzieren, das auch in den reißfesten und dehnbaren Netzen von Spinnen vorkommt. Nach dem Filtern und Trocknen der Bakterienmasse erhält man ein Pulver, das mit Lösungsmitteln zu einer Masse verarbeitet wird. Diese wird durch feine Düsen gepresst – und heraus kommt eine künstliche Faser mit einer beeindruckenden Festigkeit und leichtem Gewicht.

Das Unternehmen hat seine neuartige Faser unter dem Namen »Biosteel« patentiert. Ebenso wie tierische Seide ist die bakterienbasierte Faser vollkommen biologisch abbaubar, hat aber noch einen weiteren Vorteil: Geruchsproduzierende Bakterien, die unter anderem für den Schweißgeruch in unserer Kleidung verantwortlich sind, fühlen sich auf der Faser nicht wohl. Daher eignet sich die Seide besonders für Sportbekleidung. Aber nicht nur in der Kleidung ist das Material einsetzbar: Es wird für biokompatible Implantate verwendet und Boeing testet es derzeit im Flugzeugbau.

amsilk.com

65 DESIGNKLASSIKER AUS BIOPOLYMER

Jedes Objekt ist ein Spiegel seiner Zeit. Diese italienische Stilikone war einst Symbol des Erdölzeitalters – nun wird sie mithilfe von Bakterien aus Abfall hergestellt.

Die Containermöbel Componibili der italienischen Marke Kartell gelten mittlerweile als Klassiker im Einrichtungsbereich. Das Möbel feierte 2017 seinen 50. Geburtstag und erlangte über die Jahre weltweite Bekanntheit, vergleichbar mit den Eames Plastic Chairs oder den Billy-Regalen von Ikea. »Componibile« bedeutet im Italienischen »zusammensetzbar« und beschreibt die zentrale Fähigkeit der modularen Container-Regale. Die farbenfrohen Möbelstücke können als Nachttisch, Beistelltisch oder Kommode eingesetzt werden.

Diese Möbelikone wird gegenwärtig ins Zeitalter der Bioökonomie überführt: 2019 wurde auf dem Salone di Mobili in Mailand die Verwendung des Biopolymers Polyhydroxyalkanoat (PHA) für das Möbelstück vorgestellt. Während PHA noch bis vor einigen Jahren aus der bakteriellen Fermentierung von Mais, Pflanzenölen oder anderen Nahrungspflanzen gewonnen wurde, arbeiten Unternehmen heutzutage vermehrt mit landwirtschaftlichen Abfällen, wie das italienische Unternehmen Bio.on, das auch das Material für die Möbel von Kartell produziert.

Ein wichtiger Bestandteil des Herstellungsprozesses sind Bakterien, die den im Ausgangsmaterial enthaltenen Zucker vergären. Ihre Zellen reichern sich in diesem Prozess mit PHA an, das – ähnlich wie Fettreserven im menschlichen Körper – als Reservestoff eingelagert wird. Um das Biopolymer aus den Bakterien zu gewinnen, wird die Bakterienmasse mechanisch, chemisch oder durch enzymatische und andere biotechnologische Schritte vorbehandelt. Dabei wird all das, was nicht PHA ist, abgebaut oder entfernt. Durch Zentrifugieren oder mithilfe von Lösungsmitteln wie Methylalkohol werden die PHA »geerntet« und anschließend zu einem Granulat weiterverarbeitet. Als »Massenbiokunststoff« mit einem vielfältigen Anwendungsspektrum kann PHA viele bisher fossile Kunststoffe ersetzen und ist dank seiner guten Verträglichkeit schon länger als Implantat- oder Nahtmaterial in der Medizintechnik zu finden.

kartell.com

66 KUGELSCHREIBER AUS BIOPOLYMER

Biobasierter Kunststoff aus der Bakterienfabrik: Mikroorganismen synthetisieren das Ausgangsmaterial für diesen Schweizer Kugelschreiber.

Es gibt Dinge, von denen man sich ungern trennt: ein altes Erbstück, das Geschichten aus vergangenen Zeiten erzählt, ein Objekt aus einem besonders wertvollen Material oder ein Produkt, das seinen Zweck perfekt erfüllt und dessen Nutzung einfach Spaß macht. Der Designer Jonathan Chapman spricht hierbei von »Emotional Durability«, also emotionaler Haltbarkeit eines Produkts. Diese Betrachtungsweise von Nachhaltigkeit geht über die eingesetzten Materialien und den Energieaufwand bei der Herstellung hinaus, indem es unsere Bindung zu einem Produkt mit in die Gesamtbetrachtung einbezieht. Denn je stärker wir mit einem Objekt verbunden sind, umso wertvoller ist es für uns, umso länger werden wir es nutzen und umso schwerer fällt es uns, es wegzuwerfen.

Verschiedene Faktoren können die Nutzungsdauer eines Produkts erhöhen: ansprechendes Aussehen, wertige Verarbeitung, reibungslose Funktion und einfache Reparierbarkeit. Das Schweizer Unternehmen Prodir setzt bei diesen Faktoren an, um den Plastikkugelschreiber aus der Ecke des schnelllebigen Wegwerfproduktes zu holen. Das passiert einerseits über ein zeitloses, funktionales Design und andererseits über langlebige, innovative Materialien. Das Unternehmen, das seine Produkte komplett im Tessin fertigt, setzt beispielsweise einen mit Mineralien angereicherten Kunststoff ein, der den Plastikanteil um 60 Prozent reduziert, oder ein Recyclingmaterial aus 70 Prozent Kunststoffrezyklat und 30 Prozent Muschelschalen, die aus der Gastronomie stammen.

Dieser »True Biotic« Kugelschreiber, dessen gelochtes Design rund 40 Prozent Material einspart, besteht aus dem recycelbaren bakteriellen Biopolymer PHA. Falls dieses Material in die Umwelt gelangen sollte, so zerfällt es weder zu Mikroplastik, noch braucht es Jahrhunderte, um sich abzubauen.

prodir.com

67 SUPERKLEBER AUS DARMBAKTERIEN

Von Muscheln inspiriert: Richtig eingesetzt, produziert dieses Bakterium einen Klebstoff, der im menschlichen Körper Knochenbrüche heilen könnte.

Je diverser unser Mikrobiom ist, also die Vielfalt von Bakterien, Pilzen und Co. in unserem Darm, umso besser. Mit unserer Ernährung und unserer Lebensweise können wir es stark beeinflussen. Umgekehrt werden wir aber genauso von den Einzellern beeinflusst. Man spricht sogar von einer Darm-Hirn-Achse, die den Zustand des Mikrobioms im Darm mit unserer geistigen Gesundheit verknüpft.

Eine wichtige Spezies, die sich in unserer Darmflora findet, ist Escherichia coli, kurz E.-coli. Die meisten Stämme dieser stäbchenförmigen Bakterien sind harmlos, einige können allerdings auch schwere Entzündungen oder Durchfallerkrankungen hervorrufen, vor allem bei Menschen, die ein geschwächtes Immunsystem haben. Nicht zuletzt deswegen sind sie besonders gut erforscht und werden mittlerweile als Wirtsorganismen in der Biotechnologie eingesetzt, um bestimmte Stoffe zu produzieren. Das heißt, ihre DNA wird so verändert, dass ihr Stoffwechsel ein gewünschtes Produkt erzeugt. Anfang der 1980er-Jahre war dies die Geburtsstunde der modernen Biotechnologie, mit der es beispielsweise möglich wurde, hochwertiges und gut verträgliches Insulin im industriellen Maßstab herzustellen.

Forscher der TU und HU Berlin haben nun ein biotechnologisches Verfahren entwickelt, wie mit den Bakterien ein extrem starker Klebstoff erzeugt werden kann, der biokompatibel und damit für den Einsatz im menschlichen Körper geeignet ist. Inspiriert wurden sie von einer Aminosäure, die Miesmuscheln bilden, um sich an Felsen zu verankern. Der eiweißbasierte Klebstoff könnte zur Verklebung von Hautverletzungen oder Knochenbrüchen eingesetzt werden, sodass nicht mehr vernäht oder geschraubt werden muss, was einen erheblichen Fortschritt in der Medizintechnik darstellen würde.

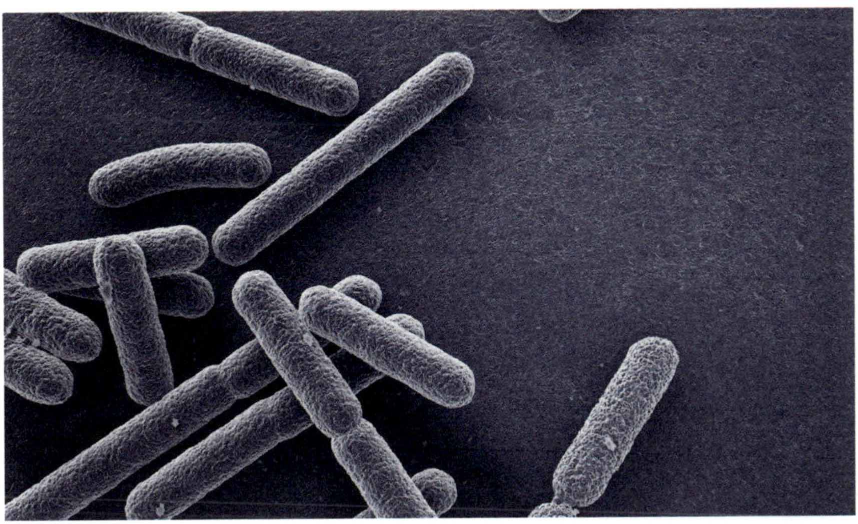

t1p.de/bakterienkleber

68 TEXTILFARBEN AUS BAKTERIEN

Nicht nur im Mikrobiom unseres Verdauungstrakts treiben es die Einzeller bunt, sondern auch als Farbstoff in Textilien.

Kaum zu glauben, aber aus der schwarzen Teermasse, die bei der Verarbeitung von Steinkohle anfällt, kann eine bunte Farbenpracht synthetisiert werden. Diese künstlichen Farbstoffe der Petrochemie haben Anfang des 20. Jahrhunderts die bis dahin verwendeten pflanzlichen, mineralischen oder tierischen Farbstoffe verdrängt. Die Euphorie um die neu gewonnene Farbpalette war so groß, dass man sie sogar zur Färbung von Lebensmitteln einsetzte, wie das lösemittelhaltige »Buttergelb«, das bis 1949 verwendet wurde, um Butter und Margarine strahlender wirken zu lassen – bis man feststellte, dass der Stoff hochgradig krebserregend war. Abgesehen von der fossilen Basis wird diesen synthetischen Farben eine Vielzahl anderer Chemikalien wie Salze, Säuren oder Basen zugesetzt, gerade auch um sie in der Textilbranche für Kleidung verwendbar zu machen.

Die Modedesignerinnen Laura Luchtman und Ilfa Siebenhaar wollten eine Alternative zu umweltschädigenden künstlichen Farbstoffen entwickeln, um die Modebranche ein wenig nachhaltiger zu machen. In der Textilindustrie kommen rund 3.500 verschiedene Chemikalien zum Einsatz.[80] Einige von ihnen, beispielsweise Alkylphenole, Azofarbstoffe oder Schwermetalle wie Chrom und Blei, die in Färbeprozessen zum Einsatz kommen, verseuchen das Grundwasser, stören die Entwicklung von Fischen und anderen Wasserlebewesen oder gelten bei Menschen als krebserregend. Viele sind mittlerweile in der EU verboten, in anderen Ländern allerdings nicht.[81]

In einem Workshop experimentierten die beiden Niederländerinnen mit Bakterien, die Farben ohne Nebenwirkungen produzieren, und die Idee zu ihrem Projekt »Living Color« war geboren. Luchtman und Siebenhaar verwendeten spezielle Kulturen, die in der Lage sind, rote, gelbe oder violette Farbpigmente herzustellen. So wie unsere Haut den dunklen Farbstoff Melanin bildet, synthetisieren Bakterien beispielsweise Farbstoffe wie Carotinoide (welche die Möhren orange färben), um sich vor aggressiver Sonnenstrahlung zu schützen oder freie Radikale einzufangen. Im Gegensatz zu pflanzenbasierten Farbstoffen sind die Pigmente der Bakterien aber wesentlich UV-stabiler, benötigen keine chemischen Bindemittel und enthalten antioxidative und antivirale Inhaltsstoffe. Gemeinsam mit dem Sportartikelhersteller Puma wird dieses Verfahren der Biokoloration nun weiterentwickelt.

livingcolour.eu

69 TASCHEN AUS BAKTERIELLER NANOZELLULOSE

Biofabrikation statt Massentierhaltung: Bakterien sind fleißige Helfer, die Kohlenhydrate ressourcenschonend in Nanozellulose verwandeln können.

Wieso können Kühe Gras verdauen und wir nicht? Es hat nicht nur mit ihren vier verschiedenen Mägen zu tun, sondern auch mit den Mikroorganismen, die sich darin tummeln. Denn diese helfen den Wiederkäuern, komplexe und schwer aufzuschlüsselnde Pflanzenstoffe wie Zellulose, Pektine und Hemizellulosen abzubauen und daraus Nährstoffe zu ziehen. Ohne die Symbiose mit den Bakterien könnte die Kuh sich also gar nicht vom zellulosehaltigen Wiesengras ernähren.

Ganz ähnlich, allerdings viel technischer als im Pansen, macht sich das Leipziger Unternehmen ScobyTec die Stoffwechselfähigkeit der Einzeller zunutze. Dabei wird Zellulose von Bakterien nicht ab-, sondern aufgebaut. Die so entstehende bakterielle Nanozellulose (kurz BNC), deren Fasern reißfester und reiner sind als die der pflanzlichen Zellulose, können beispielsweise von Essigsäurebakterien hergestellt werden, indem man diese mit zuckerhaltiger Nahrung füttert. Ein ähnliches Prinzip kennt man von der SCOBY-Kultur (»Symbiotic Culture of Bacteria and Yeast«), eine Art Lebensgemeinschaft aus Bakterien und Hefepilzen, die bei Fermentationsprodukten wie Kombucha oder Kefir zum Einsatz kommt. Die einzelnen Zuckermoleküle, meistens Glucose oder Saccharose (Kristallzucker), werden in den Zellen der Bakterien polymerisiert, also zu längeren Ketten verbunden. Die Zellkulturen wachsen zu einer glibberigen Masse aus Bakterien und Zellulose, die anschließend getrocknet und weiterverarbeitet werden kann.

Der Prototyp, eine Laptoptasche, besteht im Obermaterial aus gereinigtem, biofabriziertem BNC-Material. Anders als bei anderen veganen Ledern oder Kunstledern kommen keinerlei Kunststoffe wie Polyurethan oder Polyvinylchlorid zum Einsatz. Im Gegensatz zu Rindsleder, dessen Verarbeitung mit bis zu 8.000 Litern Wasser pro Quadratmeter zu Buche schlägt, werden für die gleiche

Menge an BNC nur 260 Liter benötigt. Das geschmeidige Material enthält darüber hinaus keine chemischen Zusatzstoffe und kann somit kompostiert werden. Mittlerweile arbeitet ScobyTec an der industriellen Umsetzung dieses Prozesses.

Aufgrund der guten mechanischen und physikalischen Eigenschaften könnte das nicht brennbare Material auch als Spezialpapier, Biokunststoff, Viskose oder veganes Ersatzmaterial für Leder in der Textilindustrie genutzt werden. Auch in der Fahrzeugbranche, in der zunehmend tierfreie Lederalternativen erwünscht sind, könnte ScobyTec als abriebfester Sitzbezug Anwendung finden.

scobytec.com

70 PROTEINE AUS EINZELLERN

Eine Idee, die aus der Luft gegriffen scheint: Bakterien werden mit CO_2 gefüttert und produzieren daraus hochwertiges Eiweiß.

Wichtig beim Kampf gegen den Klimawandel ist es, nicht nur kein fossiles CO_2 mehr in die Atmosphäre zu blasen, sondern auch das überschüssige zu entfernen. Dafür gibt es verschiedene Methoden, eine Lowtech-Variante ist das Pflanzen von Bäumen. Dem gegenüber stehen Hightech-Methoden wie beispielsweise ein Pilotprojekt in Island, das mit chemischen Filtern das CO_2 aus der Luft entfernt und in tiefen Gesteinsschichten auf lange Zeit einlagert.

Da jedes CO_2-Molekül ein Kohlenstoffatom enthält, kann man das Treibhausgas als frei verfügbare Quelle für erneuerbaren Kohlenstoff sehen. Genau diesen Kohlenstoff macht das finnische Start-up Solarfoods nun essbar. In Bioreaktoren füttert es Bakterien mit CO_2 und Wasserstoff, der mittels Elektrolyse aus Solarstrom gewonnen wurde. Hinzu kommen Spuren von Stickstoff, Calcium und Phosphor. In einem Fermentationsprozess stellen die Bakterien daraus Proteine her, die sie in ihrer Zelle einlagern. Ähnliche Produkte lassen sich auch mit anderen einzelligen Lebensformen wie Hefepilzen oder einigen Algenarten herstellen.

Die getrocknete und gereinigte Bakterienmasse wird als »Solein« bezeichnet, enthält alle essenziellen Aminosäuren und hat einen Proteingehalt von 65 Prozent. Für diese Art von Eiweiß müssen keine Tiere gezüchtet werden, seine Produktion ist unabhängig von Witterung oder Standort, denn CO_2 gibt es überall. Es könnte sich daher in Gegenden der Welt als nützlich erweisen, die nicht für die Landwirtschaft geeignet sind, aber über reichlich Solarenergie verfügen. Die finnischen Gründer sehen darin sogar eine Möglichkeit, Flächen zu renaturieren, weil sie nicht mehr für die Viehzucht gebraucht werden.

Solein kann zu Brotaufstrichen, als eiweißreiche Zugabe in Backwaren oder auch zu Fleischersatzprodukten verarbeitet werden, ähnlich wie Soja. Nicht nur sein CO_2-Fußabdruck ist geringer als der von tierischem Eiweiß, sondern es verbraucht mit 10 Litern Wasser pro Kilogramm auch wesentlich weniger als Soja mit circa 2.300 Litern oder Rindfleisch mit 16.000 Litern.[82] Mittlerweile entwickelt das Unternehmen die Methode gemeinsam mit der europäischen Weltraumorganisation ESA weiter, um die Nahrungsversorgung bei langen Weltraummissionen zu sichern.

solein.com

BIOGENE RESTSTOFFE

Ist das Müll oder kann das weg? Die Kunst der Wiederverwendung beherrscht die Natur perfekt: In ihr gibt es keine Abfalleimer, denn es gibt keinen Abfall – alles Vergehende ist die Grundlage von etwas Entstehendem. Übertragen wir das Konzept der natürlichen Kreislaufwirtschaft auf die von uns genutzten Stoffe, so wird das, was bisher auf der Deponie gelandet ist, ab sofort die Grundlage neuer Produkte. Einfacher gesagt als getan, schließlich müssen wir dafür unser Verständnis von Müll völlig neu definieren.

In ihrem Buch *Wir konnten auch anders* beschreibt die Historikerin Anette Kehnel, dass der Begriff »Abfall«, wie wir ihn heute kennen und benutzen, erst in den letzten 50 Jahren im Sprachgebrauch heimisch wurde. Vor der Überflussgesellschaft der Moderne, in der alles unendlich verfügbar scheint, wurde das, was bei einem Herstellungsprozess »abfiel«, selbstverständlich in einem anderen Kontext verwendet. Dinge wurden lange in Schuss gehalten (ausgestorbene Berufe wie Kesselflicker oder Flickschuster zeugten davon), und wenn etwas doch kaputtging, wurde es zu etwas Neuem umgearbeitet. Denn die Materialien waren schlicht und einfach zu wertvoll, um als unnützer Müll weggeworfen zu werden.[83]

Es ist wie bei der Großmutter, die aus jedem Überbleibsel in der Küche entweder etwas Leckeres zubereiten oder es anderweitig verwenden konnte. Alles war eine Zutat, nichts wurde verschwendet. Mit etwas Kreativität und dem Wissen, wie man bestimmte Dinge einsetzen kann, sind so echte Klassiker entstanden: Eintöpfe sind eine pure Resteverwertung von Gemüse- oder Fleischresten, und aus altem und hartem Brot werden Semmelknödel gemacht. Auch die neapolitanische Pizza hat ihren Ursprung als Arme-Leute-Essen: Alles, was noch irgendwie verwendbar war, wurde auf dem Teigfladen überbacken. Versorgungskrisen, die der Kriegsgeneration für den Rest ihres Lebens in den Knochen steckte, haben die meisten von uns aber nie erlebt. Das Credo unserer Wohlstandswelt lautet: Neu ist besser als alt. Wieso also Müll nutzen?

Aus Müll mach neu – Ressourcen neu denken

So langsam wachen wir aus dem naiven Traum von der Unerschöpflichkeit der Ressourcen auf und stellen fest, dass wir nicht unbegrenzt frisches Material, also Primärrohstoffe, aus der Natur holen sollten oder gar können. Der Planet ist in vielen Bereichen an seine Belastungsgrenzen gekommen. Gleichzeitig zeigen Konzepte wie Bioökonomie und Kreislaufwirtschaft, dass wir den Blick schärfen sollten für das, was wir sowieso schon in unseren Stoffströmen nutzen. Mehr Sekundärrohstoffe also, die durch Aufbereitung neuen Nutzungen zugeführt werden können. Statt auf der Deponie zu landen, wie in einer linearen Wirtschaft, können sie die Basis für Produkte oder Energie sein. Gerade weil für diese Stoffe keine zusätzliche landwirtschaftliche Produktionsfläche benötigt wird, sind sie von enormer Bedeutung. Mit Wissen, Kreativität und vor allem einem Mindset, das im Wertlosen das Wertvolle sieht, können dabei echte Klassiker entstehen, so wie in Großmutters Küche.

Klammern wir einmal die nicht biologischen Sekundärrohstoffe wie Metalle, fossile Kunststoffe oder Glas aus und betrachten nur die für die Bioökonomie wichtigen biogenen Reststoffe – wo fallen sie überhaupt an? Überall dort, wo mit biologischen Rohstoffen gearbeitet wird: in der Forstwirtschaft, der Landwirtschaft, der Fischerei und Meereswirtschaft und der Lebensmittelindustrie. Und natürlich auch in Privathaushalten, etwa der Grünabfall vom Heckenschneiden oder die Orangenschalen aus der Küche.

Gerade Letzteres ist als Bioabfall, mit dem man täglich zu tun hat, vielleicht am präsentesten in unserer persönlichen Wahrnehmung. Immerhin schmeißt jeder Bundesbürger im Schnitt 75 Kilogramm Speisereste jährlich weg. Das summiert sich auf 6,1 Millionen Tonnen im Jahr, zu denen nicht nur Schalen und Ungenießbares gehören, sondern zu mehr als einem Drittel auch vermeidbare Lebensmittelreste.[84] Dennoch machen die sogenannten Siedlungsabfälle insgesamt nur etwa 15 Prozent aller biogenen Reststoffe aus. Die wirklich großen Mengen Biomasse fallen in der Land- und Forstwirtschaft an: Fast 180 Millionen Tonnen Material in Trockenmasse pro Jahr. Die reale Menge inklusive enthaltenem Wasser ist noch weitaus höher.[85]

Die Arten von Abfällen sind dabei so grundverschieden, dass es keine pauschale Verwertung dafür geben kann. Bei den Beispielen in diesem Kapitel sind es unter anderem Obst- und Nussschalen, Kaffeesatz, Maisreste, Stroh, Avocadokerne, der alte Weihnachtsbaum oder sogar Dung. Diese Reste könnten auch kompostiert werden, dann würde nährstoffreicher Humus entstehen, der zurück in den biologischen Kreislauf wandern könnte. Anderes, wie zum Beispiel Treber aus dem Brauwesen, könnte an Tiere verfüttert werden. Ebenso könnte man die Reste verbrennen oder mittels Vergärung Biogas erzeugen, sodass sie der Energiegewinnung dienen. Bei der Verbrennung entsteht nur so viel CO_2, wie bei der Wachstumsphase der Biomasse der Atmosphäre entzogen wurde.

Ziel in der Bioökonomie ist es aber, diese Neben- oder Restströme dort, wo es möglich ist, höherwertig zu nutzen, also nicht zur Energieerzeugung, sondern stofflich. So können sie wieder in anderen Produkten oder Prozessen zum Einsatz kommen und schonen damit »frische« Ressourcen oder helfen dabei, fossile Rohstoffe einzusparen. Einige nährstoffreiche Reste könnten in der Biokonversion, also der gezielten Umwandlung von biogenen Stoffen, als Nahrung für Algen oder Mikroorganismen eingesetzt werden, sodass daraus zum Beispiel Chemikalien oder biobasierte Kunststoffe entstehen. Mit der Bioraffinerie kann man sie in ihre Grundbestandteile aufschlüsseln und zu neuen Produkten zusammensetzen, ähnlich wie wir es aus der Erdölraffinerie kennen.

In den Beispielen in diesem Kapitel werden sie aber vorrangig direkt erneut verwertet. Die entstehenden Produkte können im Idealfall wieder mehrfach genutzt oder recycelt werden, und – je nach Material – am Ende kompostiert oder CO_2-neutral verbrannt werden.

Unser Verständnis von Müll wird sich durch solche Pionierprojekte, aber auch Alltagsgegenstände ändern. Wir schauen auf das, was sowieso schon da ist, und überlegen uns, wie wir es wiederverwenden können. Unsere Welt wird dadurch ressourcenleichter werden und Mülldeponien in dem Ausmaß, wie wir sie kennen, werden der Vergangenheit angehören. Auch die Natur arbeitet nach diesem Prinzip – und ist damit die beste Lehrmeisterin in der Wiederverwertung von Stoffen.

71 LAMPENSCHIRM AUS TRESTER

Riesling, Burgunder oder Elbling – Rebsorten haben nicht nur einen unverwechselbaren Charakter, sondern auch vielseitig verwendbare Pressrückstände.

In der Weinherstellung entfallen nach dem Keltern, also dem Pressen der Trauben, auf 100 Liter Maische rund 25 Kilogramm Pressrückstände. Von diesen Stielen, Schalen, Kernen und Blattresten, die als Trester bezeichnet werden, fallen in Deutschland pro Jahr über 200.000 Tonnen an. Ein kleiner Teil davon wird zu Obstbränden oder Tierfutter verarbeitet, das meiste aber wieder als natürlicher Dünger in den Weinberg gebracht.

Die Designerin Katharina Jöricke hat diese Ressource in der Weinregion Mosel in einen neuen Kontext gesetzt: Der Trester bildet den Grundstoff für Lampenschirme und Weinkühler, die in ihrer Form an die moseltypische Schlegelflasche erinnern. Auch andere Verwendungszwecke wie Wandverkleidungen oder Messergriffe sind bereits als Prototypen entstanden.

Anstatt kompostiert zu werden, werden die Pressrückstände getrocknet, pulverisiert und mit dem hitzebeständigen Wachs der Carnaubapalme vermischt, das die Blätter der tropischen Pflanze vor Verdunstung schützt. Aufgrund des natürlichen Bindemittels ist das Material nach der Nutzung biologisch abbaubar, und nicht nur in der Optik findet sich der Charakter der verwendeten Traubensorte wieder, sondern auch in seinem Duft.

tresta-design.de

72 SCHALENSTUHL AUS ARTISCHOCKE

Artischocken kennen die meisten als Antipasti. Bei diesem Projekt ist das distelartige Gewächs aber als Antwort auf die Eurokrise zu verstehen.

Für viele Designer und Architekten ist das Entwerfen eines Sitzmöbels eine besonders begehrte Herausforderung: Es bietet die Chance, die eigene Gestaltungsphilosophie in einem anspruchsvollen, aber dennoch handelsüblichen Objekt zu verewigen. Der Barcelona Chair von Mies van der Rohe, freischwingende Stahlrohrkonstruktionen aus dem Bauhaus oder Plastikschalen aus den 1960er-Jahren – sie alle waren in Sachen Material und Formensprache zukunftsweisend.

Für den griechischen Designer Spyros Kizis stellte sich die Frage, wie im Spannungsfeld von nationaler Wirtschafts- sowie globaler Umwelt- und Ressourcenkrise ein Sitzmöbel heutzutage aussehen sollte. Er fand die Antwort in den Reststoffen einer Pflanze, die seit der Antike in der Küche und Heilkunde seines Landes eingesetzt wurde und tief mit der griechischen Kultur verbunden ist: der Artischocke.

Aus den faserigen Pflanzenteilen, die nicht für Produktion von Biokraftstoffen eingesetzt werden können, und einem biobasierten und biologisch abbaubaren Harz entwickelte er einen naturfaserverstärkten Kunststoff. Aus diesem wird durch Formpressen die Sitzschale erzeugt. Das Material besitzt nach der Aushärtung ähnliche Festigkeitseigenschaften wie glasfaserverstärkter Kunststoff und kann auch für Tischplatten oder Lampen verwendet werden.

Kizis möchte mit seinen Möbeln ein Zeichen setzen und einheimischen Landwirten, Handwerkern und Gründern Mut geben, gegen das ökonomische Schicksal Griechenlands anzugehen: mit Produkten, deren Komponenten regional verfügbar sind und deren Herstellung, Nutzung und Entsorgung keinerlei Beeinträchtigungen für Umwelt und Nachkommen verursachen.

thegreekfoundation.com/design/
artichair-by-spyros-kizis

73 KAFFEEBECHER AUS KAFFEE

Wenn jemand eine »Tasse Kaffee« bestellt, könnte das bei diesen Mehrwegbechern falsch verstanden werden.

Mit schätzungsweise 2,3 Milliarden Tassen pro Tag ist Kaffee das populärste Getränk der Welt[86] und allein wir Deutschen trinken pro Sekunde 2.300 Tassen.[87] Logisch, dass dadurch viele Millionen Tonnen an Kaffeesatz anfallen – Reststoffe, die weiter genutzt werden können.

Produktdesigner und Gründer des Start-ups Kaffeeform Julian Lechner experimentierte drei Jahre lang, um aus Kaffeesatz und anderen biobasierten Rohstoffen ein langlebiges und ästhetisches Material zur Produktion von Kaffeebechern herzustellen. Die Becher verdeutlichen dabei sehr anschaulich das Prinzip der Kreislaufwirtschaft »Waste is Food«: Der Abfallstoff (waste) eines Prozesses ist der Ausgangsstoff (food) für andere Prozesse.

Zur Beschaffung des Rohmaterials sammelt ein Kollektiv aus Fahrradkurieren den Kaffeesatz von einer Vielzahl Berliner Cafés und Röstereien ein, bringt ihn zur zentralen sozialen Werkstatt, von wo aus er zur Weiterverarbeitung und Produktion an verschiedene kleine Betriebe in Deutschland verteilt wird. Aus dem Kaffeesatz wird durch Zugabe von Biopolymeren ein haltbares und hitzebeständiges Material, welches die Außenwand des Bechers formt. Der innere Teil besteht aus recycelten Buchenholzfasern, die ebenfalls mit einem Biopolymer gebunden werden.

Vielleicht ändert sich durch die Verwendung von Reststoffen wie diesem, oder den biogenen Stoffen im Allgemeinen, unser Verständnis von Schönheit unserer Materialien und Objekte. Statt reinen und perfekten Hochglanz wird es mehr und mehr matte und marmorierte Oberflächen geben, statt schnelllebigen Trends mehr zeitloses Design, das auch in vielen Jahren noch gut aussieht und nutzbar ist. So wie es ein gestalterisches Credo der verschwenderischen Erdölmoderne gab, bildet sich nun eine neue Ästhetik der Nachhaltigkeit.

kaffeeform.com

74 KOSMETIK AUS KAFFEESATZ

Das, was vom Kaffeebrühen übrig bleibt, kann nicht nur in fester Form genutzt werden. Kaffeesatz bietet auch Inhaltsstoffe, die hautpflegend wirken.

Seit langer Zeit ist Erdöl für die Kosmetikbranche ein wichtiger Grundstoff. Seine Verwendung als Hautpflegemittel geht zurück bis an die Anfänge der Ölförderung in Pennsylvania. Dem Chemiker Robert Chesebrough fiel auf, dass sich die Ölarbeiter bei Verletzungen einer öligen Masse bedienten, die am Bohrgestänge zu finden war und die Wundheilung verbesserte. Er experimentierte mit dem Abfallprodukt – und einige Jahre später war die Vaseline geboren.

Erdölbasierte Kosmetik ist zwar günstig, aber in ihr finden sich oftmals gesundheits- und umweltschädliche Stoffe wie hormonell wirksame Parabene, allergieauslösende Duftstoffe, Emulgatoren oder Aluminiumsalze. Das Münsteraner Start-up Mellow Noir vermeidet diese Stoffe, indem es für seine Kosmetikprodukte Kaffeesatz nutzt. Dass dieser Rohstoff noch voller wertvoller Inhaltsstoffe steckt, zu schade zum Wegwerfen ist und noch anders genutzt werden kann, zeigen unzählige Ratgeber und Lifehacks im Internet. So ist Kaffeesatz der Ausgangsstoff für selbst gemachte Cremes, Peelings und Shampoos oder kann als Pflanzendünger verwendet werden. Er eignet sich auch zum Vertreiben von Ameisen, Schnecken und Wespen oder zum Reinigen des Grillrosts. In dunklen Holzmöbeln lassen sich kleine Kratzer mit angefeuchtetem Kaffeesatz gut retuschieren. Abseits vom DIY-Bereich können sogar Edelpilze auf dem Kaffeesatz gezüchtet,[88] daraus ein Garn gesponnen[89] oder ein Obermaterial für Sneaker hergestellt werden.[90]

Für Julian Köster, den Gründer von Mellow Noir, war der Kaffeesatz ebenfalls zu schade zum Wegwerfen und so experimentierte er mit der Gewinnung von Öl aus Kaffeeresten. Aus diesem Kaffeeöl entwickelte er Hautpflegeprodukte, die dank der Inhaltsstoffe der schwarzen Bohne antioxidativ und feuchtigkeitsspendend wirken sowie zur Regeneration und Straffung der Haut beitragen.

mellownoir.com

75 WEINKÜHLER AUS LÄRCHENRINDE

Mehr als nur Mulch: Rinde ist ein hoch entwickelter Naturstoff, dessen isolierende Eigenschaften bei diesem Produkt optimal zum Einsatz kommen.

In der Holzwirtschaft ist die »Haut der Bäume« bisher ein eher wenig beachteter Reststoff, der höchstens als Rindenmulch im Garten- und Landschaftsbau Verwendung findet oder als Biomasse der Energieerzeugung zugeführt wird. Dabei hat die Rinde eine wichtige Aufgabe: Sie schützt den Baum vor mechanischen Einwirkungen, Fressfeinden und isoliert ihn im Sommer wie im Winter.

Diese isolierende Eigenschaft macht sich das Salzburger Unternehmen Barkinsulation mit seinen Produkten aus heimischer Lärchenrinde zunutze. Besonders die Lärche, die in Bergregionen und unter widrigen Wetterbedingungen wächst, hat eine stark ausgeprägte äußere Borke, um sich gegen äußere Einflüsse zu schützen. Die guten thermischen Eigenschaften der Rinde können ebenso Lebensmittel, in diesem Fall den gekühlten Wein oder das Bier, vor dem schnellen Aufwärmen schützen. Dazu wird die Rinde, die im Sägewerk beim Schälen des Stammes anfällt, zerkleinert und gesiebt, mit einem Bindemittel vermischt und in Form gepresst.

Mit seinen Produkten will das Unternehmen auf die höherwertige Nutzung dieses Naturstoffs aufmerksam machen, der bis zu 20 Prozent des Baumstamms ausmachen kann. In einem Forschungsprojekt wird aktuell Baumrinde als Dämmstoff im Hausbau erprobt und auch weitere Verwendungsmöglichkeiten sind in den Startlöchern: druck- und stoßfeste Versandpacks aus Rinde, die erdölbasierte Produkte wie Luftpolsterfolie oder Styropor überflüssig machen könnten.

getraenkekuehler.at

76 GESCHIRR AUS KLEIE

Das gibt der »Müslischale« eine ganz neue Bedeutung: ein prinzipiell essbares Einweggeschirr aus nichts anderem als Kleie.

Um an das feine Mehl von Getreidekörnern zu gelangen, muss die Schale abgetrennt werden, die das Korn umhüllt. Diese Kleie, die rund ein Drittel eines Korns ausmacht, ist wirtschaftlich gesehen ein niederwertiges Nebenprodukt, das zudem nicht besonders lange lagerfähig ist. Sie ist zwar wegen ihres Ballaststoffgehalts für Müsli und Vollkornprodukte wieder im Kommen, wird aber sonst höchstens als Zusatz im Tierfutter eingesetzt.

Dabei stecken in Kleie neben Ballaststoffen weitere Inhaltsstoffe, wie Stärke oder Eiweiß, die mit Wasser und Hitze als Bindemittel eingesetzt werden können. Das polnische Unternehmen Biotrem macht sich genau das zunutze: Der feuchte »Kleiekuchen« wird unter erhöhter Temperatur in Tellerform gepresst, sodass das pflanzliche Eiweiß darin denaturiert und die Masse sich verfestigt. Das Gleiche passiert beim Spiegelei in der Pfanne, wenn die Proteine im Ei ab circa 60 Grad Celsius eine feste Struktur annehmen. Auf diese Weise entstehen Teller, Schalen und Schüsseln, die zu 100 Prozent aus Kleie bestehen und somit theoretisch sogar essbar sind. Auf jeden Fall ist das Einweggeschirr aber kompostierbar und zersetzt sich nach einem Monat auf dem heimischen Kompost zu Humus.

Im Gegensatz zu Einweggeschirr aus Papier ist der Wasserverbrauch bei der Herstellung der Produkte sehr gering. Aus 1 Tonne reiner Weizenkleie können bis zu 10.000 Teller produziert werden, die sich für kalte und warme Speisen eignen und sogar im Backofen oder in der Mikrowelle erhitzt werden können.

biotrem.eu

77 JAUSENBOX AUS KAKAOSCHALEN

Statt Einweggeschirr soll diese Designstudie aus verschiedenen Biowerkstoffen zur Vermeidung von Plastikmüll bei der Abholung von Essen beitragen.

Heute sind biobasierte Kunststoffe die Alternative zu erdölbasiertem Plastik. In der Zeit vor der Erdölnutzung waren sie aber speziell als Alternative für teure Naturstoffe entwickelt worden, wie Bernstein, Horn oder Perlmutt. Das berühmteste Beispiel ist wahrscheinlich die Billardkugel. Diese wurde klassischerweise aus Elfenbein hergestellt. Weil sie sich mit der Zeit abnutzte, musste die Kugel jedoch nachgeschliffen werden, wodurch sich ihre Größe veränderte.

Im Jahr 1863 setzte der amerikanische Billardprofi Michael Phelan ein Preisgeld von 10.000 Dollar für die Entwicklung besserer Billardkugeln aus. Sechs Jahre später gab der Chemiker John Wesley Hyatt die Erfindung des Zelluloids bekannt und gewann mit seinem wieder einschmelzbaren Kunststoff auf Basis von Zellulose das Preisgeld. Auch Zahnräder, Messergriffe, Spielzeuge oder Tischtennisbälle wurden fortan aus dem Material gefertigt. Am bekanntesten ist wahrscheinlich der Zelluloidfilm für Fotografie und Film, der aber aufgrund seiner hohen Brennbarkeit ab den 1950-Jahren verboten wurde.

Heutzutage wollen wir mit biobasierten Kunststoffen kein Elfenbein ersetzen, sondern die Unmengen von billigem Erdölplastik. Gerade im Take-Away- und Lieferbereich für Lebensmittel, der sich weltweit seit 2017 verdreifacht hat,[91] sind nachhaltige Lösungen gefragt. Eine Alternative ist die Mehrweg-Mitnahmebox des britischen Designstudios Priestman Goode. Sie soll beim Abholen des Essens vom Kunden mitgebracht werden, um die bestellten Speisen darin nach Hause zu transportieren.

Die wiederverwendbare Warmhaltetasche für die Essenscontainer ist aus verschiedenen biobasierten Materialien gefertigt: einer Lederalternative aus Ananasfasern, einem pflanzenbasierten Gummi sowie einer wärmeisolierenden Schicht aus Pilzmyzel. Die Container für die Speisen bestehen aus Cocoa, einer Materialinnovation aus Kakaoschalen, die von der deutschen Materialentwicklerin Paula

Nerlich stammt. Sie nutzt dafür die nach der Röstung verbliebenen Schalen der Kakaobohnen, um sie mit einem Biopolymer zu binden.

Mit ihrem Circular Home Lab bietet sie außerdem Workshops für jedermann an, bei denen aus haushaltsüblichen Lebensmittelresten Werkstoffe gewonnen werden, was zu einem veränderten Verständnis von Abfällen anregen soll.[92]

priestmangoode.com
paulanerlich.com

78 ABSCHMINKTUCH AUS GRÜNABFÄLLEN

Abschminken ohne Öl: Statt erdölbasierten Cremes oder Tüchern entfernt dieses plastikfreie Tuch aus stärkehaltigen Grünabfällen Make-up und spart Wattepads, Chemikalien und Verpackungsmaterial.

Die meisten Hautreinigungsmittel beinhalten erdölbasierte Tenside als Lösungsmittel und Paraffine zum Rückfetten der Haut. Das deutsche Start-up Stoffschmiede bietet mit den »nakt«-Tüchern eine Alternative auf pflanzlicher Basis an, die ganz ohne Lösungsmittel und Zusatzstoffe auskommt. Aus stärkehaltigen Pflanzen und Grünabfällen wird das Milchsäurepolymer Polylactid hergestellt, das zu einem Garn versponnen werden kann.

Durch das Material an sich, aber auch durch die feinfaserige Webstruktur des Tuches können Fette besonders gut von der Haut entfernt werden. Da die Faser im Gegensatz zu Baumwolle kein Wasser aufnimmt, also nicht aufquillt, trocknen die Tücher sehr schnell und bieten wenig Lebensgrundlage für Bakterien. Nach einer Woche intensiver Nutzung kann das Tuch einfach in der Waschmaschine gereinigt und danach wiederverwendet werden.

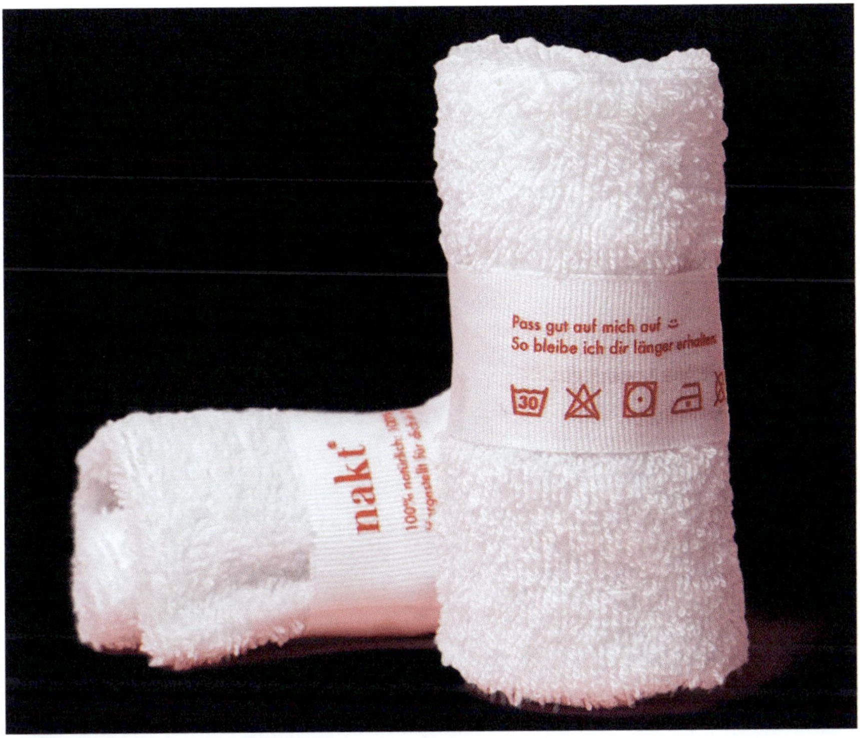
Pass gut auf mich auf
So bleibe ich dir länger erhalten
30
nakt

nakt.eu

79 LAMPENSCHIRM AUS WEIHNACHTSBAUM

Ä Tännschen please! Jeden Dezember ziehen knapp 30 Millionen Tannenbäume in deutsche Haushalte ein. Aber was wird daraus nach dem Fest?

Unser Weihnachtsbaum ist auf eine heidnische Tradition zurückzuführen. Zur Zeit der Wintersonnenwende holte man sich grüne Zweige zur Vertreibung der Wintergeister sowie als Symbol für Fruchtbarkeit und Leben ins Haus. Im Spätmittelalter wurden vermehrt ganze Bäume aufgestellt, und heutzutage ist der geschmückte Baum, meist eine Nordmanntanne, nicht mehr vom Weihnachtsfest wegzudenken.

Nach den Festtagen geht ein Teil der ausgedienten Weihnachtsbäume an Zoos, wo sie an Elefanten und andere Tiere verfüttert werden. Hierfür werden allerdings nur die unverkauften Exemplare der Weihnachtsbaumplantagen und -händler verwendet, da diese mit Sicherheit frei von Lametta und anderer Dekoration sind, die den Tieren schaden könnten. Alle anderen Weihnachtsbäume dienen vor allem der Energieerzeugung in Biomasse-Heizkraftwerken.

Das finnische Designstudio Caracara Collective nutzt biologische Nebenprodukte wie Laub, Altholz, Zucchinireste, Pilzmyzel und Nussschalen als Ausgangsstoffe für verschiedene Designprodukte. Bei der Lampenserie »Reclaim Collection« sind die Schirme aus den Nadeln ausrangierter Weihnachtbäume sowie aus Orangenschalenabfällen der Saftproduktion gefertigt. Die Menge an Nadeln einer durchschnittlich gewachsenen Weihnachtstanne liefert Material für circa 12 Lampenschirme.

caracaracollective.com

80 TEPPICH AUS ZELLULOSE

Nachhaltigkeit im schnelllebigen Messegeschäft ist eine Herausforderung. Dieser Bodenbelag aus Altpapier stellt eine biobasierte Alternative zu erdölbasierten Kunstfasern dar.

Einen der wichtigsten und bekanntesten Restströme von organischem Material stellt das Altpapier dar. Im Jahr 2020 wurden in der deutschen Papierindustrie 21,4 Millionen Tonnen Papier produziert und dabei 79 Prozent Altpapier eingesetzt.[93] Recyclingpapier aus Sekundärfasern, also Fasern die mindestens schon einmal im Umlauf waren, spart gegenüber Papier aus Frischfasern in etwa 50 Prozent an Energie und 70 Prozent Wasser.[94] Da Altpapier zudem so gut wie überall anfällt, kann es als regionaler Rohstoff eingeordnet werden. Zwar war in den 1980er-Jahren die Qualität des Recyclingpapiers eher minderwertig und die graue Optik schreckte viele Verbraucher ab, heutzutage kann es ebenso weiß hergestellt werden wie Frischfaserpapier und ist nicht mehr von diesem zu unterscheiden. Zu erkennen ist es am Umweltzeichen »Blauer Engel«, das seit 1978 besteht und einen Altpapieranteil von 100 Prozent garantiert.

Das baden-württembergische Unternehmen Paprfloor entwickelte aus dem Zellstoff von Altpapier einen bedruckbaren und strapazierfähigen Bodenbelag für Messen und Ausstellungen. Klassischerweise sind Bodenbeläge im Messebau aus erdölbasierten Kunstfasern gefertigt und nach einer recht kurzen Nutzungsdauer oft nur noch Sondermüll. Paprfloor besteht komplett aus recyceltem Papier und kann somit nach Ende der Nutzungsdauer wiederverwertet werden. Pro Quadratmeter spart der Bodenbelag aus Papier knapp 10 Kilogramm CO_2 im Vergleich zu herkömmlichen Textilteppichen im Messebau und der Teppich kann nach Belieben individuell bedruckt werden.

paprfloor.com

81 PAPIER AUS KIWISCHALEN, KIRSCHKERNEN UND LAVENDELSTÄNGELN

Es muss nicht immer Frischholz sein: Auch in der Lebensmittelindustrie fallen zellulosehaltige Reste an, die als Papiergrundstoff dienen können.

Papier wird erst seit der industriellen Revolution aus Zellstoff von Holz hergestellt. Der Hauptbestandteil der Papierproduktion, die im 11. Jahrhundert über den Orient nach Europa gelangte, waren lange Zeit Naturfasern aus Hanf, Flachs oder Nessel. Besonders die Leinenfasern aus Flachs lieferten hochwertigen Zellstoff für Papiermühlen, weshalb die sogenannten Lumpenkrämer als fahrende Sammler von abgenutzten Leinenkleidern unterwegs waren. Die als »Hader« bezeichneten Stoffreste werden teilweise heute noch für Spezialpapiere oder Banknoten verwendet, da ihre langen Fasern besonders reißfest sind.[95]

Mit alternativen Fasermaterialien beschäftigt sich auch das italienische Unternehmen Favini. Die Papierserie Crush besteht zu 15 Prozent aus Resten der Lebensmittel- oder Kosmetikindustrie, die normalerweise in Kompostierungsanlagen landen würden. Dazu gehören organische Reststoffe unterschiedlichster Natur wie Nussschalen, Kirschkerne, Lavendelstängel, Maiskolben, Traubentrester, Kiwischalen, Reste von Zitrusfrüchten oder die Haut von Kaffeebohnen, die nach dem Röstvorgang anfällt.

Diese Reste werden getrocknet, fein gemahlen und anschließend einem Zellstoffbrei aus Holzfasern und Altpapier beigemischt. Je nach Restmaterial erhält jede Papiersorte eine charakteristische Einfärbung mit winzigen Einschlüssen der pulverisierten Pflanzenabfälle. Der Kreislauf endet hier aber noch nicht, denn auch dieses Papier kann, nachdem es genutzt wurde, wieder als Zellstoff in die Produktion der Spezialpapiere eingehen.

favini.com

82 MÖBEL AUS POPCORN

Die Idee kam ihm beim Kinobesuch mit seiner Frau: Ein Göttinger Professor nutzt Popcorn, um daraus feste Leichtbauwerkstoffe zu schaffen.

Die stärkehaltigen Kerne von Mais weisen eine dünne Schale auf, die sie vor dem Austrocknen schützt. Sobald sie erhitzt werden, dehnt sich die enthaltene Feuchtigkeit als Wasserdampf aus und sprengt schlagartig den gesamten Kern. Dabei steigt das Volumen enorm: 1 Kubikmeter Körnermais wiegt 740 Kilogramm, während gepoppter Mais nur auf knapp 40 Kilogramm pro Kubikmeter kommt.

Seit einigen Jahren forscht der Göttinger Professor Alireza Kharazipour an leichten Plattenwerkstoffen aus alternativen Materialien. Ein erster Erfolg seines Teams war die Entwicklung des »Balance Board«, einer Sandwichplatte aus Holzspänen und einer Kernschicht aus gepopptem Mais, die knapp 35 Prozent leichter ist als vergleichbare Spanplatten. Als Bindemittel wurden auch selbst entwickelte Rezepturen auf Basis von Lignin, Tannin und Eiweiß erprobt. Statt Styropor kommt bei diesen Platten Mais zum Einsatz – genauer gesagt gepoppter Mais, also Popcorn. Die verwendeten Körner sind Reststoffe aus der Cornflakes-Produktion und eignen sich daher nicht mehr für die Verwendung als Lebensmittel.

Mittlerweile haben die Forscher Platten entwickelt, die ausschließlich aus Maisgranulat bestehen. Hierbei wird noch mal einiges an Gewicht eingespart und die Festigkeit und Dämmeigenschaften sind besser als bei Styropor. Überall dort, wo es auf jedes eingesparte Gramm ankommt, ist der Einsatz des Materials interessant, beispielsweise im Fahrzeug- oder Messebau. So können Sitzschalen oder Kopfstützen, aber ebenso Dämmplatten für das Baugewerbe hergestellt werden. Aber auch recycelbare Verpackungsmaterialien und Spielzeuge sind bereits in Produktion.

t1p.de/popcornmoebel

83 SITZSCHALEN AUS RINDE

Ein Baum liefert nicht nur Bretter und Balken. Dieses Projekt zeigt die Vielseitigkeit von Zellulose, Lignin & Co.

Der Solar Decathlon ist der anspruchsvollste universitäre Wettbewerb, wenn es um nachhaltiges und energieeffizientes Bauen geht. Mit dem LISI-Haus (das Akronym steht für Living Inspired by Sustainable Innovation) konnte sich das Team Austria 2013 gegen 150 andere teilnehmende Hochschulen durchsetzen und mit biobasierten Materialien punkten: Das Haus besteht zu über 90 Prozent aus Holz.

Die Inneneinrichtung des Hauses sowie die dafür verwendeten Materialien wurden von der Fachhochschule Salzburg entwickelt, deren Forschung am traditionsreichen Campus Kuchl sich unter anderem mit der Kreation von biobasierten Materialien beschäftigt. Für das Plusenergiehaus, also ein Haus, das mehr Energie erzeugt, als es verbraucht, wurde nicht nur Bauholz verwendet, sondern auch Holzfasern, Zellulosedämmung oder Rindenplatten als Wandverkleidung, und selbst die Stühle im Essbereich wurden aus Baumrinde gefertigt.

Der Entwurf zu den Stühlen ist von Designklassikern aus den 1960er-Jahren inspiriert. Während damals allerdings Kunststoffe das innovative Material der Stunde waren, wird bei den Stühlen des LISI-Hauses auf Späne und Rinde als Neben- und Abfallprodukte aus der Holzindustrie zurückgegriffen, die standardmäßig eher niederwertig als Rindenmulch oder zur Energieerzeugung genutzt werden. Gemäß den Prinzipien der Kreislaufwirtschaft, die auch biogene Materialien möglichst lange in Nutzungszyklen vorsieht, erhalten diese ein neues Leben in Form eines hochwertigen Designproduktes.

solardecathlon.at

84 OBERFLÄCHEN AUS MAISHÜLSEN

Of Mais and Men: Dieses Projekt mit sozialem Charakter zeigt nicht nur die Vielfalt von alten Maissorten, sondern bewahrt darüber hinaus kleinbäuerliche Kulturen.

Der in London arbeitende Designer Fernando Laposse verwendet bei seinen Projekten gerne weniger bekannte Naturmaterialien wie Sisal, Luffa oder die Hüllen von Maiskolben. Letztere fallen bei der Maisernte an und hatten bisher keinen wirklichen Nutzwert. Der Designer schuf daraus ein Biomaterial, indem er die Hüllen vom Kolben trennte, bügelte und auf eine Trägerschicht aus Textil anbrachte. Mit Lasertechnik geschnitten, kann diese Oberfläche für Wände, aber auch als Dekormaterial für Möbel und hochwertige Einlegearbeiten verwendet werden.

Anders als bei dem Mais, den wir aus der industriellen Landwirtschaft kennen, reicht die Farbpalette bei den verwendeten alten Maissorten von sanften Cremefarben bis Dunkelrot. Das Material spiegelt damit auch die enorme Vielfalt von Maiskulturen wider, die traditionell in kleinbäuerlichem Anbau in Fernandos Heimatland Mexiko verwendet wurden und mittlerweile vom Aussterben bedroht sind. Sie sind zwar sehr nährstoffreich, aber auch anfälliger für Schädlinge und werden allmählich von hoch entwickelten und ertragreicheren Sorten verdrängt.

Sein Projekt »Totomoxtle« soll einen Beitrag zur Konservierung dieser alten Maiskulturen liefern, deren Samen oft über Jahrhunderte von Generation zu Generation weitergegeben wurden. In Kooperation mit ansässigen Kleinbauern und der weltgrößten Bank für Maissamen findet nun eine Kultivierung und Wiederbelebung der Traditionspflanzen statt. Die handwerkliche Verarbeitung und der Verkauf der höherwertig verarbeiteten Maishüllen schafft nicht nur regionale Arbeitsplätze, sondern leistet darüber hinaus einen substanziellen Beitrag zur Finanzierung der Bewegung sowie zum Erhalt der lokalen Biodiversität.

fernandolaposse.com

85 LÖFFEL AUS HAFERFASERN

Sticht jemanden der Hafer, so sprüht er vor Energie. Bei diesen essbaren Löffeln ist dies ein sehr gewünschter Nebeneffekt.

Obwohl er ernährungstechnisch durch seinen vergleichsweise hohen Anteil an Proteinen, Vitaminen und Mineralstoffen eine der hochwertigsten Getreidesorten ist, wurde Hafer ursprünglich hauptsächlich als Tierfutter angebaut. Mittlerweile erfreuen sich Haferprodukte immer größerer Beliebtheit am Markt und Haferflocken oder Hafermilch sind aus der gesundheits- und umweltbewussten Ernährung nicht mehr wegzudenken.

Das Korn des Hafers ist, ähnlich wie andere Getreidekörner auch, von einer schützenden Schicht, der sogenannten Spelze, umgeben. Bei der Getreideproduktion wird diese durch das Dreschen der Ähren entfernt und nur selten anderweitig verwertet – man trennt »die Spreu vom Weizen«, also das Wertvolle vom Nutzlosen. Man kann die Spelze aber auch als Rohstoff sehen, der sich zum Beispiel in Vollkornprodukten mit seinem hohen Ballaststoffanteil positiv auf unsere Verdauung auswirkt.

Das Heidelberger Unternehmen Spoontainable nutzt die faserigen Reste anderweitig und bietet mit den Hafer-Spoonies eine Alternative zum Einwegbesteck aus Kunststoff an. Der Haferlöffel verringert die Menge an im Umlauf befindlichem Plastik und vermindert gleichzeitig die Lebensmittelverschwendung. Angefangen hat das Experimentieren der beiden Gründerinnen in ihrer WG-Küche mit Kakaoschalen, die in der Schokoladenproduktion übrig bleiben und ebenfalls ein löffeltaugliches Fasermaterial bieten. Nach der ersten Kakaolöffel-Serie entstand eine Weiterentwicklung auf Basis der Haferspelzen.

Die Rezeptur der Löffel ist so gestaltet, dass sie über 60 Minuten in gefrorenen und ungefrorenen Nachtischen stabil verwendet werden können. Der besondere Clou: Die Löffel müssen nach dem Gebrauch nicht weggeworfen werden, sondern können verspeist werden.

spoontainable.com

86 SOCKEN AUS CO_2

Man kann zwar immer noch nicht von Luft und Liebe leben, aber teilweise, nämlich wenn man den atmosphärischen Kohlenstoff als Quelle für Fasermaterial nutzt.

Es ist kein klassischer Müll, weil er nicht greifbar ist, aber überall dort, wo etwas Kohlenstoffhaltiges unter Zufuhr von Sauerstoff verbrennt, entsteht CO_2. Es ist der Abfall, besser gesagt das Abgas, das bei der Nutzung unserer kohlenstoffreichen Energieträger freigesetzt wird. In der Klimakrise handelt es sich dabei nicht um irgendeinen Abfallstoff, sondern um den Schadstoff schlechthin.

Wenn wir aber den Blickwinkel der Natur einnehmen, so wird CO_2 zum wichtigen Grundstoff, der sogar unserem Klima helfen kann. Ähnlich wie Pflanzen, die in der Photosynthese den Kohlenstoff aus dem CO_2 nutzen, ist es möglich, mittels sogenannter Carbon-Capture-and-Utilization-Verfahren die Substanz einzufangen und – im besten Fall möglichst dauerhaft – zu nutzen. Die Technologien dafür sind kompliziert, aber erste marktfähige Beispiele gibt es bereits.

Ein isländisches Unternehmen nutzt CO_2-Abgasströme aus der Industrie, um daraus grünes Methanol für Treibstoffe, Chemikalien oder Produkte zu gewinnen. Ein kalifornisches Unternehmen verwendet Kalziumcarbonat, also mineralisiertes CO_2, das aus Gasheizungen stammt, um daraus Seife herzustellen. Auch das Beispiel des Proteins aus Bakterien (Seite 216) arbeitet mit CO_2, denn die Einzeller nutzen das Gas als Nahrung.

Dem Leverkusener Chemieunternehmen Covestro ist es gelungen, gemeinsam mit der RWTH Aachen ein Verfahren zum CO_2-Recycling zu entwickeln. In die Herstellung ihrer Polyole, einer Gruppe von organischen Verbindungen, fließen rund 20 Prozent CO_2 – und damit 20 Prozent weniger Erdöl. Das CO_2 stammt aus Chemiewerken in der Umgebung, wo es als Abgas anfällt. Aus diesen Polyolen werden Schaumstoffe für Matratzen oder die Autoindustrie produziert, aber auch ein elastisches Garn, das versponnen werden kann. Der Textilhersteller Falke hat daraus bereits erste Prototypen für Socken kreiert.[96]

Wie man sieht, kann selbst in der Chemieindustrie das Thema Kreislaufwirtschaft stärker ausgebaut werden. Ähnlich wie bei der Nutzung von Pflanzenstoffen wie beispielsweise Holz, hat dies einen doppelt positiven Effekt: Zum einen wird der Atmosphäre CO_2 entzogen, zum anderen werden damit fossile Rohstoffe geschont.

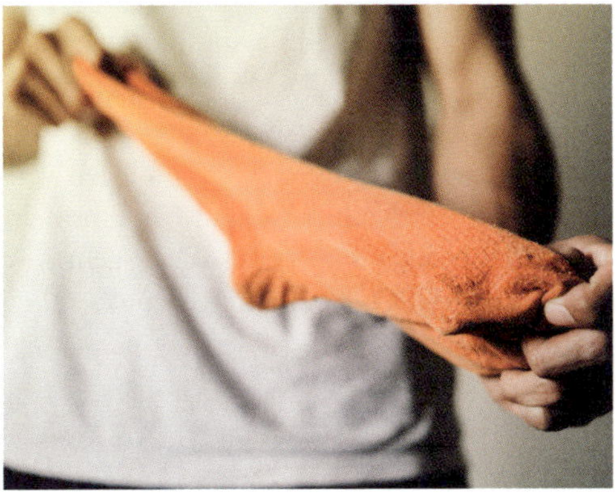

covestro.com/de/sustainability/flagship-solutions/co2-as-a-raw-material

87 PFLANZTÖPFE AUS SONNENBLUMENSCHALEN

Vom Abfallprodukt zum kompostierbaren Gartenhelfer: Dieser Naturfaserwerkstoff nutzt die harte Schale von weichen Kernen.

Deutschland ist mit der Herstellung von rund 20 Millionen Tonnen Kunststoff auf Basis von Kohlenwasserstoffverbindungen aus Erdöl, Kohle oder Erdgas führend in Europa.[97] Auch im Gartenbau greifen viele Hobbygärtner gern auf Pflanzen in Plastiktöpfen zurück. Diese Behältnisse werden jährlich milliardenfach gekauft, wodurch ein Berg aus Einwegabfall entsteht, der in aller Regel über den Hausmüll entsorgt wird und schließlich in Müllverbrennungsanlagen landet.

Das Unternehmen Pottburri aus NRW stellt Pflanztöpfe her, die sich innerhalb von zwölf Monaten vollständig zu Gartenkompost abbauen und dabei keine schädlichen Rückstände im Boden hinterlassen. Die Pflanzen können zusammen mit den Töpfen in die Erde gesetzt werden – und somit entfällt das Austopfen der Pflanze.

Das Start-up greift dafür auf den für Spritzgussverfahren optimierten Biokunststoff SunCircle des westfälischen Unternehmens Golden Compound zurück, der nicht nur kompostierbar, sondern auch komplett recycelbar ist. Dafür wird zu 70 Prozent Fasermaterial aus pulverisierten Sonnenblumenschalen verwendet, die in der Lebensmittelindustrie anfallen. Maisstärke und Gesteinsmehl binden und füllen diese Fasermatrix und machen sie auf herkömmlichen Kunststoffproduktionsanlagen verarbeitbar. Weltweit werden jährlich rund 50 Millionen Tonnen Sonnenblumenkerne produziert.[98] Bei einem Schalenanteil von circa 20 Prozent pro Kern gibt das satte 10 Millionen Tonnen Schalenmaterial, die höherwertig verwendet werden könnten.

potburri.de

88 HALFTER AUS TRAUBENSCHALEN

Mamma mia! Pressrückstände kann man doch nicht einfach wegwerfen – in Italien entsteht daraus ein veganes Ledermaterial.

Italien produzierte im Jahr 2020 knapp 5 Milliarden Liter Wein und ist damit vor Spanien und Frankreich das wichtigste Erzeugerland weltweit.[99] Logisch, dass dabei auch enorme Mengen an Pressrückständen beim Keltern anfallen. Zwar wird dieser Abfall bereits als Düngemittel und Viehfutter weiterverwendet, aber der Trester kann noch wesentlich mehr. Der vitamin- und mineralstoffreiche »Presskuchen« aus Schalen, Kernen und Stielen kann beim Tresterbrot als Zugabe zum Teig verwendet werden, als Gesichtsmaske oder Peeling findet er in der Kosmetik Verwendung und natürlich wird der weltbekannte Branntwein Grappa daraus destilliert.

Weniger alkoholisch und traditionsreich, dafür aber auch aus Italien ist die Idee des »Traubenleders«. Ein Mailänder Unternehmen nutzt die Pressrückstände, um tierisches Leder zu ersetzen. Die Schalenreste aus der Weinproduktion werden dafür getrocknet, gemahlen, mit einem geringen Anteil an synthetischem Kleber gebunden und anschließend auf die gewünschte Schichtdicke gepresst und gewalzt. Anschließend wird die Oberfläche mit pflanzlichen Ölen so behandelt, dass eine lederähnliche Optik entsteht.

Das deutsche Unternehmen Nafilia nutzt das als Vegea bezeichnete Material bereits, um daraus Reitsportzubehör herzustellen. Das Material ist tierischem Leder in seiner Robustheit ebenbürtig und kann problemlos im Reitsport, aber auch zur Herstellung von Schuhen oder Taschen eingesetzt werden.

nafilia.com

89 PAPIER AUS ELEFANTENDUNG

Shi(f)t happens: Dieses Papier macht den Elefanten vom gejagten Elfenbeinträger zum schützenswerten Faserproduzenten.

Statt Holzfasern nutzt das belgische Unternehmen Elecosy einen ganz anderen Rohstoff, um daraus Spezialpapiere für Grußkarten, Notizbücher und andere papierbasierte Produkte herzustellen: Elefantendung. Denn im Schnitt frisst ein Elefant rund 150 Kilogramm pflanzliche Nahrung pro Tag und scheidet dementsprechend viel auch wieder aus.[100] Was übrig bleibt, ist ein faserhaltiger Rohstoff, der gekocht, in Metallsieben gewaschen und gemeinsam mit Altpapier zerstampft wird. Der nasse Faserbrei wird auf traditionelle Weise von Hand in dünnen Schichten abgeschöpft und zu Papierlagen gepresst.

In einer Kooperation von Elecosy mit lokalen Bauern in Sri Lanka und Indien dienen die Einnahmen aus dem Projekt dem Erhalt der natürlichen Lebensräume für Elefanten. Darüber hinaus besteht ein finanzieller Anreiz für die Bevölkerung, die Tiere nicht zu schießen oder wegen ihres Elfenbeins zu jagen, sondern stattdessen lieber ihre Hinterlassenschaften zu sammeln und zu verwerten, denn sie stellen eine Einkommensquelle dar.

Das Gleiche geschieht mittlerweile übrigens auch mit Nashorndung in der indischen Region Assam, wo das einhörnige indische Panzernashorn vor dem Aussterben gerettet werden soll.

elecosy.com

90 SCHREIBTISCH AUS ALTHOLZ

Das »Urban Mining« reduziert den Nutzungsdruck auf die Natur und macht unsere Städte zu den Rohstofflagern der Zukunft.

Die wahrscheinlich bekannteste Form der Kreislaufwirtschaft ist das Cradle-to-Cradle-Prinzip (C2C, englisch sinngemäß: »vom Ursprung zum Ursprung«) des deutschen Chemikers Michael Braungart und des amerikanischen Architekten William McDonough, die dieses Konzept in ihrem 2002 erschienenen Buch *Cradle to Cradle: Remaking the Way We Make Things* vorstellten. Egal welches Material wir verwenden – alles ist laut C2C nach seiner Nutzung wieder der Ursprung für etwas Neues. Entweder im biologischen Kreislauf (durch Kompostierung und neues Pflanzenwachstum) oder im technischen Kreislauf (durch Aufbereitung zu neuen Produkten). Bei C2C richtet sich der Blick weniger auf die Ökobilanz eines einzelnen Produkts, sondern auf die »Ökoeffektivität«, also die gesamte Umweltwirkung eines produzierenden Unternehmens.

Mit dem C2C-Prinzip sind unsere Städte nicht mehr die fest zementierte Infrastruktur, die irgendwann abgerissen wird und auf der Mülldeponie landet. Stattdessen sind sie anthropogene, also vom Menschen gemachte Rohstofflager, die Metalle, Kunststoffe, seltene Erden, Beton, Holz oder Glas für neue Wirtschaftskreisläufe bereithalten. Der brachiale Abriss eines Gebäudes wird zum schonenden Rückbau, um möglichst verlustfrei Sekundärrohstoffe zu gewinnen. Idealerweise werden schon beim Neubau eines Gebäudes alle verwendeten Bauteile und deren Materialien genau dokumentiert, sodass nachfolgende Generationen wissen, welche Stoffe wo gelagert sind und deren Wiederverwendung dadurch einfacher wird. Das fordert der Architekt und Experte für Kreislaufwirtschaft Thomas Rau. Er bezeichnet Abfall als »Material ohne Identität«[101] und spricht sich sogar dafür aus, Materialien nicht als etwas zu sehen, das man besitzt, sondern als etwas, das man eine Zeit lang benutzt.

Ein angewandtes Beispiel für das Cradle-to-Cradle-Prinzip ist dieser Schreibtisch, der im Zuge eines Forschungsprojektes zwischen dem gemeinnützigen Bauträger Salzburg Wohnbau und der FH Salzburg entstanden ist. Ziel war das

Wiedereinspeisen von rückgebautem Beton in neue Wohnbauten, oder kurz gesagt: aus alten Häusern neue zu bauen. Denn ab 2024 darf mineralisches Abbruchmaterial in Österreich nicht mehr auf der Mülldeponie abgeladen werden. Statt dem Downcycling, also der niederwertigen Verwendung von Ziegeln oder Beton als Schutt im Straßenbau, wurde das Material wie vorher in der Tragstruktur der neuen Gebäude eingesetzt.

Auch Holz fällt beim Rückbau an, welches weiter in langlebigen Produkten genutzt werden kann: Das Fichtenholz dieses Tischs beispielsweise war Teil eines Dachstuhls. Nun ist es ein ausklappbarer Steh- oder Sitzarbeitsplatz, der mit Nagellöchern und Verfärbungen die Geschichte seines »ersten Lebens« erzählt.

www.salzburg-wohnbau.at/tag/circular-concrete/

91 VERSANDBOX AUS STROH

Dieses bayrische Unternehmen hat nur Stroh im Kopf – und fertigt daraus Verpackungen, die Styropor überflüssig machen könnten.

Der Onlinehandel erlebte in den letzten Jahren großes Wachstum, was durch die Corona-Pandemie nochmals verstärkt wurde. In Deutschland werden mittlerweile jährlich rund 87 Milliarden Euro mit E-Commerce umgesetzt,[102] dominiert von Nonfood-Gebrauchsgütern wie Mode, Elektroartikeln und Möbeln.[103] Auch der internetbasierte Handel mit Lebensmitteln, bei denen Kunden bislang zurückhaltend waren, ist ein Wachstumsmarkt. Wurde in diesem Bereich 2017 1 Milliarde Euro umgesetzt, so waren es 2021 schon fast 4 Milliarden Euro.[104]

Frische Lebensmittel wie Obst und Gemüse müssen sicher verpackt und gut gekühlt beim Konsumenten ankommen, wobei die Sensibilisierung gegenüber Plastik- und Styroporverpackungen in den letzten Jahren bei den Endkunden stark zugenommen hat und solche Verpackungen daher oft abgelehnt werden. Das bayrische Unternehmen Landpack stellt Verpackungen her, die mit Stroh aus der Region gedämmt werden, das als Nebenprodukt der Getreideernte anfällt. Stroh als Dämmmaterial ist nicht neu, schließlich werden die abgedroschenen Getreidehalme schon seit Jahrhunderten im Hausbau eingesetzt.

Bei den Verpackungen von Landpack wurden formstabile, gepresste »Strohpolster« entwickelt, die nicht nur feuchteregulierend wirken, sondern zudem genauso gut thermisch isolieren wie herkömmliche Styroporverpackungen. Das Stroh, das aus einem Radius von maximal 10 Kilometern um den Firmensitz stammt, wird lediglich gereinigt und in Form gepresst. Statt mit herkömmlichen Klebstoffen oder sonstigen erdölbasierten Bindemitteln wird das Material nur mit einer auf natürlicher Stärke basierenden Hülle zusammengehalten. Wenn es also einmal nicht mehr als Polster eingesetzt werden soll, kann das Material ohne Weiteres in der Biotonne oder dem heimischen Kompost entsorgt werden.

landpack.de

92 TASCHE AUS ORANGENSCHALEN

Hier bekommt der Begriff »Orangenhaut« eine ganz neue Bedeutung: Aus diesem Reststoff der Saftproduktion entsteht ein robustes, lederartiges Material.

Ein Denkanstoß, der für eine besonders intelligente und sparsame Nutzung von natürlichen Ressourcen steht, ist das Modell Faktor X von Friedrich Schmidt-Bleek. Es fordert eine 10-fache Senkung des Ressourcenverbrauchs in den Industrienationen. Gleichzeitig sollen unsere Ressourcen um den Faktor 10 effizienter genutzt werden: Aus 1 Tonne Rohstoff soll also der 10-fache Nutzen generiert werden.[105] Diese Denkweise kann zu einem neuen Verständnis von Rohstoffen und Materialien beitragen, denn noch immer lassen wir wertvolle Potenziale ungenutzt und sind von einer Mentalität des unbegrenzten Überflusses geprägt.

Maíra Petrick konzentriert sich im Rahmen ihres Masterstudiums Design und Produktmanagement an der Fachhochschule Salzburg auf einen Reststoff, der in ihrem Heimatland Brasilien in rauen Mengen anfällt: Sie nutzt Schalen aus der Orangensaftproduktion, um daraus ein 100-prozentig biobasiertes Ledermaterial herzustellen. Dafür werden die Schalen gekocht, zu einem Brei vermixt und mit einem natürlichen Bindemittel abgebunden. Im anschließenden Trocknungsprozess erhält das Material seine finale Textur und Färbung.

Ihre Studienkollegin Anna Kobalz prüft das Material auf Zugfestigkeit, Reißfestigkeit, Abrieb, Brennbarkeit und sein Verhalten bei unterschiedlicher Luftfeuchtigkeit. Auch systematische Verrottungsversuche in der Natur werden durchgeführt, um die biologische Abbaubarkeit des neu entwickelten Materials zu erforschen. Sollten alle Tests und Prüfungen erfolgreich verlaufen, ist die Verwendung des »Orangenleders« in verschiedenen Industriezweigen, etwa im Textil-, Möbel und Fahrzeuginterieurbereich, geplant.

t1p.de/orangenleder

93 LAMPE AUS AVOCADOKERNEN

Die grüne Superfrucht aus der Familie der Lorbeergewächse liefert einen großen Kern, aus dem stylische Lampenschirme entstehen.

Die Avocado stammt ursprünglich aus Mittelamerika und wird dort bereits seit 10.000 Jahren kultiviert. Mittlerweile boomt aber auch der Verzehr der fettigen Frucht in Deutschland. Die Importmenge von Avocados, die nach Deutschland eingeführt wurden, stieg in den Jahren 2008 bis 2021 von 19.000 Tonnen auf 120.000 Tonnen.[106] Zum einen wird die einsamige Beere als Nahrungsmittel immer beliebter, zum anderen steigt die Verwendung der hochwertigen Avocadoöle in der Kosmetikindustrie.

Die gestiegene Nachfrage hat allerdings auch negative Konsequenzen für die Umwelt: In Mexiko, dem bedeutendsten Anbauland, werden Waldflächen gerodet, um für den Anbau Platz zu schaffen, und die eingesetzten Pestizide gelangen oftmals in die lokale Trinkwasserversorgung. Auch der Wasserbedarf in der Produktion ist beachtlich. Um 1 Kilogramm Avocado zu ernten, also in etwa drei Früchte, werden mehr als 1.000 Liter Wasser verbraucht.

Die Dortmunder Designerin Kathrin Breitenbach nutzt für ihre Kreationen lediglich den nicht verwendeten Teil der Frucht, der normalerweise im Müll landet: die Kerne. Der knapp 60 Gramm schwere Kern wird gemeinsam mit einem schmelzbaren Kunststoff zu einem 3D-Druckfilament verarbeitet. Wie das genau funktioniert, ist ein wohl gehütetes Betriebsgeheimnis. Daraus fertigt sie mit ihrem Designstudio Persea (der botanische Name der Avocadopflanze) Lampenschirme und Vasen. Die Kerne dafür sammelt sie in der lokalen Gastronomie.

persea-design.com

94 JACKE AUS ANANASRESTEN

Anders als tierisches Leder benötigt diese pflanzenbasierte Alternative keine großen Mengen Land, Wasser und Chemikalien.

Das Gerben von klassischem Leder ist ein aufwendiger Prozess, bei dem bis zu 250 zum Teil hochgiftige Chemikalien zum Einsatz kommen. Synthetisch hergestellte Alternativen, beispielsweise Kunstleder aus PVC (Polyvinylchlorid), basieren auf Erdöl und sind deshalb ebenfalls in Sachen Produktion und Entsorgung ökologisch bedenklich.

Die spanische Designerin Carmen Hijosa entwickelte ein Verfahren, um aus Ananasblättern ein stabiles, günstiges und umweltfreundliches lederartiges Material herzustellen. Dabei können die gesamten Blätter der Pflanze verwendet werden, die bei der Ernte der Früchte auf dem Feld zurückbleiben und in der Regel verbrannt werden. Weltweit sind das 27 Millionen Tonnen – laut Hijosa genug, um den Lederbedarf der gesamten Schuhindustrie zu decken, ohne dabei weitere Landflächen oder andere Ressourcen zu beanspruchen.

Die Herstellung des »Ananasleders« wurde inspiriert von philippinischen Handwerkstraditionen, bei denen Fasern aus Ananasblättern zu Textilien verarbeitet werden. Diese Fasern werden in diesem Fall aber nicht verwoben, sondern mit dem auf Stärke basierenden Kunststoff PLA gebunden, der durch bakterielle Fermentation gewonnen wird. Anschließend wird das vließartige Textil eingefärbt, mit einer Schutzschicht aus Kunstharz überzogen und unter Temperatur verpresst. Das unter dem Namen Piñatex vermarktete Material (*piña* bedeutet im Spanischen Ananas) ist mittlerweile ein beliebtes veganes Ledermaterial und wird in Kleidung, Schuhen, Taschen, Stühlen, Sofas und Autoinnenräumen verwendet.

ananas-anam.com

95 STRUMPFHOSEN AUS CHICORÉE

Chicorée ist gemeinhin für seinen bitteren Geschmack im Salat bekannt. In Zukunft kann er aber auch zur Gewinnung von Nylon dienen.

Von der Chicoréepflanze kennen wir meist nur den weißlich-gelben Salat, der aus ihren Blättern gemacht wird. Dass darunter eine fast ebenso große Wurzelknolle liegt, wissen die wenigsten. Zwar wurde sie in Krisenzeiten zu Zichorienkaffee, einem günstigen Kaffeeersatz ohne Koffein, verarbeitet, heutzutage ist sie aber eher ein Reststoff, der kompostiert oder in der Biogaserzeugung eingesetzt wird. Allein in Europa fallen 800.000 Tonnen davon pro Jahr an.[107]

An der Universität Hohenheim forscht man an der gewinnbringenden Nutzung dieses Reststoffs, der eine Alternative zu erdölbasiertem Kunststoff und Fasern wie beispielsweise Nylon darstellt. Die Wurzeln werden dazu gehäckselt, ausgekocht und der Sud getrocknet, bis ein Pulver entsteht, das sogenannte Hydroxymethylfurfural, kurz HMF. Aus dieser Basischemikalie lassen sich in weiteren Verarbeitungsschritten Nylon, Polyester und PET für Kunststoffflaschen herstellen.

Da HMF aufgrund seiner Struktur mechanisch belastbarer ist als das Äquivalent aus Erdöl, könnten damit hergestellte PET-Flaschen dünnwandiger und somit leichter produziert werden.

t1p.de/strumpfhose

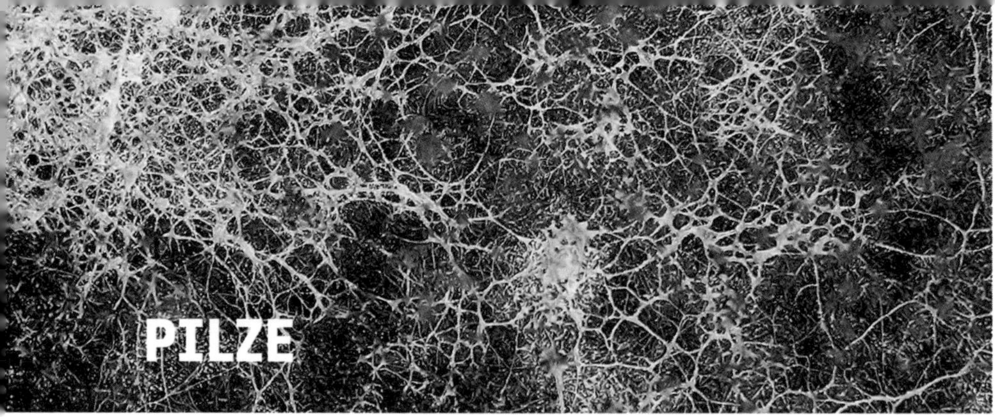

PILZE

Viel mehr als gefüllte Champignons, Schimmelbefall und Fußpilz fällt den meisten Menschen nicht ein, wenn sie an Pilze denken. Dabei ist dies nur ein winziger Bruchteil der Vielfalt, mit der Pilze unser Leben prägen. In der Bioökonomie finden sie als natürliche Recyclingexperten zu neuem Ruhm und können eine wahre Pilzrevolution auslösen – denn ohne die unbekannten Partner wäre eine nachhaltige Kreislaufwirtschaft gar nicht möglich.

Eine Welt ohne Pilze – also auch ohne Pizza Funghi? Na, dann eben eine Quattro Formaggi. Aber eigentlich wären es statt vier nur drei Käsesorten, denn den aromatischen Gorgonzola, der seinen charakteristischen Geschmack erst durch den Schimmelpilz Penicillium roqueforti erhält, müssten wir leider streichen. Bei anderen Käsesorten könnte es ebenfalls kritisch werden, denn Pilze gehören zu den Mikroorganismen, die im Magen der Kuh die Verdauung unterstützen. Auch bei der Herstellung und Reifung von Käse werden Pilze verwendet, zum Beispiel zur Produktion von mikrobiellem Lab, das die Milch verdickt, ohne sie sauer werden zu lassen. Aber nicht nur beim Belag wäre es bei der Pizza schwierig: Auch den knusprigen Teig, der durch die treibenden Gase der Hefepilze so locker und fluffig ist, gäbe es in einer pilzlosen Welt nicht.

Statt Pizza also lieber eine asiatische Gemüsepfanne? Gar kein Problem – nur auf Sojasauce und Misopaste müssten wir verzichten. Denn ohne den in Japan als Kōji bekannten Pilz aus der Gattung der Gießkannenschimmel können sie nicht durch Fermentation aus Sojabohnen gewonnen werden. Immerhin bleibt uns ein schönes Glas Rotwein, mit dem wir uns trösten können, oder? Tja, für die Umwandlung des Traubenzuckers in Alkohol benötigt man aber Weinhefe – einen Pilz. Selbst ein Stück Schokolade als Frustessen gegen den Essensfrust könnten wir uns nicht gönnen, denn ohne die Fermentation mit den Schimmelpilzen

Candida krusei und Geotrichum würde die Schokolade extrem bitter schmecken und hätte zudem nicht ihr typisches Aroma. Das traurige Fazit: Ohne Pilze sieht es schlecht aus mit dem Abendessen.

Doch nicht nur aus der kulinarischen Kultur sind Pilze nicht wegzudenken, auch der Kreislauf der Natur wäre ohne sie kein wirklicher Kreislauf. Gäbe es keine Pilze, würden wir in Biomasse versinken, denn sie bauen abgestorbene Lebewesen ab und stellen die Nährstoffe daraus wieder anderen Lebewesen zur Verfügung. Erst durch die fruchtbare Symbiose mit Pilzen können viele Pflanzen überhaupt überleben.

Dennoch ist die Welt der Fungi nach wie vor mit vielen Mythen verbunden und die enorme Bedeutung der Pilze für unser Leben wird uns erst langsam bewusst. Gerade aus Naturschutzgründen soll deshalb die Einführung der Bezeichnung »Flora, Fauna und Funga« verstärkt auf die große Bedeutung der Pilze für Ökosysteme neben Pflanzen und Tieren aufmerksam machen.[108] In diesem Bereich gibt es noch viel zu entdecken: Von den geschätzten 1,5 Millionen Arten ist bisher nur etwa ein Zehntel aller Pilze wissenschaftlich beschrieben, und von diesen kennen wir wiederum nur einen Bruchteil im Hinblick auf ihre Lebensbedingungen und ihre Fähigkeiten. Höchste Zeit also, dass wir uns das Reich der Pilze mal genauer anschauen.

Weder Tier noch Pflanze

Pilze bilden das dritte große Reich der Eukaryoten, also der Lebewesen, deren Zellen einen echten Zellkern aufweisen und sich in mehrere Räume, sogenannte Kompartimente, gliedern. Lange Zeit wurden sie zu den Pflanzen gerechnet, weil sie sich ebenso wie diese nicht aktiv fortbewegen, sondern sessil, also an einem Ort sesshaft sind. Anders als Pflanzen können Pilze aber keine Photosynthese betreiben. Sie müssen sich also anders ernähren und »fressen« deshalb organische Masse – so wie Tiere es tun. Doch statt sie zu kauen und die komplexen Stoffe in ihrem Darm aufzuschlüsseln und zu verwerten, funktioniert es bei Pilzen andersherum: Sie sondern Enzyme und Säuren nach außen auf die tote Biomasse ab und zersetzen damit das Material. Daraus ziehen sie einerseits Energie für ihr Wachstum, andererseits Baumaterial für ihre eigene Zellstruktur. Diese ist einzigartig: In ihr findet sich statt Zellulose, wie es bei Pflanzen üblich ist, Chitin, ein Kohlenhydrat, das sonst in der Außenhülle von Insekten, Schalentieren oder

Spinnen vorkommt. Anders als wir Menschen oder auch Pflanzen, die sich nach dem Sonnenlicht richten, haben Pilze keinen Tagesrhythmus. Sie zersetzen rund um die Uhr andere organische Stoffe, wachsen oder pflanzen sich fort. Ihr stetiges Schaffen ist für den ewigen Kreislauf von Werden und Vergehen in der Natur unersetzlich.

Wie die Mikroorganismen gehören sie zu den Destruenten, die tote organische Stoffe kompostieren. Gerade weil sie dort anfangen, wo das Leben anderer zu Ende geht, sind Pilze eine Art Müllabfuhr der Natur. Sie handeln strikt nach dem Prinzip der Kreislaufwirtschaft: Verschiedenste Arten von totem Material werden recycelt und umgehend anderen Lebewesen zur Verfügung gestellt. Aus einem herabgefallenen Blatt ziehen sie Nährstoffe, lassen dafür anorganische Stoffe wie Wasser, CO_2 und Mineralien zurück, die für Pflanzen lebenswichtig sind. Selbst chemische komplexe Makromoleküle wie Lignin oder Zellulose, die Hauptbestandteile von Holz, können sie verwerten. Was Pilze dazu benötigen, ist eine feuchte Umgebung, weshalb sie gerade nach regnerischen Zeiten oder im nassen Herbst aus dem Boden sprießen.

Es gibt Pilze, die nur aus einer einzigen Zelle bestehen, etwa Hefe. Sie vermehren sich vor allem durch Zellteilung oder Knospung, wenn an der ursprünglichen Zelle eine neue wächst. Jede Zelle existiert unabhängig, zusammen können sie aber recht schnell durch exponentielles Wachstum ganze Kolonien bilden. Demgegenüber stehen mehrzellige Pilze, zu denen auch Speisepilze wie Champignon, Steinpilz oder Pfifferling gehören. Was wir von ihnen sehen und ernten, ist allerdings nur der Fruchtkörper, also Hut und Stiel. Ein wesentlich größerer Teil, das Pilzmyzel, verbirgt sich im Boden. Dieses Geflecht aus unzähligen Gewebefäden, den Hyphen, breitet sich auf einem organischen Substrat, zum Beispiel Holz, oder im nährstoffreichen Erdboden aus.

Das Geflecht kann so dicht sein, dass in einem Kubikmeter Waldboden Hunderte Kilometer der Gewebefäden vorkommen. Mit einigen Baumarten gehen Pilze sogar eine symbiotische Verbindung ein, tauschen Nährstoffe aus und unterstützen sich somit gegenseitig. Die Fortpflanzung der Pilze funktioniert ähnlich wie bei Pflanzen mit winzigen Samen, den Sporen. Sie fallen aus den Lamellen an der Unterseite des Fruchtkörpers der Pilze heraus und werden über die Luft transportiert. Daher nehmen auch wir über die Atmung täglich Pilze zu uns.

Ihr schlechter Ruf ist jedoch nicht ganz unbegründet, denn diverse Pilze können Krankheiten bei Pflanzen und Tieren hervorrufen. Einige Schimmelpilzarten sind für Menschen gefährlich, ebenso wie die Giftpilze, von denen es in unseren

Breiten etwa 150 Arten gibt. Dabei reicht das Spektrum der verursachten Krankheiten von eher lästigen Haut- oder Nagelpilzen bis hin zum Befall von inneren Organen und lebensbedrohenden Lungenentzündungen. Als parasitäre Schädlinge können Pilze sich sogar in lebenden Organismen einnisten. Pilzerkrankungen bei Getreide können für große Ernteausfälle sorgen. Bei Eschen sorgt ein aus Ostasien eingeschleppter Pilz für das Absterben der Triebe, was den Eschenbeständen in Mitteleuropa arg zusetzt.

Fermentationsagenten in mikrobieller Mission

Wenn wir ihre Wirkmechanismen verstehen und ihre »Wohlfühlbedingungen« kennen, können wir einige Pilze in biotechnologischen Prozessen einsetzen, sodass sie uns, ähnlich wie Bakterien, dabei helfen, Stoffe umzuwandeln. Das wussten schon die alten Ägypter, deren fermentierter Gerstensaft als Vorgänger des Biers gilt. Heutzutage ist das Einsatzspektrum von Pilzen in biotechnologischen Verfahren wesentlich größer. Sie werden für die künstliche Herstellung von Zitronensäure und Vitamin C eingesetzt, aber auch in der Medizin. Das bekannteste Beispiel ist wahrscheinlich Penicillin, ein Antibiotikum, das aus einer Pinselschimmelart gewonnen wird und Bakterien abtötet. Seine Entdeckung revolutionierte unser Verständnis von Krankheitserregern und rettete seither unzählige Menschenleben.

Gerade ihre Eigenschaft, Enzyme und Säuren zu produzieren, um damit das Substrat zu verdauen, auf dem sie leben, macht Pilze für die Bioökonomie so interessant. In großen Bioreaktoren, die mit einem Nährmedium gefüllt sind, können sie industriell gezüchtet werden. Dieser Fermentationsprozess ähnelt dem Bierbrauen: Es werden spezielle, meist einzellige Pilzarten in ein kohlenhydratreiches Medium eingesetzt. Beim Bier machen sich die Pilze über die nahrhafte Maische aus Gersten her, in der Biotechnologie kann man zum Beispiel Holzreste als Nahrung nehmen. Zellulose und Hemizellulose im Holz werden von den Enzymen, die der Pilz produziert, zu Zuckern abgebaut. Diese fermentieren in den Metallbehältern zu Alkohol, der wiederum zu Biokraftstoff destilliert werden kann.

Ein riesiger Vorteil der Pilze: Sie sind wahrlich keine Kostverächter und verstoffwechseln so gut wie alles, was man ihnen vorsetzt. Je nach Art können nicht nur komplexe Kohlenhydratverbindungen, sondern auch Fette und Proteine abgebaut werden. Pilze und Bakterien sind die Recyclingprofis der Natur, da sie organische Masse wie abgestorbene Pflanzen und tote Tiere mineralisieren, also wieder in ihre Grundbestandteile wie CO_2, Wasserstoff, Phosphor, Stickstoff oder andere anorganische Verbindungen abbauen. Diese Stoffe dienen im Boden oder in der Luft dem Aufbau von neuem Leben und der biologische Kreislauf schließt sich.

Diese Fähigkeit des biochemischen »Rückbaus« macht man sich auch in der Biotechnologie zunutze. Pilze können zum Beispiel dabei helfen, unsere Abwässer zu reinigen, besonders dort, wo die klassischen Filtersysteme der Kläranlagen nicht ausreichen, um umweltschädigende Stoffe wie Medikamentenreste, Röntgenkontrastmittel oder Chemikalien aus der Industrie zu filtern. Die von den Pilzen erzeugten Enzyme können diese Stoffe zersetzen und somit unschädlich machen. Pilze sollen auch dazu beitragen, die Flut an Plastikmüll einzudämmen, die in unsere Ökosysteme gelangen: Der in Südamerika heimische Pestalotiopsis microspora, ein Pilz der Pflanzen parasitär befällt, ist auch in der Lage, Kunststoffe abzubauen. Er schafft es sogar, das höchst beständige Polyurethan zu verwerten.[109]

Darüber hinaus lassen sich mit Pilzen biobasierte Verpackungen herstellen, die Styropor und andere erdölbasierte Schaumpolster ersetzen können. Dafür wird ein Substrat, zum Beispiel Holzhackschnitzel, mit Sporen einer bestimmten Pilzart »beimpft«. Das können auch Speisepilze wie Austernseitlinge sein oder der Zunderschwamm, ein Baumpilz, der sich besonders gerne von den Holzbestandteilen Lignin und Zellulose ernährt. Unter den richtigen Bedingungen mit viel Feuchtigkeit und einem kontrollierten Gehalt an CO_2 in der Umgebungsluft breitet sich das Pilzmyzel mit seinen unzähligen Gewebefäden im Substrat aus. Dieses bindet und verfestigt die Masse, sodass kein erdölbasierter Klebstoff eingesetzt werden muss. Sobald der gewünschte Zustand erreicht ist, wird das Wachstum gestoppt – entweder durch Erhitzen und Abtöten des Pilzes oder indem man ihm das Wasser entzieht.

Innovationstreiber für die Bioökonomie

Einige Beispiele in diesem Kapitel nutzen genau diese Methode und das Pilzmyzel als Bindemittel. Diese Bioverbundwerkstoffe können sehr energiesparend hergestellt werden, weil man sie einfach »wachsen« lässt, zudem sind sie biologisch abbaubar. Zwar ist hier noch einiges an Entwicklungsarbeit nötig, bis echte Baustoffe aus Pilz markttauglich sind, aber das Potenzial für die nachhaltigen

Pilzprodukte ist riesig. Nicht zuletzt, weil bisher nur ein Bruchteil aller Pilzarten wirklich erforscht ist oder eingesetzt wird.

Laut Experten stehen wir vor einer »Pilz-Revolution«, da Pilze wesentlich zu einer nachhaltigen Entwicklung beitragen können.[110] Das geschieht einerseits mit nachhaltigen Werkstoffen aus der Pilzproduktion, aber auch durch einen erhöhten Einsatz von bisher wenig genutzten Pilzsorten wie dem Austernseitling als proteinreichen Fleischersatz. Als Fasermaterial bieten Pilze in der Textilindustrie eine nachhaltigere Lederalternative und ihre Enzyme können die industrielle Produktion umweltfreundlicher machen. All das mit weniger Ressourcen wie Wasser, Energie und fossilen Rohstoffen und damit auch wesentlich weniger Treibhausgasemissionen.

Je mehr wir über Pilze wissen, desto gezielter können wir ihr Potenzial in der Bioökonomie einsetzen. Im Bereich der Lebensmittel nutzen wir ihre Fähigkeiten schon seit Jahrhunderten und ohne sie wäre unsere Ernährung schlichtweg eine andere. In Zukunft werden sie – manchmal sichtbar und manchmal unsichtbar – auch in unseren Alltagsgegenständen »fungieren«.

96 SARG AUS PILZMYZEL

Aus der Erde kommen wir und zur Erde kehren wir wieder zurück – so heißt es schon in der Bibel. Dieses niederländische Unternehmen nimmt das wörtlich.

»Are you waste or compost?«, lautet die provokante Frage von Loop of Life, einem Unternehmen, das sich mit Produkten für die Kreislaufwirtschaft beschäftigt. Eine durchaus berechtigte Frage, wenn man bedenkt, dass der menschliche Körper nach Gewichtsanteilen zu 60 Prozent aus Sauerstoff, 28 Prozent Kohlenstoff, 10 Prozent Wasserstoff und einigen anderen chemischen Elementen besteht, die nach unserem Ableben wieder den natürlichen Kreisläufen zugeführt werden.

Der »lebende« Sarg der niederländischen Firma besteht aus Pilzmyzel und nutzt die strukturgebenden Qualitäten dieser Gewebefäden, die ein Substrat aus Holzspänen verfestigen, die dem Pilz als Nahrung dienen. In der entsprechenden Form wächst innerhalb von nur einer Woche und ohne zusätzliche Energie, Wärme oder künstliches Licht tatsächlich ein Sarg heran. Wird dieser bei der Bestattung in die Erde gesetzt, baut sich das Pilzgebilde innerhalb von 45 Tagen im Boden ab. Dabei werden wesentlich weniger fremde Materialien als bei der klassischen Bestattung in den Boden gebracht. Außerdem beschleunigt diese Kombination den Abbauprozess des Leichnams: Anstatt eines Jahrzehnts im traditionellen Holzsarg, dauert es im Pilzsarg nur etwa zwei bis drei Jahre, bis die menschlichen Überreste wieder zur Erde zurückgekehrt sind.

loop-of-life.com

97 VERPACKUNG AUS PILZEN

Diese magischen Pilze haben zwar keinerlei halluzinogene Wirkung, können den Horizont bei Verpackungsmaterialien dennoch erweitern.

Polystyrol steht bei den in Deutschland produzierten Kunststoffen hinter Polyethylen (PE), Polypropylen (PP) und Polyvinylchlorid (PVC) an vierter Stelle. Aufgeschäumtes Polystyrol (EPS) ist besser bekannt unter dem Markennamen Styropor. Ein Recycling des erdölbasierten Materials ist möglich, gestaltet sich aber oftmals schwierig, weil es nicht sortenrein anfällt oder schlichtweg finanziell nicht lohnend ist. Am Ende der Nutzung wird daher nur ein Drittel recycelt und knapp zwei Drittel werden einfach verbrannt.[111]

Diese Pilzverpackung aus Großbritannien stellt eine biobasierte Alternative zu aufgeschäumten Polymeren auf Erdölbasis dar. Das Unternehmen Magical Mushroom lässt dazu die gewünschte Verpackung in eine vorher definierte Form wachsen. Als Nährboden, auf dem das Pilzmyzel wächst, werden Abfälle aus der lokalen Hanf-, Mais- und Holzproduktion verwendet. Diese Substrate werden mit Pilzsporen beimpft und in Negativformen gefüllt, die der späteren Verpackung entsprechen. Das Myzel wächst, breitet seine Gewebefäden im Substrat aus und wird nach etwa einer Woche als fest verwachsenes Verpackungsmaterial aus seiner Form befreit.

Das »Mycocomposite«, also der Verbund aus Pilz und Holz, ist wasserabweisend, schwer entflammbar, schützt die Ware vor Temperatureinflüssen und vor Erschütterungen und ist für die Entsorgung im heimischen Kompost geeignet. Mittlerweile experimentiert das Unternehmen auch mit Lampenschirmen und Wandpaneelen aus dem gewachsenen Pilzmaterial.

magicalmushroom.com

98 LAMINAT AUS PILZ UND RESTSTOFF

Das gibt dem »Fußpilz« eine ganze neue Bedeutung: Pilzmyzel und Reststoffe der Landwirtschaft verflechten sich zu trittschallabsorbierendem Bodenbelag.

Das italienische Unternehmen Mogu hat sich auf die Arbeit mit Pilzmyzel spezialisiert, um daraus schallabsorbierende Wandpaneele sowie hochwertige Fußbodenbeläge herzustellen. »From Waste to Value« ist dabei das Motto, denn Ausgangsbasis für die Fußbodenbeläge sind landwirtschaftliche Reststoffe wie Reisschalen, Stroh, Reste der Maisverarbeitung und Kaffeesatz. Diese dienen als Nährboden für das Pilzmyzel, das sich mit den Reststoffen »verflechtet« und die trittschallabsorbierende Basisschicht des Bodens bildet. Darüber befindet sich eine Dekorschicht, die aus einem abriebfesten und harten biobasierten Harz besteht, das ebenfalls aus landwirtschaftlichen Resten gewonnen wird. Die natürlichen Einlagerungen der Reststoffe, wie Schalen oder Hülsen, verleihen dem Boden eine einzigartige Textur.

mogu.bio

99 KAPPEN AUS ZUNDERSCHWAMM

Zunderstruck! Ein Pilz, der schon Ötzis Wunden vor Tausenden Jahren heilte, dient nun als Ausgangsstoff für Produkte des 21. Jahrhunderts.

Der Zunderschwamm ist ein Baumpilz, der in Asien, Nordamerika und Europa sehr verbreitet ist und gerne geschwächte Laubbäume wie Buchen und Birken parasitär befällt. Sein Fruchtkörper, der einen Durchmesser von bis zu 30 Zentimetern erreichen kann, wächst tellerförmig am Stamm und sein Wurzelgeflecht zersetzt den Baum von innen. Dabei entsteht die berüchtigte Weißfäule, bei der das im Holz enthaltene Lignin abgebaut wird.

Der Baumpilz ist seit vielen Jahrtausenden ein Zivilisationsbegleiter. So konnten Zunderschwammreste in 10.000 Jahre alten Steinzeitsiedlungen nachgewiesen werden. Auch Gletschermann Ötzi hatte ihn vor über 5.000 Jahren bei seinen Wanderungen dabei. Denn einerseits haben Zunderschwammextrakte antiseptische Eigenschaften und unterstützen die Wundheilung, andererseits brennt der getrocknete Pilz »wie Zunder«, was den Namen des traditionellen Brandbeschleunigers erklärt.[112]

Indem man bestimmte Teile des Fruchtkörpers abschneidet, sie platt klopft, dehnt und trocknet, kann daraus das samtig-weiche Textilmaterial Trama hergestellt werden. So entstand im Mittelalter eine Handwerkskunst, die heutzutage noch vereinzelt in Rumänien zu finden ist. Die Berliner Designerin Nina Fabert will diese mit ihrem Unternehmen Zvnder wiederbeleben und neu interpretieren. Dafür arbeitet sie mit Handwerkern aus Transsilvanien zusammen, die noch über die Kenntnisse der traditionellen Zunderschwammernte und -verarbeitung verfügen. Das als »Fungiskin« bezeichnete lederartige Material wird komplett ohne Chemikalieneinsatz in Rumänien hergestellt und in Berlin weiterverarbeitet. Das Textil erinnert in seiner Haptik an eine Mischung aus Filz und weichem Wildleder und wird bei der Herstellung von Geldbeuteln, Kappen oder Wandteppichen eingesetzt.

zvnder.com

100 ZIEGELSTEINE AUS ZUNDERSCHWAMM

Fungi for Future: Das Pilzgewebe kann wie ein biologischer Mörtel eingesetzt werden, um aus dem passenden Substrat Textil, Formteile oder Baustoffe wachsen zu lassen.

Die pilzbasierte Forschung und Entwicklung ist derzeit stark im Aufwind: An der TU Dresden erforscht man biolumineszente Pilze, die in Knicklichtern eingesetzt werden und somit eine nachhaltige Alternative zu den umstrittenen chemikalienbasierten Knicklichtern sind.[113] Das Start-up Mushlabs aus Hamburg will eine Fleischalternative auf Pilzbasis herstellen[114] und das Unternehmen Mylium aus den Niederlanden entwickelt lederartige Textilien aus Myzel.[115]

Das Team um Prof. Dr. Vera Meyer am Institut für Biotechnologie der TU Berlin erforscht schon seit Längerem den Einsatz von Pilzen als Baumaterial. Auf einem Substrat aus Hanf-, Pappel- oder Rapsresten gezüchtet, verbinden die winzigen Myzelfäden des Zunderschwamms innerhalb von zwei Wochen die organischen Reste zu Ziegelsteinen.

Auch Alltagsgegenstände wie Lampenschirme, Möbel, Fahrradhelme und vieles mehr sind denkbar, denn der Zunderschwamm passt sich beim Wachsen jeder Form an, die ihm vorgegeben wird. Nach Wasserentzug ist der pilzbasierte Verbundwerkstoff fest genug, um in speziellen Anwendungen, etwa Baumaterial oder Dämmstoffe für trockene Innenräume, eingesetzt zu werden. Auf diese Weise kann Rigips oder Styropor ersetzt werden. Nach Nutzungsende kann das Biomaterial auf den Hauskompost und damit in den natürlichen Kohlenstoffkreislauf zurückgeführt werden.

v-meer.de

101 ARCHITEKTUR AUS PILZ

Dieser Pavillon verdeutlicht die Möglichkeiten des biobasierten Bauens mit Paneelen aus Pilz in der Hauptrolle.

Städte aus Pilz – das klingt wie ein wildes Konzept aus dem Biopunk, also der Subkultur in Literatur und Film, bei der sich Biologie und Technologie miteinander vermischen. Architektur und Materialforschung beschäftigen sich aber bereits heute mit pilzbasierten Baumaterialien, die eine biogene Ergänzung zu mineralischen Baustoffen liefern könnten. Die Fungal Architecture oder auch Mycotecture (ein Kofferwort aus »mycelium« und »architecture«) befasst sich mit pilzbasierten raumgebenden Strukturen und die amerikanische Luft- und Raumfahrtbehörde NASA erprobt das Potenzial von selbst wachsender Architektur, um es bei der Besiedlung von Mond oder Mars einzusetzen.

Ein konkretes Anwendungsbeispiel ist der Growing Pavillon, eine Installation von Company New Heroes auf der Dutch Design Week 2019. Die Tragstruktur besteht aus Holz, allerdings ist der Pavillon mit Paneelen aus Pilzmyzel, das auf Holzspänen gewachsen ist, verkleidet. Der Bau soll nicht nur den Pilz, sondern auch andere Naturmaterialien in den Vordergrund rücken: So kommen außer Holz und Pilzen noch Rohrkolben, Hanf und Baumwolle zum Einsatz und zeigen die Vielfalt der biogenen Baumaterialien.

thegrowingpavilion.com

GEMEINSAM IN EINE NEUE ZEIT

You never change things by fighting the existing reality.
To change something, build a new model
that makes the existing model obsolete.

Man verändert die Dinge nicht,
indem man gegen die bestehende Realität kämpft.
Um etwas zu verändern, muss man ein neues Modell bauen,
welches das alte überflüssig macht.

Buckminster Fuller

Das waren sie – die ersten Einblicke in eine mögliche Zukunft, in der fossiler Kohlenstoff nicht mehr der zentrale Baustein vieler Produkte ist. Stattdessen nutzen wir den Kohlenstoff, der aus den Kreisläufen der Natur oder unseren bestehenden Stoffkreisläufen stammt. Diese Entwicklung steht noch am Anfang und muss wachsen und gedeihen und dabei immer die Regenerationsfähigkeit der Natur respektieren. Wir hoffen, dass wir diesen Wandel ein Stück sichtbarer machen und ein besseres Verständnis sowie ein Bewusstsein für die Verwendung nachwachsender Rohstoffe schaffen konnten.

Zugegeben, einiges klingt noch nach Zukunftsmusik, doch allzu viel Zeit haben wir nicht, um das »Biozän«, oder wie das postfossile Zeitalter auch immer heißen mag, aus der Taufe zu heben. Dabei gilt: Die wichtigste nachwachsende Ressource von allen sind wir Menschen. Wir alle gestalten unsere Zukunft im Hier und Jetzt. Und unserem Innovationsgeist und unserer Kreativität ist viel zuzutrauen.

Denken Sie mal zurück: Zwischen dem ersten Flug der Gebrüder Wright und der Mondlandung lagen nur 66 Jahre; beide Meilensteine waren in einem Menschenleben erlebbar. Vielleicht schaffen wir es nun gemeinsam, ein noch viel wichtigeres Ziel zu erreichen: einen neuen Umgang mit unseren Ressourcen, der nicht auf Kosten von uns selbst, unserer Mitwelt oder der nachfolgenden Generationen geht. Die Stoffe und Prozesse der Natur sind ein essenzieller Baustein für diesen Wandel. Ob als Innovation oder Wiederentdeckung von Altbekanntem – viele Lösungen sind bereits vorhanden. Jetzt gilt es, mit Maß und Ziel den Wandel anzupacken und aktiv zu gestalten.

DANKSAGUNG

Zwar wird mit der Nennung von uns beiden Autoren auf dem Buchcover gezeigt, wer sich in den letzten Monaten für längere Zeit in die Einsamkeit des Schreibens zurückziehen durfte, doch steht hinter diesem Werk eine Vielzahl an Menschen, die unterschiedliche Rollen im Gesamtprozess eingenommen haben.

Als Inspiratoren sind zu Beginn die Studierenden der Studiengänge Design und Produktmanagement (DPM) sowie Holztechnologie und Holzbau (HTB) der Fachhochschule Salzburg zu nennen, die seit mehr als zwei Jahrzehnten biogene Stoffe erforschen, um daraus innovative Materialien für die Gestaltung von nachhaltigen Produkten zu entwickeln. Nicht nur war es die Grundidee dieses Buchs, diesen Studierenden eine Sammlung von Best-Practices der Bioökonomie an die Hand zu geben, sondern unter den 101 vorgestellten Beispielen finden sich auch mehrere, die von unseren Studierenden stammen und die nun die Grundlage ihrer neugegründeten Startups darstellen.

In diesem Zusammenhang soll DE|RE|SA (Design Research Salzburg), dem Forschungsinstitut des Studiengangs Design und Produktmanagement der FH Salzburg, gedankt werden, durch dessen Finanzierung eines wissenschaftlichen Mitarbeiters die Grundlagen dieses Buchs gelegt werden konnten. Ebenso geht unser Dank an die Studiengangsleiter Prof. Alexander Petutschnigg und Prof. Günter Grall sowie an alle Kolleginnen und Kollegen am Nachhaltigkeitscampus Kuchl, die mit unermüdlicher Neugierde und großem Tatendrang an der nachwachsenden und zirkulären Zukunft forschen, lehren und arbeiten.

Dass aus dem anfänglich unstrukturierten Entwurf ein gut lesbares Exposé wurde, ist Luisa Straub von Agence Hoffman zu verdanken. Von unserer Ansprechpartnerin beim FinanzBuch Verlag, Daniela Riepe, kamen entscheidendes Feedback, konstruktive Vorschläge und kreative Ideen, die das Buch schließlich zu dem formten, was es nun ist. Liebe Frau Riepe, eine bessere Lektorin hätten wir uns nicht wünschen können! Auch Desirée Šimeg wollen wir auf diesem Wege danken, deren frischer Blick dem Werk zugutekam.

Ein großer Dank gebührt schließlich unseren Freunden und unseren Familien. Nicht nur wart ihr Erstleser unserer Texte und dabei nicht sparsam an konstruktivem Feedback und Kritik, sondern ebenso »Beflügler« und »Auf-den-Boden-Zurückholer« im gesamten Entstehungsprozess. Danke!

Das größte Dankeschön geht an alle Zukunftsgestalter, die mit ihren Projekten, Prototypen und Produkten neue Wege gehen und Veränderungen in Gang bringen. Vielen Dank für euren durchweg positiven Zuspruch und dass wir eure Geschichten hier teilen dürfen!

Markus Petruch und Dominik Walcher

WEITERFÜHRENDE LINKS, BÜCHER UND MATERIALIEN

Forschung und Entwicklung

Verpackungsmaterialien aus Reststoffen: https://www.traceless.eu/

Sonnencreme und mehr aus Lignin: https://lignovations.com/

Ausbauplatte aus Kokosfasern: https://naturloop.com/

Stand-Up Paddleboard aus rezyklierten Balsaholz: https://www.fraunhofer.de/de/presse/presseinformationen/2021/august-2021/stand-up-paddleboard-aus-nachwachsenden-leichtbau-materialien.html

Carbonfaser aus Zellulose und Lignin: https://www.storaenso.com/en/products/bio-based-materials/neofiber?utm_content=180362574&utm_medium=social&utm_source=linkedin&hss_channel=lcp-34903065

Pflanztöpfe aus Hanf und Gras: https://www.biooekonomie-bw.de/fachbeitrag/aktuell/pflanztoepfe-aus-naturfasern-bio-ohne-wenn-und-aber

Optisches Kabel aus Zellulose: https://www.vttresearch.com/en/news-and-ideas/vtt-developed-optical-fibre-made-cellulose

Plattenmaterial aus rezyklierten Holzfasern und Casein: https://www.superwood-project.com/

Trinkflasche aus Holzfasern: https://www.pulpex.com/

Designprojekte

Hocker aus Kiefernnadeln: http://tamaraorjola.com/

Jacke aus Kiefernrinde: https://www.charlett-wenig.de/bark-jacket-woven

Stuhl aus Flachsfasern: http://flaxproject.com/

Kunstwerke aus Obstschalen: https://www.caracaracollective.com/visual-panels

Akustikpaneele aus Maulbeere: https://www.studioflaer.com/project/indigo

Tasche aus Pektin: https://www.lobkebeckfeld.com/

Prototypen aus Zuckerrübenzellulose: http://www.lara-weller.de/betaware

Textil aus Wurzelgewebe: https://dianascherer.nl/photography/interwoven-2/

Lampenschirme aus biogenen Reststoffen: https://highsocietystudio.com/shop-1

Am Markt erhältlich

Tinyhaus aus Schilf, Reet und Rohr: https://moor-and-more.de/

Sneaker aus Naturmaterialien: https://nat-2.eu/collections/

Toilettenpapier mit Stroh: https://www.zewa.net/de/produkte/toilettenpapiere/bewaehrt-toilettenpapier-mit-stroh-anteil/

Lampenschirme und mehr aus Pilzmyzel: https://www.biohm.co.uk/

Kleidung aus Hanf und Algen: https://www.vollebak.com/product/hemp-and-black-algae-t-shirt/

Kacheln aus Algen: https://www.ecolurian.com/

Kompressionsstrumpf aus Rizinussöl: https://www.belsana-apotheken.de/de/evolution

Regenschirm aus biobasiertem Kunststoff: https://trifilon.com/cases/ // https://knirps.com/9562059-vision-duomatic.html

Matratze aus Hanf und Seegras: https://www.dormiente.com/betten-matratzen/natur-pur-matratzenkollektion.html

Kaffeekapsel aus Holz: https://rezemo.de/
Urnen aus Lignin: https://www.nest-urnen.de/
Wachstuch aus Baumwolle, Bienenwachs und Baumharz: https://www.jausnwrap.at/
Brillen aus Holz: https://www.rolf-spectacles.com/de/brillen
Papierprodukte aus Gras: https://www.creapaper.de/
Accessoires aus Teakleder: https://beleaf.shop/
Leder aus Fisch: https://nordicfishleather.com/
Verpackungen aus SCOBY: https://www.makegrowlab.com/
Klettergriffe aus Holz: https://www.handfest-holds.com/
Textilfasern aus Orangenschalen: https://orangefiber.it/
Spielsteine aus Holz und recyceltem Kunststoff: https://bioblo.com/
Leder aus Fruchtresten: https://fruitleather.nl/home/
Akustikpaneele aus Holzwolle: https://www.baux.com/
Bodenbelag aus Holz und Reststoffen: https://www.uniquefloor.ch/produkte/giomoflexnaturo/
Leder aus Apfelresten: https://www.explore-leap.com/
Sonnenschirm aus Reet: https://www.hiss-reet.de/strohschirme
Armbanduhr aus Hanf und Ananasleder: https://www.kickstarter.com/projects/hempeyewear/the-worlds-first-hemp-watch?ref=discovery_category_newest
Folienverpackungen aus Holz: https://woodly.com/woodly/
Verpackungen aus Naturfasern: https://www.bio-lutions.com/
Plattenmaterial aus Stroh: https://www.strohplattenwerk-mueritz.com/de/

Weiterführende Links zur Bioökonomie, Materialentwicklung und mehr

Informationsplattform Bioökonomie der deutschen Bundesregierung: https://biooekonomie.de/
Aktionsforum Bioökonomie von Denkhaus Bremen: https://denkhausbremen.de/themen/biooekonomie/
Bioökonomie beim BUND: https://www.bund.net/ressourcen-technik/biooekonomie/
Biobase Österreich: https://biobase.at/
Ökosoziales Forum Österreich – Bioökonomie: https://oekosozial.at/unsere-themen/biooekonomie/bloom/
News rund um erneuerbaren Kohlenstoff: https://renewable-carbon.eu/
FNR – Fachagentur für nachwachsende Rohstoffe: https://www.fnr.de/
Bioökonomie in Nordrhein-Westfalen: https://bio.nrw.de/biooekonomie/
BioPro Baden-Württemberg: https://www.bio-pro.de/
Bioökonomie an der Universität Hohenheim: https://biooekonomie.uni-hohenheim.de/
Bloom Bioeconomy: https://bloom-bioeconomy.eu/

Materialbibliotheken, DIY-Materials und andere Inspirationen

Zukunftsagentur für Material und Technologie Haute Innovation: https://www.haute-innovation.com/
Konstruktive Nachrichten auch aus dem Bereich Materialien: https://squirrel-news.net/de/
Green Gadgets: https://www.greengadgets.de/
BioMat Universität Stuttgart / Hanna Dahy: http://www.hanaadahy.com/products/
Green Products Award: https://www.gp-award.com/de
Bundespreis Ecodesign: https://bundespreis-ecodesign.de
Materiom – Digitale Materialbibliothek: https://materiom.org
Materialdesigners Projekt: http://materialdesigners.org/
Explodeded View – Biobasiertes und zirkuläres Bauen: https://theexplodedview.com/

Bücher

Joachim Pietzsch (Hrsg.): *Bioökonomie für Einsteiger.* Berlin (Springer) 2017, https://link.springer.com/book/10.1007/978-3-662-53763-3

Barnim G. Jeschke, Thomas Heupel (Hrsg.): *Bioökonomie. Impulse für ein zirkuläres Wirtschaften.* Berlin (Springer) 2021, https://link.springer.com/book/10.1007/978-3-658-34322-4

Daniela Thrän, Urs Mösenfechtel (Hrsg.): *Das System Bioökonomie.* Berlin (Springer) 2020, https://link.springer.com/book/10.1007/978-3-662-60730-5

Sabine Oberhuber, Thomas Rau: *Material Matters. Wie eine neu gedachte Circular Economy uns zukunftsfähig macht.* Berlin (Econ) 2021, https://www.ullstein-buchverlage.de/nc/buch/details/material-matters-9783430210751.html

Michael Braungart, William McDonough: *Cradle to Cradle. Einfach intelligent produzieren.* München (Piper) 2014, https://www.piper.de/buecher/cradle-to-cradle-isbn-978-3-492-30467-2

Annette Kehnel: *Wir konnten auch anders. Eine kurze Geschichte der Nachhaltigkeit.* München (Blessing) 2021, https://www.penguinrandomhouse.de/Buch/Wir-konnten-auch-anders/Annette-Kehnel/Blessing/e574252.rhd

Uwe Schneidewind: *Die Große Transformation. Eine Einführung in die Kunst des gesellschaftlichen Wandels.* Frankfurt (S. Fischer) 2018, https://www.fischerverlage.de/buch/uwe-schneidewind-die-grosse-transformation-9783596702596

Maja Göpel: *Unsere Welt neu denken. Eine Einladung.* München (Piper) 2020, https://www.ullstein-buchverlage.de/nc/buch/details/unsere-welt-neu-denken-9783550200793.html

Harald Welzer: *Nachruf auf mich selbst. Die Kultur des Aufhörens.* Frankfurt (S. Fischer) 2021, https://www.fischerverlage.de/buch/harald-welzer-nachruf-auf-mich-selbst-9783103971033

Vera Meyer, Regine Rapp (Hrsg.): *Mind the Fungi.* Technische Universität Berlin, 2020, https://depositonce.tu-berlin.de/handle/11303/11468

William Myers: *Biodesign – nature, science, creativity*, https://www.biology-design.com/

Pirjo Kääriäinen, Liisa Tervinen, Tapani Vuorinen & Nina Riutta (Hrsg.): *The CHEMARTS Cookbook,* https://chemarts.aalto.fi/index.php/the_chemarts_cookbook/

Instagram Profile

https://www.instagram.com/circular_home_lab/

https://www.instagram.com/biotecamaterialarchive/

https://www.instagram.com/materiom_/

https://www.instagram.com/biofabricate/

https://www.instagram.com/makematerialsense/

Online Kurse und Weiterbildungen zur Bioökonomie

Introduction to Sustainable Bioeconomy: https://www.futurelearn.com/courses/society-and-bioeconomy

Weiterbildungsmodul »Grundlagen der Bioökonomie«: https://www.biooekonomierat-bayern.de/biooekonomie/was-ist-biooekonomie/grundlagen-der-biooekonomie.html

Shops für nachhaltige Produkte

Waschbär: https://www.waschbaer.de

Avocadostore: https://www.avocadostore.de/

Lena: www.lena.de

BILDNACHWEIS

(1) S. 52, Algen: Shutterstock/Chokniti-Studio
S. 57, 1 Windeln aus Knotentang: Wisniewska, Shutterstock/Natalia Sokko
S. 59, 2 Dämmung aus Seegras: NeptuTherm
S, 61, 3 Verpackung aus Seetang: Notpla
S. 63, 4 Briefmarken aus Algenpapier: Dorigo
S. 65, 5 Asphalt aus Algenresten: Shutterstock/Volodymyr_Shtun, Shutterstock/Chokniti-Studio
S. 67, 6 Luftfilter aus Mikroalgen: Solaga, Elke Stieler
S. 69, 7 Farben aus lebenden Algen: Aghighi, Shutterstock/Elif Bayraktar
S. 71, 8 Carbonfasern aus Algenöl: Heddergott, A. Battenberg/TUM
S. 73, 9 Skipiste aus Algen: Pixabay/Hugo_ob

(2) S. 74, Pflanzen: Shutterstock/AnEduard
S. 79, 10 Fahrradreifen aus Löwenzahn: Continental AG
S. 81, 11 Sessel aus Nessel: Camira, Shutterstock/SneSivan
S. 83, 12 Verpackung aus Kokosfasern: Enkev Group, Shutterstock/Nonnakrit, Shutterstock/Nattapong2012
S. 85, 13 Haushaltsreiniger aus Rote Bete: Gebrüder Patsch, Shutterstock/Anna Kucherova
S. 87, 14 Mulchfolie aus Stärke: Shutterstock/barmalini
S. 89, 15 Kleidung aus Hanf, Leinen und Buche: Freitag
S. 91, 16 Gitarre aus Hanf: Jakob Frank, Shutterstock/Tarun Jami
S. 93, 17 Ziegelsteine aus Hanfschäben: Hanfstein Schoenthaler, Shutterstock/spline_x, Shutterstock/Alexandr Grant
S. 95, 18 Konfetti aus Saatgut: Saatgutkonfetti, Shutterstock/Silvia Dubois
S. 97, 19 Architektur aus Pflanzen: OLA – Office for Living Architecture, Cira Moro, Shutterstock/dhritipurna
S. 99, 20 Möbelplatten aus Rattan: karuun
S. 101, 21 Oberflächen aus Almwiesen: Florian Lierzer Photography, Organoid, Shutterstock/Tomo Jesenicnik
S. 103, 22 Geschirr aus Palmblättern: Leef Blattwerk GmbH, Friederike Wagner
S. 105, 23 Hängesystem aus Gras: Biowert Nothrowdesign, Shutterstock/Tonko Oosterink
S. 107, 24 Backpack aus Bananenfaser: QWSTION, LAUSCHSICHT
S. 109, 25 Spielsteine aus Mais: Loick_PlayMais, Shutterstock/Creative Nerd, Shutterstock/Irina Wilhauk
S. 111, 26 Straßenschilder aus Bambus: ITEK, Shutterstock/Tupungato
S. 113, 27 Dämmplatte aus Schilf: Shutterstock/lavizzara, Shutterstock/Christian Schwier, Shutterstock/Lasmane
S. 115, 28 Veganer Pelz aus Rohrkolben: ECAL Moeschlin Rennhard
S. 117, 29 Karosserie aus Flachsfasern: Dr. Ing. h.c. F. Porsche AG, Bcomp, Shutterstock/A_Lesik
S. 119, 30 Segelboot aus Flachs: GREENBOATS
S. 121, 31 Pavillon aus Flachs: ICD ITKE IntCDC University of Stuttgart, Shutterstock/Wojciech Bobrowicz

(3) S. 122, Holz: Shutterstock/Alex prokopenko
S. 131, 32 Gips aus Holzfasern: Dassiet
S. 133, 33 Möbel aus Birkenrinde: Frieder Reuter, Moya
S. 135, 34 Kreditkarte aus Holz: Swiss Wood Solutions
S. 137, 35 Fahrradhelm aus Zellulose: Rasmus Malbert, Cellutech, Shutterstock/nblx
S. 139, 36 Bettwäsche aus Eukalyptus: Oomay, Shutterstock/jafara

S, 141, 37 Unterwäsche aus Holz: Coco Malou
S. 143, 38 Sitzbezüge aus Baumrinde: Bark CLOTH europe
S. 145, 39 Windräder aus Holz: Modvion, Wennerholm Modvion, Shutterstock/nblx
S. 147, 40 Rucksack aus Papier: PAPERO
S. 149, 41 Gewachsene Stühle aus Weide: Full Grown
S. 151, 42 Glas aus Holz und Zitrone: Montanari
S. 153, 43 Urnen aus Ästen: Edelzweig
S. 155, 44 Minimalschuhe aus Papier: Wildling, Shutterstock/Lois GoBe
S. 157, 45 Kaugummi aus Kiefernharz: Alpengummi, Natalia Garcez; Alpengummi, Corinna Pernitsch
S. 159, 46 Fahrradteile aus Holz: Mössner, Bauer
S. 161, 47 Batterien aus Lignin: Shutterstock/Petair
S. 163, 48 Dämmstoff aus Rindenextrakt: Sepperer
S. 165, 49 Textilien aus Laubholz: Nuo, Shutterstock/Alex Stemmers
S. 167, 50 Hocker aus Kastanienspan: Honsa, Shutterstock/Dan74
S. 169, 51 Skateboard aus Kork: Bufo Technology, Shutterstock/PJR-Photography
S. 171, 52 4D-Druck mit Holzfilament: Alex Bartl, Shutterstock/Kirsten Warner
S. 173, 53 Tinyhouse aus Pappe: Witte
S. 175, 54 Städte aus Holz: Hawelka, cetus Baudevelopment

(4) S. 176, Tiere: Shutterstock/Imageman
S. 181, 55 Eierbecher aus Eiern: Stittgen
S. 183, 56 Sneaker aus Hundehaar: Emilie Burfeind
S. 185, 57 Tragenetze aus Haar: Mannion
S. 187, 58 Komposit aus Schafwolle: Solidwool
S. 189, 59 Funktionskleidung aus Schafwolle: Christian Thiele, Nordwolle
S. 191, 60 Geschirr aus Rinderblut: Stittgen
S. 193, 61 Verpackung aus Krabbenschalen: the shellworks, Shutterstock/Sherbak_photo
S. 195, 62 Kunststoff aus Fischabfall: Hughes, Shutterstock/Tara Lambourne
S. 197, 63 Kacheln aus Fischschuppen: Georgina Fairhurst – Vim Studios Ltd, Antoine Gautreau SCEP

(5) S. 198, Bakterien: Shutterstock/Kateryna Kon
S. 205, 64 Laufschuh aus Bakterienseide: AMSILK ADIDAS
S. 207, 65 Designklassiker aus Biopolymer: Kartell
S. 209, 66 Kugelschreiber aus Biopolymer: Prodir
S. 211, 67 Superkleber aus Darmbakterien: Shutterstock/Akim Lakeev, Shutterstock/MP Art
S. 213, 68 Textilfarben aus Bakterien: Ingo Foertsch, Living Colour
S. 215, 69 Taschen aus bakterieller Nanozellulose: ScobyTec
S. 217, 70 Proteine aus Einzellern: Solar Foods

(6) S. 218, Biogene Reststoffe: Shutterstock/ilmarinfoto
S. 223, 71 Lampenschirm aus Trester: testa, Hölzl, Shutterstock/Dietrich Leppert, Shutterstock/Stone36
S. 225, 72 Schalenstuhl aus Artischocke: Kizis, Shutterstock/barmalini
S. 227, 73 Kaffeebecher aus Kaffee: Kaffeeform, Shutterstock/ChuanSheng
S. 229, 74 Kosmetik aus Kaffeesatz: Mellow Noir
S. 231, 75 Weinkühler aus Lärchenrinde: Barkinsulation, Shutterstock/Wojmac
S. 233, 76 Geschirr aus Kleie: Biotrem, Shutterstock/MamaMiaPL

S. 235, 77 Jausenbox aus Kakaoschalen: Brown for PriestmanGoode, Shutterstock/Benoit Daoust, Shutterstock/freedomnaruk

S. 237, 78 Abschminktuch aus Grünabfällen: nakt Stoffschmiede GmbH

S. 239, 79 Lampenschirm aus Weihnachtsbaum: Caracara Collective, Shutterstock/rock-the-stock

S. 241, 80 Teppich aus Zellulose: Paperfloor, Kobusch, Shutterstock/Siwakorn1933, Shutterstock/Marco Lazzarini

S. 242, 81 Papier aus Kiwischalen, Kirschkernen und Lavendelstängeln: favini, Shutterstock/Radu Bercan, Shutterstock/olpo, Shutterstock/Yuka Y

S. 245, 82 Möbel aus Popcorn: Pertsch Kharazipour

S. 247, 83 Sitzschalen aus Rinde: Ebner

S. 249, 84 Oberflächen aus Maishülsen: fernandolaposse

S. 251, 85 Löffel aus Haferfasern: Spoontainable, Shutterstock/Elena Pavlovich

S. 253, 86 Socken aus CO_2: Covestro, Shutterstock/inkliquid, Shutterstock/TR STOK

S. 255, 87 Pflanztöpfe aus Sonnenblumenschalen: Pottburri, Shutterstock/Ilina93

S. 257, 88 Halfter aus Traubenschalen: Karoline Liss, Nafilia, Shutterstock/Bildagentur Zoonar GmbH

S. 259, 89 Papier aus Elefantendung: EcoMaximus Ltd.

S. 261, 90 Schreibtisch aus Altholz: Petruch, Shutterstock/Dave Z, Shutterstock/Virunja

S. 263, 91 Versandbox aus Stroh: Landpack GmbH, Shutterstock/Vitalii Stock

S. 265, 92 Tasche aus Orangenschalen: Petrick, Shutterstock/kisa2014

S. 267, 93 Lampe aus Avocadokernen: Breitenbach

S. 269, 94 Jacke aus Ananasresten: Shutterstock/Nick Starichenko, Ananas Anam

S. 271, 95 Strumpfhosen aus Chicorée: Shutterstock/Albina Gavrilovic, Shutterstock/BBstockimage

(7) S. 272, Pilze: Shutterstock/Protasov AN

S. 279, 96 Sarg aus Pilzmyzel: loop-biotech

S. 281, 97 Verpackung aus Pilzen: Magical Mushroom

S. 283, 98 Laminat aus Pilz und Reststoff: Mogu – Radical by Nature

S. 285, 99 Kappen aus Zunderschwamm: ZVNDER, Shutterstock/Frithjof Moehle

S. 287, 100 Ziegelsteine aus Zunderschwamm: Weinhold, Schmidt, Shutterstock/KYTan

S. 289, 101 Architektur aus Pilz: Eric Melander, Design – Pascal Leboucq, Concept – Pascal Leboucq, Lucas De Man, Eric Klarenbeek

ANMERKUNGEN

1 »Fuel Cells meets big Business«, in: *The Economist* vom 22.07.1999, https://www.economist.com/business/1999/07/22/fuel-cells-meet-big-business

2 »Global human-made mass exceeds all living biomass«, in: *Nature,* 09.12.2020, https://www.nature.com/articles/s41586-020-3010-5

3 M. Lenzen et al.: »Implementing the material footprint to measure progress towards Sustainable Development Goals 8 and 12«, in: *Nature Sustainability* volume 5, pages 157–166 (2022), https://doi.org/10.1038/s41893-021-00811-6

4 »Europa hat fertig«, wwf.de, 09.05.2019, https://www.wwf.de/2019/mai/europa-hat-fertig/

5 H. Ritchie, M. Roser und P. Rosado: »Global CO2 emissions from fossil fuels«, Our World in Data, 2020, https://ourworldindata.org/co2-emissions

6 »Atmosphärische Treibhausgas-Konzentrationen«, Umweltbundesamt.de, 23.05.2022, https://www.umweltbundesamt.de/daten/klima/atmosphaerische-treibhausgas-konzentrationen#kohlendioxid-

7 »Die Hunäus-Bohrung 1858/59«, Deutsches Erdölmuseum Wietze, https://www.erdoelmuseum.de/index.php/component/content/article/10-infothek/historie/8-die-hunaeus-bohrung?Itemid=101

8 »Standard Oil«, in: *Encyclopedia Britannica,* https://www.britannica.com/topic/Standard-Oil

9 »The cautionary tale of whale oil«, in: *The Globe and Mail,* 04.10.2019, https://www.theglobeandmail.com/opinion/article-the-cautionary-tale-of-whale-oil/

10 »Wietze: Hunäus-Bohrung – Erste fündige Erdölbohrung der Welt«, lüneburger-heide.de, https://www.lueneburger-heide.de/service/sehenswuerdigkeit/7500/hunaeus-bohrung-wietze.html

11 »Kunststoffabfälle«, Umweltbundesamt.de, 11.01.2021, https://www.umweltbundesamt.de/daten/ressourcen-abfall/verwertung-entsorgung-ausgewaehlter-abfallarten/kunststoffabfaelle#kunststoffe-produktion-verwendung-und-verwertung

12 »Production, use, and fate of all plastics ever made«, in: *Science Advances,* 19.07.2017, https://www.science.org/doi/10.1126/sciadv.1700782

13 »Täglicher Ölverbrauch weltweit von 1990 bis 2050«, Statista.de, Oktober 2021, https://de.statista.com/statistik/daten/studie/170739/umfrage/taeglicher-oelverbrauch-weltweit-seit-1980/

14 »Rising use of plastics to drive oil demand to 2050: IEA«, Reuters.com, 05.10.2018, https://www.reuters.com/article/us-petrochemicals-iea-idUSKCN1ME2QD

15 »WWF-Studie: 2050 droht Vervierfachung des Plastikmülls im Meer«, WWF.at, 08.02.2022, https://www.wwf.at/wwf-studie-2050-droht-vervierfachung-des-plastikmuells-im-meer/

16 »World Population by Year«, Worldometer.info, https://www.worldometers.info/world-population/world-population-by-year/

17 »Christian Lindner schließt Stopp russischer Energieimporte nicht aus«, ZEIT online, 10.03.2022, https://www.zeit.de/politik/2022-03/energie-russland-gas-oel-importstopp-christian-linder?utm_referrer=https%3A%2F%2Fwww.ecosia.org%2F

18 Isaacson W.: *Steve Jobs,* New York (Simon & Schuster), 2011, S.470

19 »Global Bioeconomy Policy Report (IV): A decade of bioeconomy policy development around the world«, Secretariat of the Global Bioeconomy Summit 2020, S. 7, https://www.biooekonomierat-bayern.de/dateien/Verlinkte_Dokumente/GBS-2020_Global-Bioeconomy-Policy-Report_IV_web.pdf

20 »Erneuerbare Energien in Zahlen«, Umweltbundesamt.de, 14.03.2022, https://www.umweltbundesamt.de/themen/klima-energie/erneuerbare-energien/erneuerbare-energien-in-zahlen#ueberblick

21 »Für Hobby-Alchemisten: Anleitung zur Herstellung von künstlichem Rinderhorn«, Deutsches Kunststoff Museum, https://www.deutsches-kunststoff-museum.de/kunststoff/textbeitrage/do-it-yourself/

22 P. Gerhardt, J. Daldrup und U. Eppler (Hrsg.): »Bioökonomie im Lichte der Nachhaltigkeit«, Bundesamt für Naturschutz Skripten, 629, 2022, https://bfn.bsz-bw.de/frontdoor/deliver/index/docId/1064/file/Skript629.pdf

23 »Weltweit gehen jährlich 10 Millionen Hektar Ackerfläche verloren«, umweltbundesamt.de, 03.12.2015, https://www.umweltbundesamt.de/presse/pressemitteilungen/weltweit-gehen-jaehrlich-10-millionen-hektar

24 »Globale Waldfläche schrumpft immer schneller«, Scinexx.de, 02.08.2022, https://www.scinexx.de/news/biowissen/globale-waldflaeche-schrumpft-immer-schneller/

25 »Das große Wegschmeißen«, WWF.de, 13.09.2017, https://www.wwf.de/themen-projekte/landwirtschaft/ernaehrung-konsum/lebensmittelverschwendung/das-grosse-wegschmeissen

26 »About Earth Overshoot Day«, earthovershootday.org, 2022, https://www.overshootday.org/about-earth-overshoot-day/

27 »Country Overshoot Days«, earthovershootday.org, 2022, https://www.overshootday.org/newsroom/country-overshoot-days/

28 »Ressourcen für 2022 aufgebraucht«, in: *Taz*, 28.07.2022, https://taz.de/Erdueberlastungstag/!5871012/

29 »Das Faultier, die Motte und die Alge«, Spektrum.de, 22.01.2014, https://www.spektrum.de/news/das-faultier-die-motte-und-die-alge/1221127

30 »How much oxygen comes from the ocean?«, National Ocean Service, 26.02.2021, https://oceanservice.noaa.gov/facts/ocean-oxygen.html

31 »Verteilung von Land und Wasser auf der Erdoberfläche«, statista.de, 24.01.2022, https://de.statista.com/statistik/daten/studie/1109076/umfrage/verteilung-von-land-und-wasser-auf-der-erdoberflaeche/

32 »Der unsichtbare Wald im Meer«, Spektrum.de, 01.06.2003, https://www.spektrum.de/magazin/der-unsichtbare-wald-im-meer/829890

33 »Cyanobakterien«, Lexikon der Biologie, Spektrum.de, 2022, https://www.spektrum.de/lexikon/biologie/cyanobakterien/16137

34 »What are Phytoplankton?«, NASA Earth Observatory, 13.07.2010, https://earthobservatory.nasa.gov/features/Phytoplankton

35 »›Grüne‹ Energie aus Algen«, Bioökonomie BW, Pressemitteilung KIT, 16.07.2009, https://www.biooekonomie-bw.de/fachbeitrag/pm/gruene-energie-aus-algen

36 »The State of World Fisheries and Aquaculture 2022«, FAO, Rome, https://doi.org/10.4060/cc0461en

37 M. Guiry: »How many species of algae are there?«, in: *Journal of Phycology 48 (5)*, Oktober 2012, www.researchgate.net/publication/263561612_How_many_species_of_algae_are_there

38 »Wie viele Windeln braucht ein Baby? Spannende Fakten zur Windel«, Focus online, 01.06.2021, https://praxistipps.focus.de/wie-viele-windeln-braucht-ein-baby-spannende-fakten-zur-windel_133116

39 »Windelmüll ist ein gigantisches Problem. Hat ›Pampers‹ jetzt endlich die Lösung gefunden?«, Stern.de, https://www.stern.de/wirtschaft/muell/riesenproblem-windelmuell--hat--pampers--jetzt-die-loesung-gefunden--8564464.html

40 »Dämmstoffmarkt 2020: Klassische Dämmstoffe unter Druck«, haustec.de, 10.11.2020, https://www.haustec.de/gebaeudehuelle/daemmung/daemmstoffmarkt-2020-klassische-daemmstoffe-unter-druck

41 »Bruttoraffinerieerzeugung von Bitumen in Deutschland in den Jahren 1995 bis 2021«, Statista, 2022, https://de.statista.com/statistik/daten/studie/28648/umfrage/produktion-von-bitumen-in-deutschland-seit-1995/

42 »Umschwung bei Papiermüll«, cordis.europa.eu, 14.01.2022, https://cordis.europa.eu/article/id/435574-turning-the-page-on-paper-waste/de

43 »Ein Landwirt ernährt 134 Menschen«, Top Agrar online, 04.12.2020, https://www.topagrar.com/mediathek/fotos/verschiedenes/ein-landwirt-ernaehrt-134-menschen-12422159.html

44 J. B. van Beilen und Y. Poirier: »Guayule and Russian Dandelion as Alternative Sources of Natural Rubber«, in: *Critical Reviews in Biotechnology*, 27(4), 217–231, 2007, doi:10.1080/07388550701775927

45 »Quelle Verband European Bioplastics. EN 13432 – Nachweis Kompostierbarkeit«, Bioplastics.ch, http://www.bioplastics.ch/EN-13432.pdf

46 A.K. Chapagain et al.: »The water footprint of cotton consumption: An assessment of the impact of worldwide consumption of cotton products on the water resources in the cotton producing countries«, in: *Ecological Economics*, Volume 60, Issue 1, 1 November 2006, Pages 186–203, https://doi.org/10.1016/j.ecolecon.2005.11.027

47 »20.000.000 Verkehrsschilder«, N-TV, 16.02.2004, https://www.n-tv.de/auto/20-000-000-Verkehrsschilder-article95235.html

48 »Moore in Deutschland«, nabu.de, https://www.nabu.de/natur-und-landschaft/moore/deutschland/index.html

49 »The World's Earliest Known Wooden Statue Is More Than Twice as Old as Stonehenge, New Research Suggests«, Artnet News, 22.03.2021, https://news.artnet.com/art-world/shigir-idol-new-research-1953647

50 L. Steguweit: »Die Recken von Schöningen – 400 000 Jahre Jagd mit dem Speer«, in: *Mitteilungsblatt der Gesellschaft für Urgeschichte* 8, 5–14 (1999), https://www.academia.edu/12109420/_1999_Die_Recken_von_Sch%C3%B6ningen_400_000_Jahre_Jagd_mit_dem_Speer._Mitteilungsblatt_der_Gesellschaft_f%C3%BCr_Urgeschichte_8_5–14

51 Y. N. Harari: *Eine kurze Geschichte der Menschheit*, 28. Auflage, München (DVA), 2015, S. 12 ff.

52 »Klimaschutz in der Beton- und Zementindustrie«, WWF Deutschland, 2019, https://www.wwf.de/fileadmin/fm-wwf/Publikationen-PDF/WWF_Klimaschutz_in_der_Beton-_und_Zementindustrie_WEB.pdf

53 »Wie viel Kohlendioxid (CO2) speichert der Baum bzw. der Wald«, wald.de, https://www.wald.de/waldwissen/wie-viel-kohlendioxid-co2-speichert-der-wald-bzw-ein-baum/

54 W. Russ: »Mehr als 4 Millionen Hektar Wald in Österreich«, BFW Praxisinformation 50: 3–7 (2019), https://www.waldwissen.net/de/technik-und-planung/waldinventur/waldflaeche-oesterreich

55 »Europe bucks global deforestation trend«, World Economic Forum, 25.07.2019, https://www.weforum.org/agenda/2019/07/forest-europe-environment/

56 H. Ritchie, M. Roser: »Deforestation and Forest Loss«, Our World in Data, 2021, https://ourworldindata.org/deforestation

57 »Global production and trade in forest products in 2020«, FAO Forest Product Statistics 2020, https://www.fao.org/forestry/statistics/80938/en/

58 »Materialforschung: Ein Windrad aus Hanf«, in: *Die Presse*, 12.06.2016, https://www.diepresse.com/4924871/materialforschung-ein-windrad-aus-hanf

59 »The Making of the Winchester Bible«, The Met Museum, 21.01.2015, https://www.metmuseum.org/exhibitions/listings/2014/winchester-bible/blog/posts/making-of-the-winchester-bible

60 »A new Palaeolithic discovery: tar-hafted stone tools in a European Mid-Pleistocene bone-bearing bed«, in: *Journal of Archaeological Science*, 33(9):1310–1318, 2006, http://dx.doi.org/10.1016/j.jas.2006.01.006

61 »2020 Global Status Report for Buildings and Construction – Executive Summary«, UN Environment Programme, 2020, S. 4, https://drive.google.com/file/d/1k2X0oASPl-RUsi90RdKLMkrBfalv29yW/view

62 Bar-on et al.: »The biomass distribution on Earth«, in: *Proceedings of the National Academy of Science,* Vol. 115, 2018, https://www.pnas.org/doi/pdf/10.1073/pnas.1711842115

63 »Fleischverbrauch in Deutschland pro Kopf in den Jahren 1991 bis 2021«, Statista.de, 31.03.2022, https://de.statista.com/statistik/daten/studie/36573/umfrage/pro-kopf-verbrauch-von-fleisch-in-deutschland-seit-2000/

64 »Fleischkonsum muss um mindestens 75 Prozent sinken«, Pressemitteilung der Universität Bonn, 25.04.2022, https://www.uni-bonn.de/de/neues/082-2022

65 B. Revell: »Meat and milk Consumption 2050: The potential for demand side solutions to greenhouse gas emissions reduction«, Agricultural Economics Society and European Association of Agricultural Economists, Euro Choices 14(3) (2015), https://www.academia.edu/es/20490943/Meat_and_milk_Consumption_2050_the_potential_for_demand_side_solutions_to_greenhouse_gas_emissions_reduction

66 »Wie ein Startup aus Hannover die Textilindustrie umkrempelt«, in: *Wirtschaftswoche,* 17.04.2015, https://www.wiwo.de/technologie/green/kleider-aus-milch-wie-ein-startup-aus-hannover-die-textilindustrie-umkrempelt/13551656.html

67 »Global egg production from 1990 to 2020 (in 1,000 metric tons)«, statista.com, 2022, https://www.statista.com/statistics/263972/egg-production-worldwide-since-1990/

68 »Human hair is being used to clean up oil spills«, CNN, 19.05.2019, https://edition.cnn.com/2022/05/19/world/oil-spills-human-hair-matter-of-trust-spc-scn-intl-c2e/index.html

69 »Fleischerzeugung 2020 um 1,6 % gegenüber dem Vorjahr gesunken«, Statistisches Bundesamt, 05.02.2021, https://www.destatis.de/DE/Presse/Pressemitteilungen/2021/02/PD21_052_413.html

70 »Revealed: plastic ingestion by people could be equating to a credit card a week«, WWF Australia, 12.06.2019, https://www.wwf.org.au/news/news/2019/revealed-plastic-ingestion-by-people-could-be-equating-to-a-credit-card-a-week

71 »How seafood shells could help solve the plastic waste problem«, Sciencenews.org, 19.06.2019, https://www.sciencenews.org/article/seafood-shells-chitin-plastic-food-waste

72 Jambeck et al.: »Plastic waste inputs from land into the ocean«, in: *Science* Vol 347, Issue 6223, S. 768–771, 13.02.2015, https://www.science.org/doi/10.1126/science.1260352

73 Sender et al.: »Revised estimates for the number of human and bacteria cells in the body«, PLoS Biol 14(8): e1002533 (2016), https://www.biorxiv.org/content/10.1101/036103v1

74 »How Microbes Defend and Define Us«, in: *New York Times,* 13.07.2010, https://www.nytimes.com/2010/07/13/science/13micro.html?_r=3&pagewanted=all

75 Bar-on et al.: »The biomass distribution on Earth«, in: *Proceedings of the National Academy of Science*, Vol. 115, 2018, https://www.pnas.org/doi/pdf/10.1073/pnas.1711842115

76 »More hygienic waste water after 6 months: Sofidel presents the results of a project undertaken with the Comune of Peccioli«, Pressemitteilung Sofidel, 07.11.2017, https://www.sofidel.com/en/press-releases/more-hygienic-waste-water-after-6-months-sofidel-presents-the-results-of-a-project-undertaken-with-the-comune-of-peccioli/

77 G. Willinger: »Bakterien helfen beim Phosphorrecycling«, bioökonomie-bw.de, 21.10.2020, https://www.biooekonomie-bw.de/fachbeitrag/bakterien-helfen-beim-phosphorrecycling

78 »H2Wood – BlackForest – Biointelligente Wasserstoff-Erzeugung aus Holz und Altholz im Schwarzwald«, Pressemitteilung von Fraunhofer-Institut für Grenzflächen- und Bioverfahrenstechnik IGB, https://www.igb.fraunhofer.de/de/referenzprojekte/h2wood.html

79 »Forscher ließen Computer ein Jahr lang mit ›Algenenergie‹ laufen«, in: *Der Standard,* 13.05.2022, https://www.derstandard.at/story/2000135669618/forscher-liessen-computer-ein-jahr-lang-mit-algenenergie-laufen

80 »An Overview of Toxic Chemicals in Textiles«, Toxics Link, 2021, http://toxicslink.org/docs/Toxics%20Chemical%20in%20Textile%20Report.pdf

81 »Gefährliche Substanzen in der Textilindustrie«, Greenpeace.de, https://www.greenpeace.de/engagieren/nachhaltiger-leben/gefaehrliche-substanzen-textilindustrie

82 A. Y. Hoekstra (Hrsg.): »Virtual Water Trade«, in: *Value of Water Research Report Series*, No. 12, 2003, waterfootprint.org, https://www.waterfootprint.org/media/downloads/Report12.pdf#page=16

83 A. Kehnel: *Wir konnten auch anders*, München (Blessing), 2021, S. 122 ff.

84 »Lebensmittelabfälle in Deutschland: Aktuelle Zahlen zur Höhe der Lebensmittelabfälle nach Sektoren«, BMEL, 01.07.2022, https://www.bmel.de/DE/themen/ernaehrung/lebensmittelverschwendung/studie-lebensmittelabfaelle-deutschland.html

85 »DGAW-Positionspapier: Biogene Reststoffe – ein wesentlicher Stoffstrom für eine nachhaltige Kreislaufwirtschaft und Bioökonomie«, DGAW, 05.03.2021, https://www.dgaw.de/fileadmin/Presse_und_Stellungnahmen/2021_03_05_-DGAW_Positionspapier_Biogene_Reststoffe_final.pdf

86 »Kaffee könnte das Leben verlängern«, Science.orf.at, 10.07.2017, https://science.orf.at/v2/stories/2854039/

87 »Die Tasse aus Kaffee«, in: *Süddeutsche Zeitung Magazin*, 18.01.2019, https://sz-magazin.sueddeutsche.de/die-loesung-fuer-alles/die-tasse-aus-kaffee-86660

88 www.hutundstiel.at

89 www.scafefabrics.com

90 https://nat-2.eu/collections/nat-2-coffee-line/

91 »Ordering in: The rapid evolution of food delivery«, McKinsey.com, 21.09.2021, https://www.mckinsey.com/industries/technology-media-and-telecommunications/our-insights/ordering-in-the-rapid-evolution-of-food-delivery

92 »circular_home_lab«, Instagram.com, https://www.instagram.com/circular_home_lab/

93 »Altpapier«, Umweltbundesamt, 14.02.2022, https://www.umweltbundesamt.de/daten/ressourcen-abfall/verwertung-entsorgung-ausgewaehlter-abfallarten/altpapier

94 »Recyclingpapier ist gut für die Umwelt«, Umweltbundesamt, 19.10.2020, https://www.umweltbundesamt.de/umwelttipps-fuer-den-alltag/haushalt-wohnen/papier-recyclingpapier#hintergrund

95 A. Kehnel: *Wir konnten auch anders*, München (Blessing), 2021, S. 148.

96 »Socken aus Co2 bei ZDF Plan B«, Pressemitteilung RWTH Aachen, 02.08.2021, https://www.ita.rwth-aachen.de/go/id/ptykc

97 »Produktionsmenge der Kunststoffindustrie in Deutschland in den Jahren 2006 bis 2021«, Statista, 2022, https://de.statista.com/statistik/daten/studie/167076/umfrage/produktionsmenge-der-deutschen-kunststoffindustrie-seit-2006/

98 »Erntemenge von Sonnenblumensaat weltweit in den Jahren 2002/03 bis 2022/23«, Statista, 2022, https://de.statista.com/statistik/daten/studie/218952/umfrage/produktionsmenge-von-sonnenblumen-weltweit/

99 »Produktionsmenge der führenden Weinbauländer weltweit in den Jahren 2019 bis 2021«, Statista, 2022, https://de.statista.com/statistik/daten/studie/73337/umfrage/weinproduktion-bestimmter-laender-und-regionen/

100 »Asian Elephants«, wwf.panda.org, https://wwf.panda.org/discover/knowledge_hub/endangered_species/elephants/asian_elephants/

101 S. Oberhuber, T. Rau: *Material Matters*, Berlin (Econ), 2016, S. 143ff

102 »Umsatz durch E-Commerce (B2C) in Deutschland in den Jahren 1999 bis 2021 sowie eine Prognose für 2022«, Statista.de, 2022, https://de.statista.com/statistik/daten/studie/3979/umfrage/e-commerce-umsatz-in-deutschland-seit-1999/

103 »eCommerce – Umsatz«, Statista.de, 2022, https://de.statista.com/outlook/dmo/ecommerce/deutschland#umsatz

104 »Online-Lebensmittelzustellung boomt. E-Food-Umsatz schießt in die Höhe«, Retail.at, 04.02.2022, https://retail.at/2022/02/04/online-lebensmittelzustellung-boomt-e-food-umsatz-schiesst-in-die-hoehe/

105 »Faktor X«, Umweltbundesamt, 05.03.2021, https://www.umweltbundesamt.de/themen/abfall-ressourcen/ressourcenschonung-in-produktion-konsum/faktor-x

106 »Export- und Importmenge von Avocadofrüchten (frisch oder getrocknet) in Deutschland in den Jahren 2009 bis 2021«, statista.de, 2022, https://de.statista.com/statistik/daten/studie/656224/umfrage/export-und-importmenge-avocadofruechte/

107 »Der Schatz aus der Wurzelrübe«, Bioökonomie BW, 15.03.2016, https://www.biooekonomie-bw.de/fachbeitrag/aktuell/der-schatz-aus-der-wurzelruebe

108 »Fauna, Flora, Funga«, https://faunaflorafunga.org/

109 Russel et al.: »Biodegradation of Polyester Polyurethane by Endophytic Fungi«, Applied and Environmental Microbiology, Vol.77 No.17, 24.08.2011, https://doi.org/10.1128/AEM.00521-11

110 Mayer et al.: »Growing a circular economy with fungal biotechnology: a white paper«, in: *Fungal Biology and Biotechnology*, 02.04.2020, https://doi.org/10.1186/s40694-020-00095-z

111 »Neue Studie: Aufkommen und Management von EPS- und XPS-Abfällen in Deutschland 2016 in den Bereichen Verpackung und Bau«, Plasticker-News, 05.10.2017, https://plasticker.de/Kunststoff_News_31253_Neue_Studie_Aufkommen_und_Management_von_EPS__und_XPS_Abfllen_in_Deutschland_2016_in_den_Bereichen_Verpackung_und_Bau

112 »Ötzi auf Tinder«, in: *Frankfurter Allgemeine Zeitung*, 28.12.2019, https://www.faz.net/aktuell/wissen/erde-klima/oetzi-auf-tinder-wie-der-zunderschwamm-funken-schlaegt-16547926.html

113 »Nachhaltige Knicklichter aus leuchtenden Pilzen«, Pressemitteilung TU Dresden, 03.06.2019, https://tu-dresden.de/ing/maschinenwesen/die-fakultaet/news/foxfire

114 https://www.mushlabs.com/

115 https://www.mylium.nl/